国家社科基金青年项目(项目代号:19CTQ033)

"互联网+"背景下多媒体档案知识发现研究

陈栩杉 著

上海大学出版社
·上海·

图书在版编目(CIP)数据

"互联网＋"背景下多媒体档案知识发现研究 / 陈栩杉著. -- 上海：上海大学出版社，2025.6. -- ISBN 978-7-5671-5304-2

Ⅰ.G270.7

中国国家版本馆 CIP 数据核字第 2025LX6302 号

责任编辑　位雪燕
封面设计　缪炎栩
技术编辑　金　鑫　钱宇坤

"互联网＋"背景下多媒体档案知识发现研究

陈栩杉　著

上海大学出版社出版发行
(上海市上大路99号　邮政编码200444)
(https://www.shupress.cn　发行热线 021-66135112)
出版人　余　洋

*

南京展望文化发展有限公司排版
句容市排印厂印刷　各地新华书店经销
开本 787 mm×1092 mm　1/16　印张 15.5　字数 295 千字
2025年7月第1版　2025年7月第1次印刷
ISBN 978-7-5671-5304-2/G·3718　定价 88.00元

版权所有　侵权必究
如发现本书有印装质量问题请与印刷厂质量科联系
联系电话：0511-87871135

目 录
CONTENTS

第一章 绪论 1

 第一节 研究背景及意义 3

  一、研究背景 3

  二、研究意义 9

 第二节 国内外研究现状与案例分析 12

  一、国内外研究现状 12

  二、国内外典型案例分析 38

 第三节 主要研究内容及创新点 50

  一、主要研究内容 50

  二、主要创新点 51

第二章 基本理论概述 53

 第一节 "互联网＋"基本理论 55

  一、"互联网＋"的形成与发展 55

  二、"互联网＋"的特征 60

  三、"互联网＋"的应用领域 66

  四、"互联网＋"对档案事业的影响 68

 第二节 多媒体档案基本理论 79

  一、多媒体的概念及特点 79

  二、多媒体档案的概念 82

  三、多媒体档案的类型 86

  四、多媒体档案的特点 87

 第三节 多媒体档案知识发现的基本理论 89

  一、知识发现概述 89

  二、多媒体档案知识发现的内涵和目标任务 97

三、多媒体档案知识发现的对象与模式 …………………………… 104
　　四、多媒体档案知识发现的过程与方法 ………………………… 110

第三章　多媒体档案知识发现的需求分析　115
第一节　多媒体档案知识发现需求产生的根源　117
　　一、档案利用者 …………………………………………………… 118
　　二、档案服务提供者 ……………………………………………… 120
第二节　多媒体档案知识发现需求的内涵外延　121
　　一、多媒体档案知识发现需求的内涵 …………………………… 121
　　二、多媒体档案知识发现需求的主要类型 ……………………… 123
第三节　多媒体档案知识发现需求的调研　125
　　一、多媒体档案知识发现需求的调研模型 ……………………… 125
　　二、多媒体档案知识发现需求的调研分析 ……………………… 127
　　三、多媒体档案知识发现的总体需求 …………………………… 130

第四章　多媒体档案知识发现的体系框架　133
第一节　多媒体档案知识发现的指导思想　135
　　一、系统观思想 …………………………………………………… 136
　　二、工程观思想 …………………………………………………… 137
第二节　多媒体档案知识发现的原则要求　139
　　一、基本原则 ……………………………………………………… 139
　　二、基本要求 ……………………………………………………… 141
第三节　多媒体档案知识发现的生态环境　142
　　一、过程周期 ……………………………………………………… 143
　　二、关键要素 ……………………………………………………… 144
　　三、演进路径 ……………………………………………………… 145
第四节　多媒体档案知识发现的风险管理　146
　　一、自主可控替代风险 …………………………………………… 146
　　二、档案数字资源加工风险 ……………………………………… 146
　　三、档案资源共建共享风险 ……………………………………… 147
　　四、项目实施和管理风险 ………………………………………… 148
第五节　多媒体档案知识发现的框架设计——以领域知识图谱为蓝图　148
　　一、领域知识图谱概述 …………………………………………… 149

二、多媒体档案领域知识图谱的构建总体框架 …………………… 160
　　三、多媒体档案领域知识图谱构建框架——用户需求模块 ……… 163
　　四、多媒体档案领域知识图谱构建框架——图谱构建模块 ……… 164
　　五、多媒体档案领域知识图谱构建框架——认知服务模块 ……… 171
　　六、多媒体档案领域知识图谱构建框架——支撑保障模块 ……… 173

第五章　多媒体档案知识发现的实现路径 ……………………………… 177
第一节　多媒体档案领域知识图谱构建的总体思路 ……………………… 179
　　一、宏观层面 …………………………………………………………… 179
　　二、中观层面 …………………………………………………………… 180
　　三、微观层面 …………………………………………………………… 180
第二节　多媒体档案领域知识图谱构建的基本流程 ……………………… 184
　　一、领域数据准备 ……………………………………………………… 184
　　二、领域知识框架构建 ………………………………………………… 185
　　三、领域知识获取 ……………………………………………………… 187
　　四、领域知识加工 ……………………………………………………… 188
　　五、领域知识管理 ……………………………………………………… 190
第三节　多媒体档案领域知识图谱构建的实现方式 ……………………… 191
　　一、可行性分析 ………………………………………………………… 191
　　二、数据资源建设 ……………………………………………………… 193
　　三、设计领域知识框架 ………………………………………………… 195
　　四、设计领域知识获取模型 …………………………………………… 203
　　五、设计领域知识加工模型 …………………………………………… 207
　　六、选择领域知识存储方式 …………………………………………… 208
　　七、研发图谱服务平台 ………………………………………………… 210
第四节　多媒体档案领域知识图谱构建的质量评估 ……………………… 215
　　一、评估指标设计 ……………………………………………………… 215
　　二、评估方法流程 ……………………………………………………… 217

第六章　多媒体档案知识发现应用的推进策略 …………………………… 221
　　一、合理定位，做好落地应用的顶层设计规划 ……………………… 223
　　二、应用牵引，建立落地应用的推进保障机制 ……………………… 224
　　三、由粗到细，深化档案数字资源体系的转型 ……………………… 225

四、先易后难,探索智能化利用服务演进路径 …………………… 227
五、多维探索,融入数字人文新领域开发应用 …………………… 228
六、优化升级,推进知识图谱应用系统的建设 …………………… 231
七、主动求变,培育高水平新型档案人才队伍 …………………… 233

参考文献 ………………………………………………………………… 235

第一章

绪　论

档案事业是维护党和国家历史真实面貌、保障人民群众根本利益的重要事业。聚焦档案事业高质量发展目标，提高档案信息化建设水平，适应国家治理体系和治理能力现代化要求，为中国特色社会主义事业服务，已经成为档案信息资源开发利用的一项重要任务。在此背景下，《"十四五"全国档案事业发展规划》遵循深化档案信息化战略转型，强化科技支撑，着力推动档案工作走向依法治理、走向开放、走向现代化等指导思想，提出了新一代信息技术在档案工作中广泛应用、信息化与档案事业深度融合的发展目标。本书立足于多媒体档案深度开发和知识服务的目标，通过研究档案知识发现这一新兴主题，以期"管中窥豹，以小见大"，为新内容、新形式、新结构档案信息资源的数据化建设、深层次开发、知识型服务、智能化利用、新技术运用等方面提供理论指导和实践参考。

第一节　研究背景及意义

一、研究背景

2021年7月6日，习近平总书记对档案工作作出重要批示，指出"档案工作存史资政育人，是一项利国利民、惠及千秋万代的崇高事业"，并强调"推动档案事业创新发展，特别是要把蕴含党的初心使命的红色档案保管好、利用好，把新时代党领导人民推进实现中华民族伟大复兴的奋斗历史记录好、留存好，更好地服务党和国家工作大局、服务人民群众！"[①]美国国防部于2023年5月签署《档案战略》（*Department of Defense Records Strategy*），其核心目标就是利用自动化、人工智能和云服务支撑，推动美军档案管理的现代化。在世界百年未有之大变局的背景下，新一轮科技革命和产业变革迎来"奇点"，中华民族伟大复兴进程也进入关键节点。在此时刻，借鉴世界各国的最佳实践经验，探索新技术在档案资源开发中的应用，对助推档案事业融入国家现代化发展进程具有重要的战略意义。

（一）世界潮流：融入数字政府的档案事业建设

数字政府是指以政府为代表的公共权力机构基于数字化认知、数字化思维、数字

---

① 曹玉，锅艳玲，常家源.论新时期档案事业以人为本的关怀理念：基于新《档案法》的文本分析[J].档案学通讯，2022(2)：66-74.

化技术,推动政府各项工作的数字化应用①,进而实现资源形式、运行模式、管理手段等的整体数字化。世界各国非常重视数字政府的建设,并探索将档案事业的发展融入数字政府的规划布局中,以提升政府服务民众的效能。表1-1列举了世界各国及国际组织具有代表性的数字政府和档案事业数字化建设的战略性文件。

表1-1 世界各国及国际组织具有代表性数字政府和档案事业数字化建设政策

国 家	政 策 文 件	核 心 内 容
联合国	《数字政府助力可持续发展十年行动(Digital Government in the Decade of Action for Sustainable Development)》(United Nations,2020)	● 电子政务作为重要平台 ● 强化数据治理和服务能力 ● 创新人工智能、区块链等应用
丹 麦	"数丹麦战略":《2016—2020数字化战略(Digital strategy 2016—2020)》(Agency for digitization ministry of finance,2016)	● 战略目标:数字解决方案易用且高质量、为经济增长提供条件、隐私安全和信息共享 ● 实现路径:9个重点发展领域和33项措施
新加坡	《"智慧国2025计划"》(Infocomm Media 2025)》(Ministry of Communications and information,2015)	● "大数据治国"理念 ● 聚焦人工智能、数据科学等应用 ● 增加高技能工作就业岗位
中 国	《数字中国建设整体布局规划》(国务院,2023)	● 两大基础:数字基础设施、数据资源体系 ● "五位一体":与经济、政治、文化、社会、生态文明建设深度融合 ● 两大能力:数字技术创新体系、数字安全屏障 ● 两个环境:国内、国际
英 国	《档案馆数字能力建设战略(Plugged In, Powered Up: A digital capacity building strategy for archives)》(NAUK,2019)	● 参与能力 ● 访问能力 ● 长久保存能力 ● 数字技能
美 国	《2018—2022财年战略计划(Strategic Plan: Fiscal Year 2018—2022)》(NARA,2018)	● 信息资源管理战略 ● 电子文件管理战略 ● 档案数字化战略 ● 数字档案长期保存战略
澳大利亚	《数字连续性政策2020(Digital Continuity 2020)》(NAA,2020)	● 信息治理 ● 公民权利
加拿大	《数字运营战略计划:2018—2022(Digital Operations Strategic Plan: 2018—2022)》(Treasury Board of Canada Secretariat,2018)	● 加拿大国家图书馆档案馆(LAC)负责数字资源长期保护和开发利用 ● 推进提高政府文件运转效率

---

① 王燕民,王大众.乘势而上加速推进档案工作数字化转型发展[J].中国档案,2022(10):30-31.

续　表

国　家	政　策　文　件	核　心　内　容
俄罗斯	《2021—2023 数字化转型计划》(俄罗斯联邦档案署,2021)	● 数字化转型机构 ● 数字档案使用率 ● 数字服务能力 ● 国家统一云平台

综上分析可知以下几个方面。

1. 数字政府的规划重视系统性顶层设计

数字政府的顶层设计主要包括战略规划、制度配套、组织架构、技术创新、平台支撑、数据治理、流程升级、开放共享、隐私安全、服务决策等,基本形成了"利用技术赋能、以用户为中心、数据驱动政府治理"①的系统发展路径。而档案事业的数字化转型战略框架一般遵循数字政府的架构思路、原则和体系。我国目前虽未制定档案事业的数字化转型战略,但可以参考国外的最佳实践,注重把握规划转型目标、评估转型基础、构建转型框架、优化转型路径、明确推进机制等要点。

2. 档案事业数字化转型政策体现自身特色

档案机构在数字政府的架构下,注重自身的主体地位和职能使命,发挥其作为信息机构的优势和特长,担负起信息资源管理和服务的重要角色。例如,加拿大国家图书馆与档案馆就在国家数字战略下,负责数字资源长期保存;英国国家档案馆则以数字能力和建设第二代数字档案馆为牵引,探索引领国家信息化行业政策制定、建立国内外与不同行业间的协作、推动公众积极参与档案实践和服务等。

3. "资源"与"技术"是档案工作融入数字政府的核心

一方面,"资源"是数字政府建设的"源头活水",而档案和文件作为政府运转的关键资源,开发资源、利用资源自然成为数字政府建设的重要抓手;另一方面,"技术"成为数字政府和档案工作数字化转型的"催化剂",不少国家都在探索利用人工智能、区块链、数字人文、知识图谱等新兴技术赋能数字政府和档案事业的发展。

(二)国家战略:聚力数字中国的档案工作转型

早在 2000 年,习近平总书记担任福建省省长时便提出"数字化、网络化、可视化、智慧化"的"数字福建"建设目标②;2003 年又提出建设"数字浙江";2015 年,在第二届世界互联网大会上,习近平总书记进一步提出"推进'数字中国'建设"的战略目标;2022 年"网络强国""数字中国"写入党的二十大报告;2023 年,十四届全国人大一次会

---

① 杨巧云,梁诗露,杨丹.国外政府数字化转型政策比较研究[J].情报杂志,2021(10):128-138.
② 习近平.不断做强做优做大我国数字经济[J].求是,2022(2):1.

议表决通过国务院机构改革方案,决定成立"国家数据局",统筹推进数字经济发展。从"数字福建"到"数字浙江",再到"数字中国"的一脉相承、创新发展,展示了国家层面推进数字战略的雄心。

档案工作数字化转型指利用现代技术和通信手段,促进档案工作的管理理念、目标、结构、功能、工作流程、服务模式及能力等内容由传统形态向数字化形态转化的过程,并以此实现档案工作效率和档案服务水平的提高,进而再造档案治理模式①。在国家数字战略的蓝图下,我国档案工作也在汲取力量,加速转型。

1. 聚力"数字中国"主动作为

2021年3月发布的《中华人民共和国国民经济和社会发展第十四个五年规划和2035年远景目标纲要》提出"加快数字化发展,建设数字中国"的目标②;2023年2月发布的《数字中国建设整体布局规划》提出2025年"基本形成横向打通、纵向贯通、协调有力的一体化推进格局"和2035年"经济、政治、文化、社会、生态文明建设各领域数字化发展更加协调充分,有力支撑全面建设社会主义现代化国家"的两个阶段的目标③。

聚力"数字中国"战略,档案体系主动作为。一方面,完善法规顶层设计。2020年修订的《中华人民共和国档案法》,新增"档案信息化建设"章节,对档案数字资源的管理和利用进行了明确的规定,为档案工作的数字化转型提供了法律保障。另一方面,档案行业积极谋划。虽然国家层面暂未制定档案数字化转型战略,但地方档案系统已经率先开启了探索。例如,2020年浙江省印发了《关于新时代全面推进档案工作数字化转型的意见》,提出数字档案系统、档案资源数字化、区域数字档案共享利用、档案行政智能监管等四个示范工程④;2021年上海市档案局制定了《上海市档案事业数字化转型工作方案》,明确了上海市档案治理体系数字化转型的27条指导原则。有学者进一步提出,在国家和城市数字化转型的战略格局下,档案事业应从"融入、贯通、创发、引领"四个维度主动作为,开创新局面⑤。

2. 助推"文化数字化"践行落实

2022年5月,中共中央办公厅、国务院办公厅印发《关于推进实施国家文化数字化战略的意见》,该文件明确"到2035年,建成物理分布、逻辑关联、快速链接、高效搜索、

---

① 马双双,谢童柱.数字中国建设背景下档案工作数字化转型:内涵、困境与进路[J].档案学研究,2022(6):115-121.
② 新华社.中华人民共和国国民经济和社会发展第十四个五年规划和2035年远景目标纲要[EB/OL].(2021-03-13)[2023-02-24]. http://www.gov.cn/xinwen/2021-03/13/content_5592681.htm.
③ 新华社.中共中央、国务院印发《数字中国建设整体布局规划》[EB/OL].(2023-02-27)[2023-02-28]. http://www.gov.cn/xinwen/2023-02/27/content_5743484.htm.
④ 中共浙江省委办公厅、省政府办公厅印发《意见》全面推进新时代档案工作数字化转型[N].中国档案报,2020-12-10(006).
⑤ 赵屹.上海城市数字化转型背景下档案事业发展研究[J].档案学研究,2022(1):73-78.

全面共享、重点集成的国家文化大数据体系",并提出统筹利用已建和在建的数字化成果、搭建文化数据服务平台、支撑文化机构接入国家文化专网等八项重点任务[①]。

档案馆作为文化事业机构,理所应当将具有文明传承、文化沉淀功能的档案纳入国家文化数字化战略,挖掘档案资源的知识内涵,提高档案文化的传播能力[②];推进档案文化资源的数字化建设、打造档案数字化文化服务平台,助推档案资源充实中华文化数据库、助推档案服务嵌入国家文化数据服务平台[③],实现国家文化大数据体系的集成共享;开拓档案数字化文化传播渠道、创新档案文化产品数字化形式,助推档案宣传点睛中华文化全景、助推档案产品赋能文创产业开发,发挥档案文化建构、文化教育、文化服务的能动力[④],推动"赓续红色血脉"和"讲好中国故事"。

3. 筹谋"十四五"数字转型布局

2021年6月,中共中央办公厅和国务院办公厅联合印发《"十四五"全国档案事业发展规划》,该文件对促进档案工作的数字化转型进行了全方位布局。在档案资源体系建设方面,提出了加快档案资源的数字转型,继续做好"存量数字化",大力推进"增量电子化"的具体举措;在档案利用体系建设方面,提出了"积极探索知识管理、人工智能、数字人文等技术在档案信息深层加工和利用中的应用";在档案安全体系建设方面,提出了保障档案数字资源安全管理;在档案信息化建设方面,提出了推动档案全面纳入国家大数据战略;在档案科技创新方面,提出了开展新技术应用、档案信息资源共享利用、档案数据治理等重大课题,推动档案内容信息深度开发等技术攻关[⑤]。上述举措融入国家数字政府、数字经济和数字社会的战略大局,积极作为,推动档案工作高质量转型,为国家治理现代化提供支撑。

综上所述,档案工作的数字化转型是数字中国战略不可或缺的组成部分,档案部门也在积极谋划,全方位、体系性推动数字时代档案工作的升级、拓展和革新。完成这一场"盛宴",最核心的便是"档案资源"和"数字技术",档案资源是"米",数字技术是"巧妇",两者结合,方能"巧妇有米,无不可为"。

(三) 学科融合:赋能信息资源管理的技术创新

2022年9月,国务院学位委员会和教育部联合印发《研究生教育学科专业目录(2022年)》,一级学科"图书情报与档案管理"正式更名为"信息资源管理",学科迎来新的开拓之路。

---

① 新华社.中共中央办公厅 国务院办公厅印发《关于推进实施国家文化数字化战略的意见》[EB/OL].(2022-05-22)[2023-02-23].http://www.gov.cn/xinwen/2022-05/22/content_5691759.htm.
② 中国人民大学档案事业发展研究中心.中国档案事业发展报告(2022)[M].北京:中国人民大学出版社,2022:189.
③ 周林兴,崔云萍.档案馆是推进文化数字化的重要力量[N].中国社会科学报,2022-11-29(8).
④ 周林兴. 提升档案文化服务能力 铸就社会主义文化新辉煌[N]. 中国档案报,2023-02-13(1).
⑤ 中华人民共和国国家档案局."十四五"全国档案事业发展规划[EB/OL].(2021-06-09)[2023-02-24]. https://www.saac.gov.cn/daj/toutiao/202106/ecca2de5bce44a0eb55c890762868683.shtml.

笔者通过搜集和分析《中文核心期刊要目总览》和《中文社会科学引文索引(CSSCI)》2012—2022年间有关图书情报与档案管理学科领域的27本核心期刊共74 664篇文献数据①,利用文献计量可视化工具VOSviewer生成近十年图书情报与档案管理学科的研究热点知识图谱,如图1-1所示。分析可知,本次学科更名背后彰显了学科改革守正厚基、数智赋能、融合重构的新特点,亦是学科顺应新时代发展需求的主动变革。

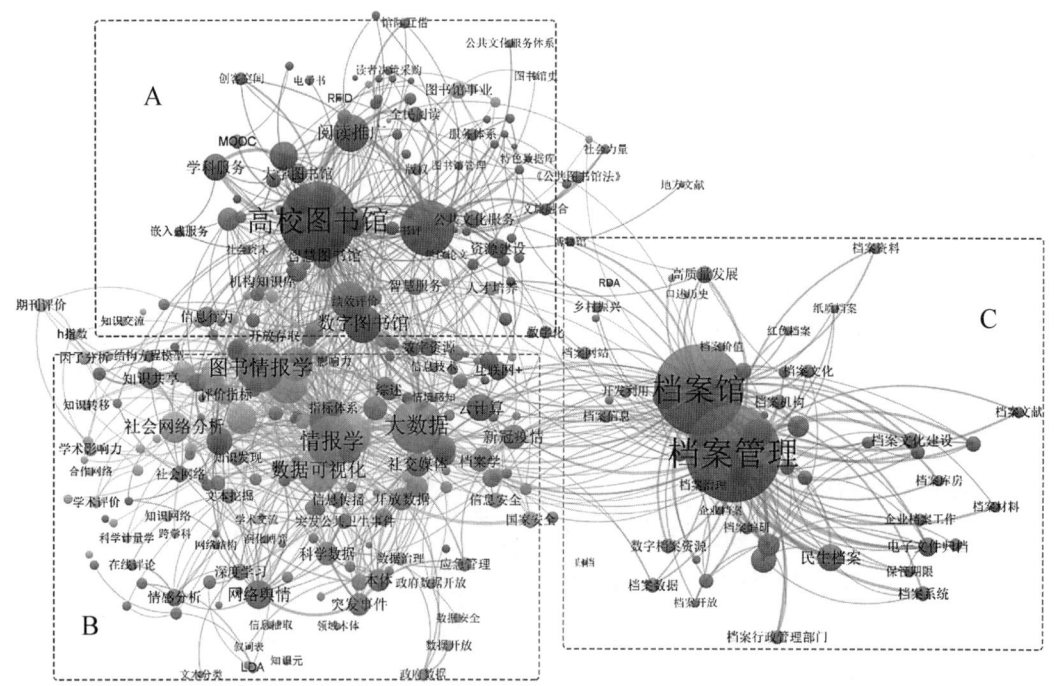

图1-1　2012—2022年图书情报与档案管理学科研究热点

1. 守正厚基,信息资源优势仍在

图书情报与档案管理学科的逻辑起点是人类的天然永恒的信息需求。学科在此基础上以"用户"和"资源"为核心,探索实现宇宙中无序信息的局部序化,帮助人们得到优化、可信、有价值的信息。

学科虽然更名,但依然需要"守正",即坚守图书馆学、情报学、档案学三个传统二级学科的理论优势②,坚守"持续满足用户信息需求"的初心,保证其健康发展,才能让"信息资源管理学科"方向不迷失、定位不泛化,而是在图情档三个学科的根深叶茂中繁花似锦;同时需要"厚基",即继续在"人无我有"的资源优势中丰富信息资源、开发信息资源,进一步在传统的文献、情报和档案信息中,向数据、知识、文化等领域拓展和集

---

① 数据检索和处理时间为2023年1月13—15日.
② 冯惠玲.以信息资源管理的名义再绘学科蓝图[J].信息资源管理学报,2022(6):4-10.

成,在"大资源观"的视野下,开发的成果更加多维和立体。

2. 融合重构,研究领域拓展交叉

从图1-1中可知:一是三个二级学科的知识网络分布明显。图中A区域的"高校图书馆""阅读推广""数字图书馆"等节点代表"图书馆学";B区域的"数据可视化""竞争情报""信息行为"等节点代表图书情报学和情报学;C区域的"档案管理""档案服务""档案数字化"等节点代表"档案学"。二是学科融合趋势愈发显著。一方面,图书馆学与情报学交融十分紧密,呈现出"你中有我、我中有你"的演化趋势,并由此衍生出"图书情报学"等高频关键词;另一方面,在国际LAM(Libraries, Archives, and Museums)理念的驱动下,三个二级学科呈现出融合的新趋势,如在"数字人文""新冠疫情""数据治理""人工智能""数字资源"等前沿领域融合交叉研究显著。三是伴随信息资源的海量剧增,学科在传统的三个二级学科中进一步吸收和容纳历史学、艺术学、传播学、计算机、通信等多学科研究思路[①],信息资源管理呈现出跨领域、多维度的"新文科"特点。

3. 数智赋能,技术方法创新应用

图1-1中显示的新热点和新技术成为连接三个二级学科的重要桥梁。通过对节点的"中心度"值进行量化分析,发现一些代表新技术、新需求、新热点的词汇中心度较高,并在三个二级学科知识网络中充当"中介"的角色,如"大数据""互联网+""云计算""人工智能""本体"等。这充分展现了随着图书情报与档案资源数字化程度的提升,数字化开发、智能化利用成为信息资源建设的重要方向和学科发展的新兴动能。一方面,赋能方法有创新,目前基于数字化和数据定量分析的智能计算新方法已受到学界的普遍追捧,并由此衍生了计算档案学、计算情报学等新方向;另一方面,赋能技术有应用,即利用大数据、云计算、人工智能、知识图谱、区块链等新兴技术开发信息资源,能够更加智能、精准、便捷地满足用户不同层次的信息需求。

综上所述,图书情报与档案管理学科的知识体系在经历漫长的发展后,迎来"信息资源管理"的新篇章[②]。在学科调整的大背景之下,继续坚守"以用户为中心"和"以资源为基础"的初心,在学科交叉、融合、拓展的大趋势之下,持续探索大数据、人工智能、知识图谱等新技术的应用,赋能信息资源的开发和利用,更好地服务用户。如此形成良性的闭环,才能促进档案学科与时俱进、生生不息。

二、研究意义

知识发现作为前沿技术的代表,能有效解决当前档案资源开发利用不足、知识服

[①] 初景利,黄水清.从"图书情报与档案管理"到"信息资源管理":一级学科更名的解析与思考[J].图书情报工作,2022(14):3-9.
[②] 马费成.凝聚共识,推动信息资源管理一级学科建设[J].信息资源管理学报,2023(1):4-8.

务能力不够的现状,但其目前在档案行业的应用还不多,尚未形成系统、成熟、规范的理论体系和应用方案,针对复杂档案数据结构开展档案知识发现研究具有十分重要的理论和实践意义。

（一）理论意义

档案资源是国家档案资源体系中的重要组成部分,是资政育人的重要红色资源,承担着"为国守史,为民服务"的重要使命。在档案开放、资源开发的大背景下,如何科学有效地挖掘档案资源,发挥其价值,从而更好地服务于各类用户、支撑决策咨询,是当前面临的一个重要现实问题。因此,探索利用知识发现技术开发档案资源具有重要的理论意义。

具体而言,一是可以丰富档案资源的组织理论,提供档案领域本体构建的思路和方法,有效拓展档案资源的语义关联和知识组织方面的研究。二是可以充实档案数据管理的理论。知识发现对档案资源的粒度提出了新要求,从传统的档案原"件"深入档案内容的"知识单元",这与当前正如火如荼开展的档案数据管理不谋而合。知识发现在档案数据描述、关联等方面可为数据管理提供新的理论支撑。三是深化档案利用服务理论,融合数字人文等方面的研究成果,推动档案利用服务向资源集成、知识服务、智能认知、可视化展示等领域拓展。

（二）实践意义

在推进档案信息化转型的背景下,进行知识发现是研究、探索和实践档案信息资源知识化的基础性问题,是实现档案精细化、精准化管理的前提,是推动档案知识服务真正落地的具体途径。当前,探索档案知识发现具有重要的实践意义。

具体而言,一是为实现档案知识发现提供理论指导,以知识图谱构建为例,其构建虽然有一套相对成熟的通用流程和技术体系,但在实践应用过程中还需结合具体领域的特点和用户需求。本研究的探索立足多媒体档案工作的实际,贴合档案用户的现实需求,可为档案领域下细分领域中的知识图谱构建提供路径参考和理论指导。二是本研究探索的多媒体档案领域知识图谱的构建框架、实现路径、质量评估等,可用于档案知识图谱构建和系统开发需求设计。设计并初步实现的档案知识图谱服务平台原型系统,可进一步拓展升级而直接对接其他档案信息化建设项目,并融入档案工作利用服务系统,为档案利用服务实践提供支撑。

档案是记载党和国家光辉历史、传承经验智慧、延续红色血脉的重要载体,是保障国家建设、实施依法治国、维护人民权益的重要依据。档案作为国家重要基础性战略资源之一,存量丰富,形式多样,其中蕴含的知识相较于其他资源更加具有真实性、可靠性、历史系统性①等无可替代的优越性和贡献力。如何利用现代信息资源管理、人工

---

① 张斌,魏扣,郝琦.面向决策的档案知识库构建研究[J].图书情报工作,2016(5):118-124.

智能、大数据、知识工程等理论、方法和手段,加强档案资源的深层次开发与利用,发现、挖掘、提炼档案中蕴含的知识及其关联,充分发挥档案知识的价值效用,是当前档案工作重点关注和亟待解决的问题。

一方面,档案的生成方式趋于多媒体化,档案来源、资源种类、存储记录方式、外在表现形式等发生较大变化,亟须针对多媒体档案信息资源特点研究智能化的档案内容深层次开发手段。

随着电子信息技术和网络技术的飞速发展,个人计算机、数码相机、数码录音笔、数码摄像机、扫描仪等现代办公设备广泛应用,产生了大量的文本、图像、音频和视频等多媒体数据。特别是当信息化转型建设迈入智慧城市这一高级阶段,以各类传感设备为基础的感知层具有超强的环境感知力和智能性,通过智能穿戴设备、指纹识别门禁、车辆蓝牙识别系统、网上办公系统、模拟仿真设备等智能终端采集形成的大量多媒体数据将作为智慧城市中各类群体的身份、位置、状态等基础信息进行存档。可见,在信息化条件下,形成档案的原始信息形式日趋电子化、多元化,不断有新的多媒体数据类型、信息内容、载体形式成为档案的数据来源和管理对象,各类新兴多媒体档案逐步成型。与传统档案管理对象相比,多媒体档案多以数字形式存在,具有非结构化、信息量大、价值密度低、内容内涵和外延丰富等特点,仅依赖人工著录基础目录数据、业务元数据等信息,无法真正获取档案中蕴含的语义,缺乏发现语义单元之间关系的智能化方法。因此,为破解多媒体档案价值变现的难题,应根据多媒体档案管理现状与迫切需求,将知识发现相关理论与当前多媒体档案管理原则、管理方法、管理实践进行融合,探索多媒体档案数据整合、信息关联、知识发现的新模式。通过对数据进行提炼、萃取、关联、整合,构建多媒体档案领域知识图谱,为基于档案内容的信息实现精细化/精准化数据分析、深层关系发现与推理等各类智能化应用提供丰富可靠的知识资源。

另一方面,网络化、数字化环境下档案馆(室)利用的服务方式发生了显著变化,特别是伴随档案利用由信息查询向知识服务升级转型,相应的利用需求、工作机制、服务类型等也随之改变,亟须针对不同层级、不同类型、不同流程的利用需求研究智慧型档案知识服务模式。

档案馆(室)建设应当满足数字档案资源跨区域、跨系统共享利用需要,实现网络化、便捷化档案利用服务。各级档案主管部门按照"档案利用服务达到新水平"[1]的发展目标,加大档案开放力度,提高档案共享程度,优化档案利用手段,深入推进档案利用体系建设。可见,充分实现档案对国家和社会的价值是检验档案利用工作成效的核心标

---

[1] 国家档案局.中办国办印发《"十四五"全国档案事业发展规划》[EB/OL].(2021-06-09)[2023-02-28].https://www.saac.gov.cn/daj/toutiao/202106/ecca2de5bce44a0eb55c890762868683.shtml.

准,只有把资源优势转化为服务优势,才能有效彰显档案的价值与作用。然而,随着档案信息和档案文化需求的日益丰富,档案数字资源利用率低、利用面窄、利用层次不够等问题逐渐凸显,缺乏智能化、个性化、精细化的档案信息服务保障能力。因此,为打通档案信息服务链路,确保档案服务有的放矢,应紧密结合决策需求、建设管理需求等,利用领域知识图谱相关技术将档案数字资源聚合成高质量档案知识,并面向用户需求提供智能搜索、自动问答、知识对话、个性化推荐、决策参考等各类定制化知识服务,为推动档案管理模式向知识管理模式转变提供可落地、可借鉴、可推广的路径指引。

综上所述,档案生成方式的改变和利用需求的深化,使得档案部门和科研机构均认识到档案知识发现。特别是多媒体档案信息资源的深度开发,有利于档案知识价值的实现,也有利于档案部门知识服务理念与模式的确立,还有利于档案工作现代化水平和竞争能力的提升。多媒体档案知识发现能够形成面向多媒体档案管理的垂直知识图谱,以档案馆(室)内部数据为知识来源,具有知识表示层级多、知识概念粒度细、知识产品质量高、知识应用形式广泛等突出的优点,为多媒体档案信息资源的数据融合、共享开放以及决策分析提供了丰富可靠、可推理、可解释的领域知识基础。

第二节　国内外研究现状与案例分析

一、国内外研究现状

(一) 数据检索与处理

1. 文献检索

经综合考察,中文文献选取 CNKI 中国知网作为检索数据库,外文文献选取 ProQuest/Library & Information Science Abstracts(LISA) 和 EBSCO/Library Information Science and Technology Abstracts(LISTA) 作为检索数据库,并以 Web of Science 数据库和 Scopus 数据库作为补充。经过多次实验和对比,选择"题名(Title,简写为 TI)"作为检索字段进行检索,时间跨度为 2002 年 1 月 1 日 1 至 2023 年 6 月 30 日,文献检索处理时间为 2023 年 7 月 1 日至 5 日。

为了最大限度地贴近研究主题,先以 TI=("互联网+"*"多媒体档案"*"知识发现")进行检索,检索时兼顾中英文同义词扩展的其他相似或相关术语,未检索到相关文献。再将检索题名拆分开,分别以 TI=("互联网+"*"多媒体档案")和 TI=("多媒体档案"*"知识发现")进行检索,仍未能检索到相关文献。考虑到多媒体档案是档案的一种类型,同时本项目所研究的知识发现往往与知识工程、知识管理、知识服务相关联,知识图谱又是知识发现的典型成果,因此又分别以 TI1=("互联网+"＊"档案"＊("知识发现"+"知识工程"+"知识管理"+"知识服务"+"知识图谱"))、TI2=("互联网+"＊"档案")和 TI3=("档案"＊("知识发现"+"知识工程"+"知识管理"+"知识服务"+"知识图谱"))进行检索,才得以形成文献的初选样本。

在检索形成的文献初选样本中,以"TI1"为题名仅检索到文献 3 篇,以"TI2"为题名共检索到文献 2 360 篇,以"TI3"为题名共检索到文献 797 篇。经人工剔除与研究关联度低的文献(如检索结果中有大量利用知识图谱方法开展文献计量研究分析的成果),剔除内容无关文献、重复文献、期刊要目、征稿启事、选题指南等,期刊类文献只选取核心期刊、EI 以上级别期刊后,最终获取中文学术文献 389 篇,外文学术文献 257 篇。

将筛选后的文献数据,一方面按"Notefirst"题录格式下载,并导入 Notefirst 文献管理工具;另一方面按"Refworks"格式下载导出,其包含题名、作者、机构、关键词、发表时间等主要字段。表 1－2 展示了文献检索的结果。

表 1－2 文献检索结果　　　　　　　　　　　　　　　单位:篇

检索式 时间跨度:2002.1.1—2023.6.30 检索处理时间:2023.7.1—7.5	来源数据库	检索结果		筛选结果	
		中文文献	外文文献	中文文献	外文文献
TI=("互联网+"＊"档案"＊("知识发现"+"知识工程"+"知识管理"+"知识服务"+"知识图谱")),中英文扩展检索	CNKI 学术期刊库 CNKI 博硕士论文库	3	0	3	0
TI=("互联网+"＊"档案")		1 104	1 256	110	3
TI=("档案"＊("知识发现"+"知识工程"+"知识管理"+"知识服务"+"知识图谱")),中英文扩展检索		704	93	276	71
SU=(internet) AND (archive) AND (knowledge discovery OR knowledge engineering OR knowledge management OR knowledge service OR knowledge graph)	1. EBSCO/Library Information Science and Technology Abstracts (LISTA) 2. ProQuest/Library & Information Science Abstracts (LISA) 3. Web of Science 4. Scopus	0	17	0	5
SU=(internet) AND (archive)		0	561	0	115
SU=(archive) AND (knowledge discovery OR knowledge engineering OR knowledge management OR knowledge service OR knowledge graph)		0	176	0	63
最终筛选结果				389	257

2. 科研项目检索

科研项目作为国家规划学科发展路径的学术性表达,在相当程度上可以反映特定领域的研究特征和前沿趋势。国家自然科学基金、国家社会科学基金、教育部人文社会科学基金、国家档案局科技项目等是本学科领域资助项目的主体,具有较强的权威性和代表性。

利用 Python 自编爬虫程序,从相关官方网站的公示栏目中爬取 2020—2023 年的立项数据,经人工筛选,最终获取 85 条"图书馆、情报与文献学(含档案学)"领域与"知识发现、知识工程、知识管理、知识服务、知识图谱"相关的立项信息。

科研项目数据则主要利用 NLPIR 分词系统对"项目名称"进行处理,将其切分成独立的关键词,同时构建关键词之间的关系矩阵。为了便于后续的主题分析,对关键词进行了清洗,统一了机构名称、文本格式、字段内容等。表 1-3 展示了科研项目检索的结果。

表 1-3 科研项目检索结果

类型	时间	项目名称
自科	2020	中国儒家学术史知识图谱构建研究
自科	2020	融合知识图谱和行为经济理论的用户建模及推荐研究
自科	2020	基于深度学习的典籍引书知识图谱构建及应用研究
自科	2020	基于实体语义关联的慢病知识融合与动态推荐研究
自科	2020	基于知识图谱和链路预测的推荐系统及在设备健康管理中的应用研究
自科	2020	基于产品数字孪生体的知识映射机理、可视化语义知识图谱及标注模型
自科	2021	数据驱动的跨项目知识转移方法研究:知识图谱与迁移学习视角
自科	2021	基于科学地图的大规模文献数据可视化分析
自科	2021	基于多主体需求融合的非遗知识图谱构建及活态演进研究
自科	2021	多源异构数据下研究前沿演化探测及科学知识图谱构建研究
自科	2022	融合知识图谱与智能推荐的中医临床路径构建与优化方法研究
自科	2022	基于深度学习的赵炳南流派知识图谱与群体性认知模型研究
自科	2022	基于本体推理和语义网检索的中西药物相互作用知识发现研究
自科	2022	跨语言多模态文物知识图谱构建研究

续　表

类　型	时　间	项　目　名　称
自　科	2022	基于深度学习的多模态文化遗产数字资源语义组织与检索研究
社　科	2020	情报学研究方法的知识图谱构建及其应用场景推荐研究
社　科	2020	数字人文视域下非遗知识图谱自动构建与长期演进研究
社　科	2020	基于事理图谱的重大突发事件演变机制研究
社　科	2020	大数据环境下突发事件中多模态危机情报智能挖掘与推荐研究
社　科	2020	大数据时代的中西医知识组织与知识图谱构建研究
社　科	2020	基于区块链的个人医疗信息语义组织与多粒度可信溯源方法研究
社　科	2020	基于手语词汇语料库的语义知识挖掘研究
社　科	2020	基于数据语义化的电子病历数据质量研究
社　科	2020	基于知识图谱推理的健康信息可信度计算研究
社　科	2020	基于知识图谱的领域知识结构构建方法研究
社　科	2020	大数据环境下领域知识加工与组织模式研究
社　科	2021	社会感知驱动下用户画像时空数据知识组织研究
社　科	2021	大数据环境下企业网络评论信息组织与语义挖掘研究
社　科	2021	面向循证医学的领域文献实体关系识别方法研究
社　科	2021	智慧数据驱动的公共数字文化资源知识图谱构建与应用研究
社　科	2021	突发公共卫生事件网络信息资源的知识图谱构建研究
社　科	2021	基于认知图谱的应急知识组织与智慧服务模式研究
社　科	2021	数据驱动的档案文献资源知识构建与知识服务研究
社　科	2021	文化大数据背景下古村落多源异构档案的知识融合研究
社　科	2021	面向风险治理的突发事件事理图谱构建研究
社　科	2021	突发公共卫生事件网络信息资源的知识图谱构建研究
社　科	2021	文化遗产图像资源关联数据集成与叙事化呈现研究
社　科	2022	藏汉双语藏文古籍知识图谱构建研究
社　科	2022	数智驱动的在线健康资源挖掘与智慧服务研究

续 表

类型	时间	项目名称
社科	2022	数智驱动下智慧图书馆基于微服务架构的知识服务模式研究
社科	2022	基于图书全内容的知识发现与智能服务研究
社科	2022	多模态科技资源的语义组织与关联发现服务研究
社科	2022	面向多模态医疗健康数据的知识组织模式研究
社科	2022	数字乡村背景下农村医疗健康信息协同与智慧服务模式研究
社科	2022	数字人文视域下口述历史档案资源知识图谱构建及应用研究
社科	2022	面向藏族《格萨尔》史诗文本领域的知识图谱构建研究
社科	2022	数智时代中国古籍基本知识表示及构建研究
教育部	2020	面向大规模协作的数字图书馆知识图谱构建与可信服务社会化推荐研究
教育部	2020	基于深度学习的海量视频档案知识发现技术研究
教育部	2021	跨学科知识组织中学科概念跨学科关联研究
教育部	2022	面向学术大数据的重要文献识别及关系图谱构建研究：多源数据融合的视角
教育部	2022	计算人文视角下文化遗产数字资源多模态知识组织与价值共创研究
教育部	2022	语义功能感知的科学知识网络建模与多维分析研究
教育部	2022	面向决策支持的多源政民互动数据语义融合及故事化呈现研究
档案局	2021	基于知识图谱的智慧档案服务技术研究
档案局	2021	面向多堆型的核电工程建设档案知识图谱构建与应用研究
档案局	2021	北京市档案馆藏音视频资源知识服务原型与路径研究
档案局	2021	基于跨媒体智能的档案数据知识挖掘及其应用研究
档案局	2021	面向深度利用的历史档案资源专题知识库构建技术与方法研究
档案局	2021	基于微信公众号的档案管理知识图谱实证研究
档案局	2021	基于深度学习的知识图谱技术在军工科技档案管理中的应用研究
档案局	2022	城市建设和自然资源档案管理知识图谱实证研究
档案局	2022	城建档案消防数据资源跨部门知识集成服务研究
档案局	2022	基于大数据的知识服务深度开发档案信息资源可行性研究

续表

类型	时间	项目名称
档案局	2022	基于科技大数据的科研项目档案智能关联和高效利用
档案局	2022	基于人工智能的核动力档案知识挖掘的研究与应用
档案局	2022	基于数字孪生的档案数据全要素连接与智慧档案服务构建研究
档案局	2022	基于政策计量的档案政策法规知识服务平台建设
档案局	2022	基于知识工程的智能化数字档案创新开发与服务利用平台
档案局	2022	非遗档案数字资源知识图谱构建及其应用研究
档案局	2022	基于知识图谱的北京红色档案资源整合与服务研究
档案局	2022	基于知识图谱的高校文书档案"智创"集成模式研究
档案局	2022	气象记录档案知识图谱构建研究
档案局	2023	测绘地理信息档案多源异构时空数据挖掘
档案局	2023	大语言模型在电子档案多维组织中的应用研究
档案局	2023	基于关联数据的城建档案资源共建技术路径研究——以项目、空间和单位为关键要素
档案局	2023	基于跨门类民生档案的多模态弹性关联知识网络建设及智慧化利用研究——以五类民生档案为例
档案局	2023	基于领域认知智能的西迁红色档案资源应用研究
档案局	2023	基于知识图谱的档案保护认知体系构建研究
档案局	2023	基于知识图谱的科研档案知识集成与服务研究
档案局	2023	基于知识图谱的影像档案结构化数据管理系统研究
档案局	2023	人工智能生成内容(AIGC)背景下档案智慧服务策略研究
档案局	2023	丝绸档案知识图谱体系建设与文化产业融合发展路径研究
档案局	2023	铁路工程建设项目档案全文内容感知与自然语言问答检索利用系统研究

(二)数据检索情况分析

1. 文献情况分析

图 1-2 展示了文献数量的年度分布及趋势情况,主要呈现出以下特点。

一是国内外研究成果数量分布及趋势基本一致。整体来看,国内外历年的文献数量分布规律基本一致,体现出国内外学界的研究共识和内外联动。但深入到历年具体

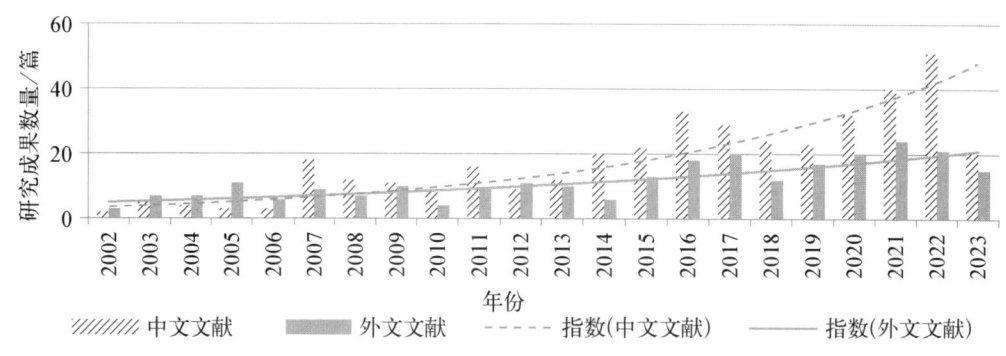

图1-2 文献数量年度分布及趋势

数据看,2002—2006年国外历年研究成果的数量均多于国内,而后该领域引起国内越来越多的关注,国内研究成果的数量自2007年起超过国外。

二是该领域的研究成果数量逐年增长。2002—2012年相关研究成果的数量较少,相关文献主要探索本体、知识管理、知识组织、知识服务、元数据、档案信息检索等领域,成果数量分布趋势平稳。2012年Google提出知识图谱后,相关成果数量呈现快速增长的趋势,越来越多的研究开始关注知识工程、知识发现、知识组织、知识服务等理论问题及垂直领域应用,包括数字人文、档案数据、语义组织、信息集成、知识问答、知识关联、领域知识图谱、人工智能等。

三是近十年文献数量呈现指数增长趋势。从拟合曲线看,自2014年起呈现出指数增长的态势,2014—2023年6月国内外相关研究成果数量共461篇,占文献总数的近70%。

综上所述,一方面,档案数据整合、信息关联和知识发现受到档案学界与业界的共同关注,积累了一定的研究基础,相关理论和实践成果可为本研究提供有益借鉴;另一方面,尽管相关研究如火如荼,但还处在前期快速发展阶段,诸多理论问题和应用实践有待探索。本研究以多媒体档案为突破口,试图融合知识发现的思想、理论、方法和技术,为档案信息化建设及资源开发利用提供新的视角。

2. 科研项目情况分析

图1-3展示了科研项目类型、数量及年度的分布情况,主要呈现出以下特点。

一是按项目类型看,国家自然科学基金16项、国家社会科学基金32项、教育部人文社科基金7项、国家档案局科技项目30项,其中国家级项目共48项,占56.5%,表明国家层面对相关研究的重视。

二是从立项时间看,每个年份相对均衡,2022年较多,共31项,占36.4%,表明相关研究的关注程度呈逐年递增趋势。

三是从研究选题看,本学科的关注点主要以知识管理、知识服务、知识发现、知识

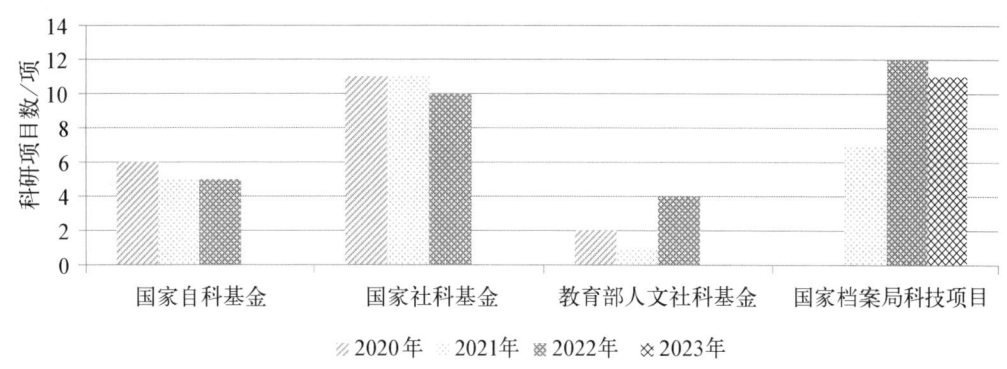

图 1-3 科研项目年度分布图

图谱在学科范畴内各细分垂直领域的应用研究为主,探索各领域档案知识获取、组织、应用的理论与实践,相关的立项课题涉及数字人文、文化遗产、档案文献、口述档案、视频档案、核电工程建设档案、军工科技档案、城建档案、红色档案、文书档案、气象记录档案、电子病历等,暂未发现多媒体档案知识发现的相关研究。

3. 高频关键词分析

关键词在一篇文章中所占篇幅虽然不大,却是对文章核心内容的高度概括和凝练[①]。因此常通过分析关键词等字段来确定一个领域的研究主题、研究热点和研究前沿。将文献数据和科研项目数据中的关键词清洗处理后,导入 CiteSpace 软件进行运算和可视化分析。表 1-4 展示了高频关键词的基本情况。

表 1-4 频次≥9 的高频关键词列表

关 键 词	首次出现年份/年	频次/次	中心度
知识管理	2003	112	0.52
knowledge management	2002	78	0.4
知识服务	2004	56	0.38
档案管理	2002	48	0.14
知识图谱	2014	37	0.14
knowledge graph	2017	31	0.15
knowledge service	2010	24	0.13

---

① Bailón-Moreno R, Jurado-Alameda E, Ruiz-Baños R, et al. Analysis of the field of physical chemistry of surfactants with the unified scientometric model: fit of relational and activity indicators [J]. Scientometrics, 2005 (2): 259-276.

续 表

关 键 词	首次出现年份/年	频次/次	中心度
企业档案	2003	22	0.02
archive management	2008	19	0.03
档案知识服务	2002	17	0.04
档案知识管理	2003	15	0.08
electronic health records	2009	14	0.05
semantic	2005	14	0.1
knowledge discovery	2005	13	0.04
知识组织	2004	12	0.04
enterprise archives	2008	11	0.01
知识发现	2007	11	0.03
ontology	2009	10	0.07
records management	2003	9	0.01
企业档案管理	2003	9	0.03

"频次"和"中心度"常用来衡量关键词在知识网络中的地位，两个指标数值高的关键词常用来代表该领域的研究热点。一方面，从关键词的"频次"数量分析看，出现次数最多的为关键词为"知识管理"，中文词汇出现112次，其英文词汇"knowledge management"出现78次，共190次；其次为"知识服务"，中文词汇出现56次，其英文词汇"knowledge service"出现24次，共80次；"知识图谱"中文词汇出现37次，其英文词汇"knowledge graph"出现31次，共68次；此外"档案知识管理""档案知识服务""本体""知识组织"等词汇出现频次也超过10次。另一方面，从关键词的"中心度"数值分析看，中心度最高的词汇为"知识管理"，中心度为0.52；其次为"knowledge management"，中心度为0.4；中心度数值超过0.1的词汇还包括："知识服务""knowledge graph""知识图谱""knowledge service""semantic"等。

综合前文初步分析可知，本领域当前的研究热点包括：一是知识管理理论，即以知识序化、转化、共享为目标，实现数据资源组织形式、业务流程、服务模式再造的管理思想与方法；二是知识图谱构建，包括图谱构建方法、领域本体、领域知识图谱、知识表示等研究领域，以及知识图谱系统建设；三是应用研究，包括知识工程、知识管理等相关理论在企业档案管理、电子医疗档案管理等领域的应用。

（三）研究现状综述

图1-4为CiteSpace软件运算生成的关键词共现网络知识图谱，图中节点越大代表该关键词的词频数量和中心度值越高，节点之间的连线越粗表示两个节点同时出现的次数越多，圆圈标注的突出节点表示其在整个网络中占据重要的位置。结合前文关键词的量化分析，分别对国内和国外的相关研究热点和理论成果进行述评。

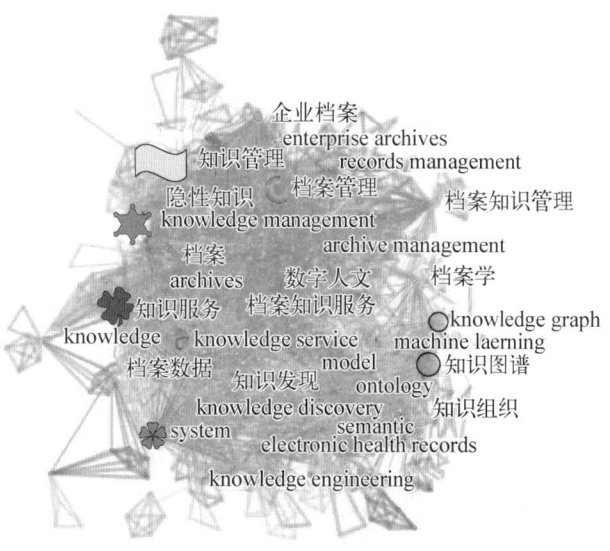

图1-4 关键词共现网络知识图谱

1. 国内研究现状

（1）"互联网＋"背景下档案管理和服务模式创新。该研究方向涉及"互联网＋"背景下档案行业发展、档案行政监管、档案资源建设和开发利用、档案信息服务等档案管理模式和建设策略等。

王协舟等认为互联网技术是档案职业发展新的驱动引擎，实现了信息流、用户流、场景流交互，推动了档案工作业务流程重组，能更好地促进档案数据资源整合和开放共享，同时也带来了档案形成生态、用户需求、工作思维变革、价值互联等方面的挑战[1][2][3]。毛贤广等调研了我国中央和地方"互联网＋档案行政监管"的实施现状，借鉴其他部门行业的创新性举措与经验，从法律法规、治理模式、监管内涵、档案信息体系、数字赋能等层面提出了"互联网＋档案行政监管"的推进策略[4]。郝伟斌等以公路建设项目电子档案为例，探索"互联网＋"背景下多级联动、多元监管、多种手段的建设项目档案新型监管机制[5]。陈镭指出"互联网＋"环境下，不动产登记业务模式发生改变，不动产登记档案单套管理模式也应运而生，在制度建设、管理模式、系统开发等方面存在的问题和分歧迫切需要规范和解决[6]。赵彦昌等认为"互联网＋"时代档案资源数据量

---

[1] 王协舟，李典诰."互联网＋档案"新业态发展动力的新引擎[[J]．北京档案，2019(11)：14-19．
[2] 王协舟，李典诰."互联网＋档案"新业态发展动力的新特点[J]．北京档案，2019(9)：12-15．
[3] 王协舟，李典诰，王露露."互联网＋档案"新业态发展动力的新挑战[J]．北京档案，2019(10)：8-12．
[4] 毛贤广，姚静，陆建春."互联网＋档案行政监管"的实施现状与推进策略[J]．档案学通讯，2021(4)：45-51．
[5] 郝伟斌，周昊，李璐璐."互联网＋"环境下建设项目档案新型监管机制研究[J]．档案管理，2020(6)：48-51．
[6] 陈镭."互联网＋不动产登记"电子档案单套管理存在问题与对策建议[J]．档案与建设，2023(1)：73-76．

与日俱增,要运用互联网思维和新技术,拓宽档案信息资源收集渠道,注重丰富档案信息资源内容,对档案信息资源进行深度整合,树立"用户为王"的服务利用导向[①②]。田伟等提出"互联网+"视域下档案信息化建设的四重境界,按照档案资源数据化、档案资源智能化服务、档案资源远程化利用、档案信息系统跨领域信息交互逐层递进,实现档案资源整合互联、开放共享、协同创新[③]。赵彩彩等分析了数据赋能助力智慧档案服务的微观机理,提出全渠道、全媒体、全链路的智慧档案服务实现路径[④]。许多学者围绕"互联网+"背景下的政务服务[⑤⑥]、公共服务[⑦⑧]、各类科技专门档案管理[⑨⑩⑪]、档案管理信息系统平台设计[⑫⑬]、档案文化传播[⑭⑮]、档案文创产品开发[⑯]等方面展开研究探讨。

(2)档案知识获取、组织、管理理论与实践。该研究方向涉及档案知识工程、知识管理、知识发现等方面。

知识工程方面,张斌等探索了知识工程在档案领域的应用模式与基本价值,认为档案数据和档案知识是档案知识工程的研究对象,从知识对象层、知识关联层、知识应用层给出了档案知识工程的研究体系与框架结构,并从理论、模式、价值、服务等维度对档案知识工程的理论与实践价值进行了探讨[⑰]。

知识管理方面,徐拥军认为文件形态和文件数量的变化催生了档案后保管范式的出现,其思想反映了档案管理向知识管理发展的内在要求和必然趋势[⑱]。贾玲等梳理了档案实体管理、信息管理和知识管理三个发展阶段特点[⑲],中肯详细地分析了档案管理与知识管理的联系与区别,清醒地认识到档案管理的专业性和知识管理的先进性,

---

① 赵彦昌,毛丽敏.浅谈"互联网+"环境下档案信息资源建设的三大趋向[J].档案与建设,2016(8):4-7.
② 赵彦昌,毛丽敏."互联网+"环境下档案信息资源建设若干问题研究[J].档案学研究,2017(4):31-35.
③ 田伟,韩海涛."互联网+"视域下档案信息化建设的四重境界[J].中国档案,2017(10):70-73.
④ 赵彩彩,郝伟斌.如何让数据赋能:"互联网+"背景下智慧档案服务的微观机理与现实路径探析[J].北京档案,2020(6):17-21.
⑤ 梁绍红,占辉.对接服务"互联网+政务"推动档案工作转型发展:《浙江政务服务网电子文件管理暂行办法》中档案部门的职责、任务和要求[J].中国档案,2017(4):17-19.
⑥ 任剑."互联网+政务服务"下档案信息服务现状与优化研究[D].沈阳:辽宁大学,2020.
⑦ 顾琪琪."互联网+档案公共服务"的探索与实践[J].浙江档案,2017(5):56-58.
⑧ 张小兰.档案服务变革与转型策略研究:基于"互联网+"益民服务的视角[J].浙江档案,2017(3):14-16.
⑨ 高鹏."互联网+政务服务"背景下外汇业务档案管理提升路径研究[J].档案与建设,2022(4):58-59.
⑩ 戴艳清,孙英姿."互联网+政务服务"背景下人事档案网上服务优化研究:基于对省级政务服务网的调研[J].档案与建设,2021(8):32-37.
⑪ 杨凝,李清林,赵希彦等."互联网+"视域下肿瘤专科医院科研档案电子化管理的实践及思考[J].中国肿瘤,2021,(7):535-538.
⑫ 林慕婵,梁鸣."互联网+"环境下高校数字档案资源共享平台建设:以华南农业大学为例[J].中国档案,2020(2):60-63.
⑬ 杜琳琳."互联网+政务服务"环境下档案管理系统与政务服务平台协同设计[J].中国档案,2020(4):64-66.
⑭ 胡琨."互联网+"时代档案文化传播的"立"与"困"[J].档案学研究,2017(5):82-85.
⑮ 岳全华."互联网+"时代的档案文化传播:档案重构、跨界融合与互动[J].浙江档案,2017(2):28-29.
⑯ 彭忧."互联网+"背景下档案文创产品的开发思路与营销策略研究[J].北京档案,2021(9):32-33+41.
⑰ 张斌,高晨翔,牛力.对象、结构与价值:档案知识工程的基础问题探究[J].档案学通讯,2021(3):18-26.
⑱ 徐拥军.档案后保管范式与知识管理[J].档案学通讯,2008(2):27-31.
⑲ 贾玲,周晓林,陆江等.从档案实体管理、信息管理到档案知识管理[J].中国档案,2012(2):42-44.

认为两者在理论基础、工作侧重点、方式方法等方面存在深刻不同,档案行业不应盲目应用知识管理取代档案管理[1]。原宜青等分析了国内档案知识管理理论范式的形成路径和基本特征,探讨了该范式的未来发展方向[2]。还有许多学者探索了知识管理在非遗和历史档案[3][4]、高校档案[5][6]、名人档案[7][8]、企业档案[9][10][11][12]、医疗档案[13]、城建档案[14][15]、政务档案[16]、科技档案[17]等方面的实践研究。

知识组织和发现方面,赵雪芹等探索了领域知识图谱在非遗档案资源知识组织中的适用性,并以"华县皮影"为例展示了应用知识图谱作为知识组织形式能够揭示非遗档案文化内涵,促进其资源开发和价值发挥[18]。刘永给出了数字档案管理中档案知识发现的一般模式[19]。麻新纯等认为历史档案情报价值的实现需要通过知识发现完成,并提出了历史档案情报价值实现的具体途径和保障措施[20]。朱令俊阐明了档案知识发现的概念内涵,提出了档案知识发现的基本程式、内容框架和实现路径[21]。学者们还围绕不同档案信息资源类型研究了知识发现的具体方式方法,如口述历史档案[22]、政务档案[23]、政务微博[24]等。

(3) 档案知识服务理论与实践。该研究方向涉及档案知识服务模式、服务要素、服务功能、服务平台等,通过高效、深层次地开发档案资源,为用户提供更智能便捷的知识服务。

---

[1] 贾玲,刘彤,周晓林,等.知识管理不能取代档案管理:再论档案管理与知识管理的关系[J].档案学研究,2015(2):75-79.
[2] 原宜青,丁敬达.论档案知识管理理论范式的形成与发展[J].档案管理,2020(2):23-26.
[3] 李希,王巧玲.知识管理在非物质文化遗产档案领域的应用探析[J].北京档案,2021(3):15-18.
[4] 杨珩,史江.知识管理背景下历史档案数字化策略研究:从历史文献学视角出发[J].档案学通讯,2009(1):50-53.
[5] 贾玲,周晓林,巨珺,等.高校档案知识管理研究评析[J].档案管理,2011(2):16-18.
[6] 陈艳,伍卓深,许中华.价值、挑战、策略:知识管理视角下高校基金会档案管理探析[J].档案学研究,2014(4):49-52.
[7] 汪长明.知识管理:科技名人档案的认知、组织与揭示[J].档案与建设,2016(2):11-15.
[8] 欧阳慧芳.名人档案知识管理应用研究:以华南理工大学为例[J].档案与建设,2018(2):40-42+39.
[9] 徐拥军.企业档案知识管理模式:基于双向视角的研究[J].档案学通讯,2007(5):50-53.
[10] 周文泓.知识管理视角下的企业档案管理[J].中国档案,2012(9):58-59.
[11] 王昀.知识管理背景下企业档案管理模式研究[D].哈尔滨:黑龙江大学,2020.
[12] 邱杰峰.档案知识管理:核电企业档案信息化建设战略方向[J].中国档案,2022(10):36-37.
[13] 石常战.基于知识管理导向的医院档案管理体系构建分析[J].黑龙江档案,2022(3):180-182.
[14] 魏慧.知识管理视阈的城建档案管理问题研究[D].武汉:湖北大学,2012.
[15] 申思.基于城建档案的建筑工程项目知识管理研究[D].大连:大连理工大学,2015.
[16] 万莉.基于语义本体的电子政务档案知识管理模型研究[D].武汉:湖北工业大学,2011.
[17] 张海韵.基于知识管理的企业科技档案信息资源开发利用研究[D].南宁:广西民族大学,2015.
[18] 赵雪芹,路鑫雯,李天娥,等.领域知识图谱在非遗档案资源知识组织中的应用探索[J].档案学通讯,2021(3):55-62.
[19] 刘永.数字档案管理中的知识发现与知识服务[J].档案学研究,2008(5):51-53+27.
[20] 麻新纯,徐辛酉.基于知识发现的历史档案情报价值实现[J].档案学研究,2008(6):11-14.
[21] 朱令俊.数据驱动下档案知识发现的路径研究[J].档案与建设,2020(2):30-34+13.
[22] 邓君,王阮.口述历史档案资源知识图谱与多维知识发现研究[J].图书情报工作,2022,66(7):4-16.
[23] 武净煜.知识管理视域下政务档案信息知识发现研究[D].沈阳:辽宁大学,2022.
[24] 高晨翔.档案学视角下区域政务微博的知识发现模型研究[D].陕西:西北大学,2019.

服务模式方面,牛力等在档案知识工程视角下对档案知识服务的模式与机理进行了研究探索,梳理阐述了档案知识工程与档案知识服务的关系及融合机制[1]。魏亮亮通过分析典型历史档案数据库实践案例,归纳出数字人文视角下档案知识服务的呈现特征,从基础层、保障层、应用层和交互层四个维度提出了面向数字人文的档案知识服务模式[2]。陈慧等对物联网环境下档案知识服务模式的特征及存在问题进行了研究,指出将档案内容管理和开发利用结合、拓展档案知识服务范围和内容是个性化档案知识服务模式的发展方向[3]。学者们还探讨了高校档案[4]、企业档案[5]知识服务模式的可行性、实现路径、保障策略和创新手段等。

服务功能和服务平台方面,李仪等指出知识服务有助于个人档案信息共享的有序开展和功能实现,既能促进交互协作,又能保障信息主体与用户权益[6]。孙艳丽等分析了知识经济时代用户需求特点以及影响知识服务的因素,在此基础上提出了知识服务平台及其保障体系建设的实现路径[7]。黄雪梅等对军队档案知识服务系统的建设需求和可行性进行了分析,并从功能模块、系统结构、服务模式等方面阐述了系统的设计思路[8]。侯悦等以中电28所档案知识服务平台为例,阐述了军工企业档案知识服务平台的建设意义、实施策略和产生效益,指出档案知识平台上线运行极大提升了端到端的知识精准服务能力,促进档案资源整合和业务流程优化,支撑企业管理模式由传统向知识型转型升级[9]。中国人民大学档案学院承担的"全国档案学术交流知识服务平台"项目在档案知识资源的结构化组织和多维化利用方面积极创新,实现了多点式档案信息资源描述、专题式档案知识组织、一站式档案学术服务[10]。

此外,在具体实践过程中,档案知识服务又与智慧服务、智慧档案馆建设紧密相连,杨智勇等从档案业务部门的实践探索和国内外研究学者的理论研究两个层面概述了智慧档案馆的建设情况和研究现状,探索研究了智慧档案馆的兴起、构建和未来发展,认为智慧档案馆中"智慧"的内涵是综合各种数据、信息、情报和知识来解决问题的意识和能力,智慧档案馆的"智慧服务"特征是网络化、感知化、系统化和智能化,提出

---

[1] 牛力,高晨翔,韩小汀.模式与机制:知识工程视点下的档案知识服务研究[J].档案学研究,2021(2):96-103.
[2] 魏亮亮.面向数字人文的档案知识服务模式转型探析[J].档案学研究,2021(4):72-79.
[3] 陈慧,王晓晓,吴国娇.基于物联网的档案个性化知识服务模式:特征与问题探析[J].北京档案,2019(3):10-14.
[4] 钱德凤.高校档案知识服务模式创新研究[J].浙江档案,2022(11):56-58.
[5] 向梦宇.基于RSS的企业档案知识服务模式研究[J].机电兵船档案,2022(2):43-45.
[6] 李仪,张娟.云计算下个人档案信息共享的治理:以实现共享的知识服务功能为视角[J].档案管理,2018(4):26-30.
[7] 孙艳丽,周海燕,赵艳丽.基于用户需求的档案知识服务平台及保障体系建设研究[J].情报科学,2013(10):88-92.
[8] 黄雪梅,黄永勤.军队档案知识服务系统设计研究[J].档案与建设,2018(1):30-33+25.
[9] 侯悦,刘长晨.立足档案,着眼平台,聚焦服务:面向精准服务的军工企业知识服务平台建设[J].机电兵船档案,2021(6):12-14.
[10] 张斌,牛力,黄浩民,等."全国档案学术交流知识服务平台"项目构建研究[J].中国档案,2022(12):68-69.

智慧档案馆的未来发展应从新技术的应用、体系架构的搭建、资源发现与智能服务三个方面进行探索①。云南省档案局在国家档案局科技项目"智慧档案馆构建研究"的研究报告中提出,智慧档案馆功能构架的核心是档案资源收集智慧化、档案管理智慧化、档案服务智慧化,并给出了智慧收集、智慧管理、智慧服务的具体策略、实现路径、关键技术、应用场景等②。早在2011年,上海市档案局(馆)就将民生档案远程协同服务机制作为融入智慧城市的档案服务模式,提出"就地查询、跨馆出证、馆社联动、全市通办"③的服务目标,通过遍布全市的民生档案查询服务平台,让市民在人性化的操作细节中体验便利、高效、安全、智慧的档案服务。王思婕以丽水市智慧档案建设为例,总结出协同式智慧档案信息服务理念,通过丽水市档案局自主研发的"1+9+N"档案协同管理系统实现数字档案信息的资源集成和共享利用,通过档案信息移动查阅系统实现数字档案信息的泛在协同服务,通过提高服务质量、提升业务水平、增强隐私保护等方式体现智慧服务中的人文关怀④。张斌等探索构建档案知识库来开展档案知识服务⑤⑥。牛力等提出智慧化的档案信息服务过程应涵盖档案收集、管理、保护、检索、利用等环节,将以资源为中心、以技术为中心、以用户为中心的服务模式有机结合起来⑦。

(4) 档案知识图谱的构建。该研究方向涉及企业、高校、人物、科研、历史、地理信息等各类档案资源的知识图谱构建。

杨茜雅针对企业档案数据量大、手工著录标引效率低等问题,提出建立档案信息资源库、档案知识库和档案数据挖掘服务平台、多维展示平台,构建中国联通电子档案知识图谱,以知识图谱驱动企业电子档案的数据挖掘、智能利用和可视化分析⑧。李菁等以党群类、行政类、学生类、教学类、科研类、基本建设类、仪器设备类、产品生产类、出版物类、外事类等高校档案数字资源为数据基础,设计了高校档案数字资源的知识图谱总体架构和体系构成,认为基于知识图谱的档案资源知识化组织能够为高校教学、科研等业务的有效管理提供有力保障,同时也能为领导决策和管理提供全面深入的数据支持⑨。雷洁等结合科研机构、科研人员开展项目研究、产出研究成果、形成科研档案的过程,利用科研档案元数据集和相应实体构建科研档案知识图谱,提供面向

---

① 杨智勇,周枫.试析智慧档案馆的兴起与未来发展[J].档案学通讯,2015(4):45-50.
② 云南省档案局课题组.国家档案局档案科技项目:智慧档案馆构建研究[J].云南档案,2018(9):49-57.
③ 姜龙飞,张晶晶.融入智慧城市的档案服务:上海市民生档案远程协同服务机制建设纪实[J].中国档案,2012(09):26-28.
④ 王思婕.协同式智慧档案信息服务模式研究:以丽水市智慧档案建设为例[J].浙江档案,2019(11):29-31.
⑤ 张斌,郝琦,魏扣.基于档案知识库的档案知识服务研究[J].档案学通讯,2016(3):51-58.
⑥ 刘慧琳,牛力.标准文件的知识图谱组织模式探究[J].档案学通讯,2021(5):58-65.
⑦ 牛力,裴佳勇.面向服务的我国智慧档案馆建设探析[J].档案学研究,2018(2):89-96.
⑧ 杨茜雅.中国联通电子档案数据挖掘与智能利用研究[J].档案学研究,2018(6):105-109.
⑨ 李菁,黄仁彦,徐鸿飞.基于知识图谱的高校数字档案资源数据知识化实现[J].兰台内外,2019(35):3-5.

科研档案的知识导航、智能搜索、知识推荐等智能服务。胡瑛针对地理信息档案中非结构化地理地图信息管理困难问题,提出以知识图谱提升搜索引擎的语义理解能力,提高搜索质量,为用户准确查找和全面总结信息提供深层次的知识。孙鸣蕾以作家档案资源为对象,在数字人文视角下构建了中国作家的知识图谱,通过图谱可视化效果呈现出作家档案信息及相互关联,为名人档案资源建设和开发利用提供了新思路。郭琪指出以知识图谱作为数据库存储经过数字化整理的明清档案电子数据,能够提供最优的数据组织、维护、查询检索方式,符合明清档案数据库特点,满足用户需求。赵雪芹等利用 Protégé 工具与 Neo4j 图数据库构建工程档案知识图谱,实现了碎片化工程档案数据的知识建模与关联聚合①。高大伟等从数据获取、本体构建、知识抽取、知识融合、知识更新与存储应用等流程论述了城建档案领域知识图谱的构建方法②。江双五等以安徽省馆藏气象记录档案资源为基础提出一种气象记录档案知识图谱构建方法,主要思路包括自顶向下设计本体库,并基于本体库对接实体构建知识模型,分别采取 D2RQ、图像识别和定制包装器对不同存储格式的档案进行知识抽取构建数据层,通过建立同义词库等来完成知识融合,最后利用 MySQL 和 Neo4j 数据库分别完成本体库和实体库的存储③。

(5) 知识图谱系统的设计研发。该研究方向主要基于用户需求,从技术视角探索各行业/领域知识图谱服务系统的架构、功能、流程的设计和研发。

部分研究分别基于知识图谱技术设计并研发实现了军事装备知识、军事知识、军事武器的问答系统④⑤⑥,探索了知识图谱、本体等相关技术在档案信息检索系统、军事信息搜索系统、知识管理系统等场景中的应用⑦⑧⑨⑩。罗绍辉等以"人—房—地"一体化框架为基础,设计城建档案知识图谱服务平台。该平台通过多维数据自动关联、图谱网格多元联系以及空间信息协同分析,可以实现信息处理、检索与展示、智能查询与分析统计等知识图谱服务⑪。同时,相关专利探索基于知识图谱技术的档案研判系统⑫、

---

① 赵雪芹,杨一凡,于文静.基于 Neo4j 图数据库的工程档案知识图谱构建及应用[J].档案与建设,2022(5):48-51.
② 高大伟,韩瑞雪.城建档案领域知识图谱构建方法研究[J].档案管理,2022(3):57-58,62.
③ 江双五,刘惠兰,温华洋,等.气象记录档案知识图谱构建[J].计算机系统应用,2022(1):73-82.
④ 王震南,董宝良,田飞.基于知识图谱的军事知识问答系统设计[J].信息技术,2020(12):121-124,128.
⑤ 窦小强,刘天雅,张志政.基于军事知识图谱的问答系统[C]//第六届中国指挥控制大会论文集:上册,2018:537-541.
⑥ 李代祎,盛杰,刘运星,等.基于知识图谱的军事武器问答系统[J].指挥信息系统与技术,2020(5):58-65.
⑦ 张园.基于领域本体的档案信息检索系统构建研究[J].中国档案,2013(3):69-71.
⑧ 蒋锴,钱夔,郑玄.基于知识图谱的军事信息搜索技术架构[J].指挥信息系统与技术,2016(1):47-52.
⑨ 王兰成,曾琼,陈雪强,等.本体论方法在文献型信息检索系统中的应用研究[J].现代图书情报技术,2007(1):15-19.
⑩ 张艳.具有本体特征的档案管理系统设计与实现[D].苏州:苏州大学,2008.
⑪ 罗绍辉,黄平友.基于时空数据的城建档案知识图谱服务平台构建[J].北京档案,2022(4):38-40.
⑫ 衣秀,张成,苏卫卫,等.一种基于知识图谱技术的档案研判方法及系统:CN202110153678.3[P].2021-08-13.

声像档案智能编研①、档案数据管理平台、文书档案检索系统、专业制度档案问答机器人系统②、人物档案聚合系统、区块链数字档案管理系统、军事领域知识问答系统③、增强档案实体关联系统④、知识推理系统、知识融合系统、智能检索系统、知识服务系统等。此外,融合最新的技术如大数据、云计算、人工智能、区块链等技术方法进行知识图谱平台的设计研发已成为主流趋势。

2. 国外研究现状

(1) 物联网环境下档案管理和资源开发模式创新。该研究方向针对物联网环境下档案数据收集、管理、开发利用等业务流程,结合机器学习、区块链等新兴技术对资源对象、方式方法、功能效用等方面的实践应用展开研究。

Maceli 基于物联网技术构建了一种以用户为中心、开源的档案库房环境监测系统,能够自动收集环境监测数据,生成辅助决策信息,便于档案管理人员根据自身需求进行设计、扩展以及采取最为经济高效的处置和运维措施⑤。Ma 等结合物联网和深度学习技术,对高校档案进行安全管理和信息识别,档案定位准确率超过 80%,文字和图像识别准确率均在 95% 以上,实现高校档案管理业务流程标准化、规范化、自动化⑥。Liu 等指出互联网与大数据、云计算等技术交叉融合,形成了具备信息融合和信息中介功能的新型网络模式,互联网环境下教育管理档案的信息化实现了载体形式和服务两方面的创新⑦。Sawant 等采用无线传感系统实时收集印度中部半干旱地区农作物的水分管理情况,再结合卫星、航空勘测、无人机等遥感平台提供的数据形成观测档案,生成该地区的自给灌溉计划,提高农作物产量⑧。Shanin 等开发了一种便携式、低成本、低功率的电子健康档案监测系统,该系统通过各种传感器对患者健康指标进行实时收集和跟踪,所有数据通过物联网上传至云端存储,用于医疗机构进行访问分析⑨。

---

① 邱杰峰,李喆,袁雯,等.一种基于知识图谱的声像档案智能编研方法:CN202110533208.X[P]. 2021-09-17.
② 陈功娥,张洪涛,李光华,等.一种基于语义分析技术的专业制度档案问答机器人系统:CN202110249521.0[P]. 2021-06-04.
③ 黄健,周葱,刘权,等.一种基于军事领域知识图谱的问答系统构建方法及系统:CN202111166004.3[P]. 2021-12-17.
④ 雷洁,赵瑞雪,鲜国建,等.一种基于知识图谱增强档案实体关联度的方法及系统:CN202010599169.9[P]. 2020-10-09.
⑤ Maceli M. Internet of things in the archives: novel tools for environmental monitoring of archival collections[J]. Records Management Journal, 2020(2), 201-220.
⑥ Ma Y, Dai B, Ding B R. University archives autonomous management control system under the internet of things and deep learning professional certification[J]. Computational Intelligence and Neuroscience, 2022(1), 1-9.
⑦ Liu Z H. Research on informatization of educational management archives based on Internet+[C]//International Conference on Internet, Education and Information Technology, IEEE, 2021, 227-230.
⑧ Sawant S, Mohite J. Towards internet of things based approach for using archives of earth observation for crop water management in semi-arid areas[C]//International Geoscience and Remote Sensing Symposium, IEEE, 2018, 3437-3440.
⑨ Shanin F, Aiswarya D H A, Krishnan G A, et al. Portable and centralised e-health record system for patient monitoring using internet of things[C]//International CET Conference on Control, Communication, and Computing, IEEE, 2018, 165-170.

Koren等认为,随着医疗物联网的快速发展,可穿戴式传感器正在成为监测患者生命体征和健康状况的一场革命,给医疗保健和电子健康领域带来了新的可能性和高质量的解决方案,通过无线传感器将个人健康指标数据纳入电子健康档案,有助于提供个性化的医疗服务①。Li等设计了XML格式的电子病历档案网络安全传输方式,实现了XML加密技术在电子病历档案管理中的应用②。Mayer等结合区块链、雾计算、物联网技术提出FogChian架构模型,提供去中心化的医疗档案存储和共享方式,大幅提高了数据实时处理效率③。

(2)语义网思维对档案行业的影响。该研究方向关注现有档案检索方式向语义检索升级的方法、如何从档案行业标准层面体现语义网思维、语义网思维对档案行业有哪些促进作用等。

Gracy探讨了如何使用语义网技术将档案与相关网络数据源链接起来,指出可以借助档案编码著录(Encoded Archival Description,EAD)、机读目录(Machine Readable Cataloging,MARC)等现有检索工具与外部数据源(包括DBpedia、Schema.org、FOAF、GeoNames等)链接,建立EAD标记、MARC字段与这些数据源的对应类和属性之间的映射,并实现对齐④。Gueguen等指出,档案著录专家组(Experts Group on Archival Description,EGAD)正在开发一个新的档案著录概念模型,用于整合现有的4个ICA档案著录标准,即ISAD(International Standard Archival Description)、ISAAR(International Standard Archival Authority Records)、ISDF(International Standard Description of Functions)和ISDIAH(International Standard Description of Institutions with Archival Holdings)。新的模型采用OWL形式进行表示,不仅便于使用各类开发和测试工具来确保模型的正确,还便于其在各种语义技术中直接和扩展使用⑤。Niu对实施档案资源关联数据的项目进行了调研,探讨了关联数据对档案著录和档案信息发现的影响,她认为尽管档案界目前还处于关联数据应用的初期阶段,但已显示出巨大潜力,关联数据的互操作和细粒度特点将大大丰富档案著录信息,且

---

① Koren A, Prasad R. Personal wireless data in formal electronic health records: future potential of internet of medical things data[C]//23rd International Symposium on Wireless Personal Multimedia Communications, IEEE, 2020, 1-6.
② Li Y, Hou X P. Design and implementation of XML-based electronic patient record secure transmission in the internet XML encryption applications in electronic cases[C]//International Conference on Computer, Mechatronics, Control and Electronic Engineering, IEEE, 2010, 129-131.
③ Mayer A H, Rodrigues V F, Costa C A, et al. FogChain: a fog computing architecture integrating blockchain and internet of things for personal health records[J]. IEEE Access, 2021(9): 122723-122737.
④ Gracy K F. Archival description and linked data: a preliminary study of opportunities and implementation challenges [J]. Archival Science, 2015(15): 239-294.
⑤ Gueguen G, Fonseca V M, Pitti D V, et. al. Toward an international conceptual model for archival description: a preliminary report from the international council on archives' experts group on archival description[J]. The American Archivist, 2013(2): 566-582.

通过面向用户的直接问答能提高档案信息的发现能力[①]。

（3）语义网技术在档案领域的实践。该研究方向主要是档案馆、金融、军事等领域利用语义网相关技术，针对馆内或本领域内档案信息资源进行的探索式的应用研究。

Lemieux 结合加拿大金融电子档案管理实际，创建了一个反映金融复杂系统的高层交互参考模型，在此基础上开发了金融电子档案领域本体可视化交互原型，指出这种交互式的可视化呈现将本体编辑器与可视化分析工具结合起来，为第三级档案接口提供了良好的基础[②]。Bell 认为图（graph）结构比树（tree）结构更适合用于建立档案之间的联系，提出一种将层次结构转化为网络结构的方法，使其能够从档案元数据或内容中获取统计分布，从而利用相似性度量来比较、关联、聚合分布状况相似的档案，便于用户以不同粒度创建档案网络[③]。Clough 等人发现英国国家档案馆馆藏历史档案大多包含地理信息，且约 1/5 的用户在线目录查询都涉及地点，因此采用自然语言处理和地理信息检索（Geographical Information Retrieval，GIR）技术从历史档案中快速提取地理参考信息，能够有效实现档案信息的关联和聚合，提供跨数据源的信息访问和知识发现，从而提高检索效率，提高历史档案利用率[④]。军事领域方面，D. Yoo 等探索了智能化陆军战术指挥信息中军事本体的构建[⑤]；Nassar M 等通过构建语义网帮助用户挖掘一战中的特定主题实践[⑥]；欧洲 CENDARI 项目基于本体构建一个语义框架用于检索一战的相关信息[⑦]；Jesús Robledano-Arillo 等基于 OWL 设计了一个与历史摄影档案相关的本体模型 Ontophoto，并以此创建了分布式知识表示系统，解决了摄影档案的内容和上下文信息表示关联性不高的问题，并以西班牙内战照片档案进行了实证应用研究[⑧]。

（4）档案知识管理与知识发现。该研究方向涉及档案管理与知识管理的异同、档

---

① Niu J F. Linked data for archives[J]. Archivaria, 2016(82): 83 – 110.
② Lemieux V L. Toward a "third order" archival interface: research notes on some theoretical and practical implications of visual explorations in the Canadian context of financial electronic records[J]. Archivaria, 2014(78): 53 – 93.
③ Bell M. From tree to network: recordering an archival catalogue[J]. Records Management Journal, 2020(3): 379 – 394.
④ Clough P, Jiayu T. Linking archival data to location: a case study at the UK National Archives[J]. Aslib Proceedings: New Information Perspectives, 2011(2/3): 127 – 147.
⑤ Yoo D, No S, Ra M. A practical military ontology construction for the intelligent army tactical command information system[J]. International Journal of Computers Communications & Control, 2014(1): 93 – 100.
⑥ Nassar M, Apostolopoulos N. Events discovery assistant: a semi-supervised spatio-temporal and semantic model for discovering first world war event[C]//IEEE ICSC, 2017: 401 – 406.
⑦ Gartner R, Hedges M. CENDARI: Establishing a digital ecosystem for historical research[C]. IEEE DEST, 2013: 61 – 65.
⑧ Robledano-Arillo J, Navarro-Bonilla D, Cerdá-Díaz J. Application of linked open data to the coding and dissemination of Spanish Civil War photographic archives[J]. Journal of Documentation, 2020(1): 67 – 95.

案知识管理的组成要素与驱动力、档案管理人员在知识管理过程中应发挥的作用、数据挖掘与知识发现技术在各行业领域档案管理中的应用实践等方面。

　　Tombs认为,知识管理一直被视作信息管理的前进方向,并与互联网技术广泛融合,但盲目的知识管理缺乏既定的业务目标且复杂性和成本较高,应审慎考虑知识管理的目标、成本和预期效益,将档案管理作为信息管理的首选手段[①]。Hughes指出,档案管理与知识管理应共存,解锁和利用信息资产是档案管理与知识管理的关键驱动因素,档案管理促进了知识管理的主要目标——知识共享与协作,通过创造、获取、应用知识能为企业或组织提供竞争优势,档案管理人员将在知识创建、识别有价值的知识来源过程中发挥重要作用[②]。Martin对澳大利亚国家档案馆知识管理的发展阶段进行了调研,认为该档案馆意识到知识在支撑其业务运营方面的重要性,并已采取具体措施鼓励和促进显性与隐性知识的获取和分享[③]。Jones等借鉴了澳大利亚维多利亚州政府的经验做法,设计并开发了一种新的档案知识管理工具,表明标准化、结构良好的元数据能以创新方式对现有档案资源进行整合,从根本上改变知识管理、搜索、传播的能力[④]。An等针对中国国家档案资源的有效整合和优化利用提供了一种知识管理框架,使得国家档案资源能够作为社会知识资产进行互动共享,也有助于知识管理活动的业务流程再造[⑤]。Cohen等将机器学习和知识工程应用于大规模电子健康档案数据挖掘,从而帮助医生识别出急性肝卟啉这种罕见疾病,极大提高了筛查诊断未确诊患者的效率和准确率,便于对患者进行诊断测试和临床护理[⑥]。Durbha等基于地球观测领域本体和概念构建了一个智能交互式图像知识检索框架,在地球观测档案数据集上实现了基于内容和语义的交互式信息检索和推理[⑦]。El-Sappagh等提出一种动态、完整、稳定的电子健康档案数据库模型,能够有效应对电子健康档案数据的复杂性、空间性、稀疏性、相关性、异质性和快速演化性等特点,增强了电子健康档案数据挖掘和

---

① Tombs K. Knowledge management is dead: long live record management[J]. Records Management Journal, 2004 (2): 90-93.
② Hughes C. Blurred lines: record management in the knowledge management arena[J]. The Australian Library Journal, 2005(4): 377-385.
③ Marbin B. The relationship between archives and knowledge management: some evidence from Australia[J]. The Australian Library Journal, 2005(4), (1): 377-385.
④ James M, Vines R. Cultivating capability: the socio-technical challenges of integrating approaches to records and knowledge management[J]. Records Management Journal, 2016(3): 242-258.
⑤ An X M, Bai W L, Deng H D, et al. A knowledge management framework for effective integration of national archives resource in China[J]. Journal of Documentation, 2016(1): 18-34.
⑥ Cohen M A, Chamberlin S, Deloughery T, et al. Detecting rare diseases in electronic health records using machine learning and knowledge engineering: case study of acute hepatic porphyria[J]. Plos one, 2020(7): e0235574.
⑦ Dubhas S, King R L. Semantics-enabled framework for knowledge discovery from earth observation data archives [J]. IEEE Transactions on Geoscience and Remote Sensing, 2005(11): 2563-2572.

决策支持能力①。Verma 等基于教学档案,采用决策树等方法寻找基础薄弱的学生,预测学生期末成绩,使得师资力量和教学资源能够有的放矢,有效提高教育针对性和质量②。Ngo 等基于事实星座模式(fact constellation schema)提出一种电子农业档案模型,能够将各种农业档案数据标准化整合到统一的大数据集中,并能够提取和推导出不同参与者所需知识,从而优化农作物产量,降低成本和保护环境③。Sultan 等发现基于移动网络活动构建的档案数据可以用来识别移动网络的功效和移动用户的行为,从中提取有用的信息来助力于网络运营商管理和优化网络资源配置,提高网络流量模式建立和移动业务方案划分的科学性④。

(5)军事知识图谱的构建。该研究方向以知识图谱技术在军事领域的应用实践为主,突出军事特色和战争特点,涉及武器装备、军事术语、作战要素、战争预案、人力资源、服务系统设计开发等方面。

Wang 等基于自然语言模型构建了军事领域杀伤链领域知识图谱⑤。Liu 等提出一种基于 CRF 和句法分析树的抽取算法,优化了军事装备知识图构建中实体关系的提取方法⑥。Chen 等探讨了基于多源数据融合的军事知识图谱构建技术⑦。Xing 等基于未来信息与智能作战对军事知识获取、存储、表示、查询等技术的特殊需求和应用场景,提出了军事领域知识图的构建和应用技术框架⑧。Mikko Koho 等利用 WarSampo 知识图谱将分布于各国、异构的第二次世界大战的军事历史开放数据进行关联和语义整合⑨。Eetu Mäkelä 等基于 CIDOC-CRM 标准,搜集关于第一次世界大战的十多个不同权威数据源,事件、地点、代理、时间、关键字、主题等不同字段以 RDF

---

① El-Sappagh S H, El-Masri S, Riad A M, et al. Electronic health record data model optimized for knowledge discovery[J]. International Journal of Computer Science Issues, 2012(5): 329-338.
② Verma S, Thakur R S, Jaloree S. A novel approach to predict the performance of student and knowledge discovery based on previous record[J]. British Journal of Applied Science and Technology, 2015(6): 584-593.
③ Ngo V M, Kechadi M T. Electronic farming records – A framework for normalising agronomic knowledge discovery[J]. Computers and Electronics in Agriculture, 2021(184): 584-593.
④ Sultan K, Ali H, Anwaar H, et al. Understanding and partitioning mobile traffic using internet activity records data-a spatiotemporal approach[C]//28th Wireless and Optical Communications Conference, IEEE, 2019, 1-5.
⑤ Wang YF, Wang T, Wang J H, et al. Military chain: construction of domain knowledge graph of kill chain based on natural language model [J]. Mobile Information Systems, 2022: 1-11.
⑥ Liu C G, Yu Y L, Li X X, et al. Application of entity relation extraction method under CRF and syntax analysis tree in the construction of military equipment knowledge Graph[J]. IEEE Access, 2020: 200581-200588.
⑦ Chen Z K, Zhao Y. The technology of military knowledge graph construction based on multiple open data sources [C]//2020 5th International Conference on Mechanical, Control and Computer Engineering (ICMCCE), 2020: 1993-1997.
⑧ Xing M, Jin L Y, Yang C H, et al. Construction and application technology architecture of domain-specific Knowledge Graphin military field[J]. Journal of Physics Conference Series, 2021(1): 12-44.
⑨ Koho M, Ikkala E, Leskinen P, et al. WarSampo knowledge graph: Finland in the Second World War as linked open data[J]. Semantic Web, 2021(2): 265-278.

形式进行融合,最后形成WW1LOD开放关联数据①。Hou等基于知识图谱技术设计并研发实现了军事知识问答系统②。

(6)病历档案知识图谱的构建。该研究方向涉及电子病历、临床数据等病历档案的知识图谱构建方法,包括图谱的数据来源、数据选择依据、具体实现方式、与深度学习相结合的训练方法等。

Zheng等针对中医诊疗过程中涉及的疾病、症状、症候、疗法、方剂、草药等之间的模糊关系,建立了反映诊断和治疗过程的本体知识库,构建了传统中医药知识图谱,能够从电子病历的非结构化文本中有效提取相应知识单元,为中医药研究、中医药诊断治疗等提供知识查询、可视化、自动问答、数据管理等辅助功能③。Chung等提出在临床医学知识图谱构建过程中,由于临床记录数据的异构性,信息抽取的结果不一致,需要花费大量人力进行验证、补全等工作,因此采用合理的知识表示方法能够得到电子病历数据特征及语义关联的统一表达形式,使其有效地用于后续各类任务的输入④。Goodwin等认为从电子病历中获取医学知识时,应考虑医生的水平层次和其用语的规范程度,并用相应的置信度(belief value)来表示,只选取病历中置信度高的数据作为医学知识形成知识图谱⑤。Chai以甲状腺疾病为研究对象,构建了一个生物医学知识图谱,并利用知识表示方法将图谱中的实体与关系转化为低维连续向量,输入双向长短时记忆网络训练(bidirectional long short-term memory network,BSTLM)的疾病诊断模型,这种知识图谱与深度学习相结合的甲状腺疾病诊断方法具有较好的诊断效果⑥。Jia等将电子病历数据与《慢性阻塞性肺疾病诊疗指南》相结合,提出自顶向下的慢性阻塞性肺疾病知识图谱的半监督构建方法,并使用中日友好医院的电子病历数据验证了图谱构建、存储、应用的有效性⑦。Wang等重点探讨了基于知识图谱的个人健康档案系统的设计与实现,提出以医院已有本体和临床数据作为本体构建的数据来

---

① Mäkelä E, Törnroos J, Lindquist T, et al. WW1LOD: an application of CIDOC-CRM to World War 1 linked data [J]. International Journal on Digital Libraries,2017(18):333-343.

② Hou X Y, Zhu C Y, Li Y, et al. Question answering system based on military knowledge graph [C]. International Conference on Electronic Information Engineering and Computer Communication (EIECC 2021),2021:1-7.

③ Zheng Z Q, Liu Y G, Zhang Y, et al. TCMKG: A deep learning based traditional chinese medicine knowledge graph platform[C]//International Conference on Knowledge Graph, IEEE, 2020:560-564.

④ Chung M WH, Liu J Y, Tissot H. Clinical knowledge graph embedding representation bridging the gap between electronic health records and prediction models[C]//18th International Conference on Machine Learning and Application, IEEE, 2019:1448-1453.

⑤ Goodwin T, Haraloagiu S M. Automatic generation of a qualified medical knowledge graph and its usage for retrieving patient cohorts from electronic medical records[C]//International Conference on Semantic Computing, IEEE, 2013:363-370.

⑥ Chai X Q. Diagnosis method of thyroid disease combining knowledge graph and deep learning[J]. IEEE Access, 2020(8):149787-149795.

⑦ Jia X H, Song W A, Li W Y, et al. Semi-automatic construction method of chronic obstructive pulmonary disease knowledge graph[C]. 43rd Annual Computer Software and Application Conference, IEEE, 2019:391-396.

源,以网络本体语言(Web Ontology Language,OWL)对医学术语、属性和关系进行语义表示,以 Jena 语义网络框架描述医学规则[①]。Chen 等提出一种基于图谱的半监督学习算法,用于筛选出健康检查中潜在的风险患者,该方法在健康体检数据多为大量未标注数据的条件下,能显著提高基于体检数据的风险预测准确率,且在 10 万以上真实健康检查数据集上验证了其有效性[②]。

(四)研究进展述评

1. 国内研究现状分析

(1)从"互联网+"理念融入档案行业的现状看,"互联网+X"模式使得档案工作的环境、对象、内容发生巨大变化,已经成为新时代创新档案工作理念与模式、提升档案治理能力水平、加快数字转型和智能升级步伐、提高档案优质高效服务质量的重要推动力。

进入数字时代,随着数字化、网络化、智能化日益融入档案业务工作各个环节,各级档案部门依托局域网、政务网、互联网平台开展档案行政监督、政务服务、公共服务,拓展微信、微博、APP 等新兴服务渠道,各类智慧化产品的广泛应用使得"互联网+"背景下档案资源建设、业务流程、服务模式拥有更加便捷的获取通道、高效的反应速度以及精准的服务内容,整合互联、开放共享、融合创新迭代式发展成为"互联网+"背景下档案工作的演进路径。总的来看,"互联网+档案"是在时代发展、技术更新和社会需求的多重驱动下产生的,是数字时代档案工作走向深蓝的标志,具体体现在以下几个方面。

一是以政府治理和公共服务需求引领"互联网+档案"实践。在国家"互联网+"行动计划的推动下,互联网已经成为经济发展新引擎、民生服务新方式、信息传播新渠道。自 2016 年起,国家档案局就要求各级档案部门一方面要做好本单位网站信息归档工作,加紧研究海量网络信息归档保存的可行方式,另一方面要善于利用网络平台开展业务指导、提供档案服务、宣传档案工作。在《国家档案局关于简化优化档案公共服务流程清理各种证明的通知》(档函〔2016〕59 号)中,国家档案局进一步强调要依托"互联网+"全面公开档案公共服务事项目录,推行一站式网上办理等服务方式流程,加快与其他部门间的信息共享和业务协同。"互联网+监管""互联网+政务服务""互联网+档案宣传""互联网+档案数字资源安全管理""互联网+档案教育培训"等内容被写入《全国档案事业发展"十三五"规划纲要》和《"十四五"全国档案事业发展规划》。

---

① Wang H Q, Miao X Y, Pan Y. Design and implementation of personal health record systems based on knowledge graph[C]. 9th International Conference on Information Technology in Medicine and Education, IEEE, 2018: 133-136.

② Chen L, Li X, Sheng Q Z, et al. Mining health examination records: a graph-based approach[J]. IEEE Transactions on Knowledge and Data Engineering, 2016(9): 2423-2437.

甘肃省张掖市探索"互联网＋联合监管"方式，采取"网上季度评价＋实地抽查"方式对档案工作进行考核评价，构建"互联网＋监管"全覆盖的档案监管体系，提升档案治理效能。2019年"两会"期间，全国人大代表罗卫红提出发挥"档案＋信用＋"作用，立足档案服务社会信用体系建设，解决社会信用体系建设中的档案信息管理难点。湖北省加强改革电子文件归档管理和各种联审平台的电子档案管理工作；浙江省"最多跑一次"事项电子化归档开启全省"互联网＋档案管理"新时代；"一网查档、百馆联动"提升公共服务水平，北京、上海、江苏、山东、广东、江西、四川、重庆等多个省市实现"异地查档、跨馆出证"等便民惠民的档案查阅利用服务。2021年，中国档案报社承办的"学党史，点亮心中红船"网上宣传活动，以"互联网＋档案"的媒体宣传互动新方式提升档案工作的社会影响力和全社会的档案意识。陕西、云南等省将传统档案文化开发利用与全媒体、融媒体结合，打造"互联网＋档案"直播，创新探索档案宣传新途径新手段。

二是以政府数字化转型和智慧城市建设引领"互联网＋智慧服务"研究。在"互联网＋"背景下，档案工作由"传统"向"智慧"转型，面对档案信息服务模式和社会需求之间的矛盾问题，档案学界围绕智慧城市背景下的档案馆建设、档案馆服务功能、档案信息服务需求、档案信息服务模式、民生档案信息服务体系、档案信息资源建设、馆藏资源开发利用等方面进行了深入的探讨。国内档案领域关于智慧型服务的研究始于2012年，这一年是首批国家智慧城市试点启动之年。2014年，伴随《关于促进智慧城市健康发展的指导意见》的发布，智慧城市背景下的档案馆、档案智慧服务研究也随之步入热点研究期。2018年，国家档案局档案科学技术研究所与科大讯飞签署全面战略合作协议，重点围绕"智慧收集、智慧管理、智慧存储、智慧利用"，共同构建新型人工智能智慧档案行业标准，携手推进档案智慧化转型升级。2019年，政府数字化转型从顶层设计走向落地实施，电子政务和公共服务引发了新一轮档案智慧型服务研究热潮，各级档案部门探索应用物联网、云计算、人工智能等新兴技术，把档案工作者、档案数字资源、利用者等融合成一个相互关联、相互依存的数字生态系统，提升档案信息服务能力，提高档案信息服务的认知度和用户满意度。青岛市智慧档案馆通过电子档案智慧管理、智能检索和共享服务、智能感知管理等平台实现了基于智慧泛在理念的档案信息服务。杭州市档案部门以G20峰会为契机打造智慧档案，以电子文件中心建设和数字档案室建设为牵引抓技术创新，加快推进智慧档案建设。武汉市利用全市智慧房管档案系统建设推动全市国土资源规划档案管理规范化、数字化、智慧化。从研究现状看，档案智慧服务的研究主要集中在两个层面。一个层面是从成功实践中汲取智慧服务的实现方式。研究者从民生档案远程服务、城市智慧档案建设、企业档案智慧管理、智慧社保、城建、国土资源平台等档案工作实际出发，总结出智慧服务的理念和方式，即利用大规模的远程服务平台或移动终端，加强供需双方的双向联动，提高档案信息服务的易用性、人机交互的趣味性,让人们在人性化的操作细节中体验便利、高效、安全、智慧的档案服务。另一个层面是从规划设计角度分析智慧服务的构成要素。研究者认为,智慧化的档案信息服务过程应当贯穿档案的整个生命周期,以满足用户和社会信息需求为根本出发点,将以资源为中心、以技术为中心、以用户为中心的服务模式有机结合起来,由馆藏资源、服务理念、数据检索技术、档案工作者、档案利用者等要素共同构成,提供记忆存储、安全保障、社交共享、知识汲取、社会公共服务、城市持续发展和文化遗产保护等服务。

综上所述,"互联网+"以及新一代信息技术的发展与应用,深刻影响到档案的特性和档案工作的边界,在此背景下档案工作要以观念转变、管理变革、技术转型、服务创新,实现档案信息资源在数字环境下共享、交互和增值创新,适应党和国家、人民群众的新要求、新期待,推进档案工作提质增效,推动档案事业科学发展。

(2)从档案知识工程理论与实践研究看,基本涵盖了知识工程核心问题,偏重探索知识工程具体组成模块在档案领域的创新应用,但相关理论和应用研究尚处于起步阶段,有关档案知识工程处理对象、研究体系、结构要素、基本过程、功能定位等成果相对有限且尚未形成统一认识。

从国内现有研究成果看,近 20 年以来,档案知识工程、知识管理、知识服务、知识发现等成为热点研究课题,根据知网数据库查询的记录,档案领域相关研究由档案知识管理、知识服务起步,逐步转向知识发现和知识工程。

从 20 世纪 80 年代起,我国档案界就围绕档案的知识属性开展了深入研究,吴宝康提出"档案是贮存和传播知识的一种形式",为档案知识管理研究奠定了深厚的理论积淀。随着知识经济的兴起以及受到后保管范式思想的影响,档案界逐步认识到档案在知识经济体系中处于源头和基础地位,传统档案管理应转向"档案实体+档案知识"管理,档案管理和知识管理是一体之两翼、驱动之双轮,没有档案管理理论基础,知识管理则是空中楼阁,不以知识管理为发展导向,档案管理则会无法追上时代步伐发挥档案巨大价值。大数据时代,信息爆炸式增长与用户有限资源处理能力的矛盾愈发突出,"认知过载""知识迷航"的现象日益普遍,传统的信息服务已愈发难以满足用户多元化、精细化、知识化、智能化的需求。知识管理的目的是提供知识服务,知识服务也可以看作是知识管理的主要构件组成,档案界围绕档案知识服务基础理论、资源整合共享、建设实践策略等方面展开深入研究,厘清了档案知识服务的概念、特征、过程、基本方法等,探讨了数据资源整合、知识组织、知识服务所需的元数据标准、组织方法、集成共享机制、服务利用模式等,提出了档案知识库、智慧档案馆等建设思路和模型,总体看来理论研究成果偏多,实务操作、实践模式类成果较少。近年来,大数据、人工智能等新一代信息技术蓬勃发展,档案数据资源种类多元、数量剧增、粒度下沉,为档案领域跨学科、交叉学科研究建立了良好的资源基础和技术支撑,档案界开始关注档案知识发现理论与技术体系,并在数据挖掘、信息组织、知识聚合、语义网络等方面有所斩获,在特定行业、特定资源类型上初步形成了系统化、工程化的档案知识发现模型框架。

与档案知识管理和知识服务相比,档案知识发现更偏重落地应用和与实际场景结合,前两者假设的前提通常是已经有了知识,应如何对知识进行获取、组织和利用,而后者解决的是知识的来源问题,应如何挖掘未知知识并以人们可理解的方式表达出来。因此,知识发现是实现知识管理和服务目标的前提基础和关键技术,知识管理和服务则是知识发现模型设计的需求和牵引。为了体系化展现以知识为核心对象的整个档案知识获取、开发与利用链条,档案知识工程应运而生,涵盖档案知识发现、知识管理、知识服务、知识系统构建等多个层面,可以说这种研究体系能够将各个层面的研究纳入了统一的研究框架中,便于研究者厘清各层次的组成要素、功能定位以及各层之间的相互关系,有利于从宏观到微观对档案知识工程应用模式进行统筹考虑、一体设计。但现有研究成果数量较为有限,相关研究只是进行了概念性、框架性的探索,还处于"抛砖引玉"阶段,需要在此基础上进一步借鉴融合计算机科学、系统工程等学科发展形成共识,还要经过实际场景下的模型构建与大量实证验证来检验,从而推进档案学前沿理论创新与重构。

(3)从知识图谱在档案领域的应用现状看,档案界对知识图谱理论的理解和知识图谱技术的应用逐渐深化,但成体系、标准化的档案领域知识图谱构建理论研究和落地应用还较为缺乏。

从2011年开始,国内档案领域逐步尝试将知识图谱技术引入档案管理,最初档案学界以知识图谱软件为工具进行档案学文献的可视化统计和分析,用于展示知识基础、呈现研究热点、识别研究前沿等。从这一时期的研究成果看,知识图谱在档案学中的应用虽起步较晚,但发展得很快,相关文献数量呈现出直线上升趋势,绘制工具的使用和展示方式趋于丰富。由于知识图谱绘制软件的多样性和复杂性,再加上缺乏对知识图谱构建方法和原理的深入研究,在相当长的一段时间内,知识图谱与档案领域研究的结合存在错用、误用、非规范使用、盲目使用等"照猫画虎"倾向。随着对知识图谱理解的逐渐深入,档案界在档案知识图谱构建技术、特定专业领域档案知识图谱构建、数字人文背景下的档案知识图谱构建等方面作了有益的探索,在理论层面和小样本测试环境下对档案知识图谱构建流程进行了可行性研究,认为基于知识图谱的档案管理能够实现档案信息资源知识关联以及更广范围的集成、共享与利用。同时,档案知识图谱也逐步落地应用。中国联通数字档案馆构建的联通电子档案知识图谱系统,能够将档案数据之间的关联关系、分析结果直观展示,进而有效地展现企业电子档案的价值,为电子档案的智能化管理提供有力支撑。

当前,知识图谱应用仍然以典型项目、典型场景试点为主,是一个由点及面逐步形成规模的系统工程。这决定了知识图谱与档案工作的结合必须以问题为驱动、以需求为牵引,针对复杂现实问题,在一定规模范围内做好研究工作后,再有序拓展推广。相较于其他类型档案资源,多媒体档案数量多,开发利用难度大,开放性利用需求与日俱增,却依赖档案机构人员花费大量时间和精力进行著录、标引和编制元数据,因此亟须自动化、智能化的多媒体档案信息资源开发利用方法。因此,利用知识图谱具有描述形式统一、语言表达能力丰富、构建手段人机友好等突出优点,构建多媒体档案领域知识图谱,解决多媒体档案管理过程中知识的集成融合能力弱、服务应用层次低、众包编辑成本高和计算机存储检索效率低等矛盾问题,为语义搜索、问答系统、个性化推荐、决策支持等智慧型档案信息服务模式提供高质量的知识资源。

从知识图谱应用的前沿发展趋势来看,依托知识图谱强大的深度知识推理能力和逐步扩展的认知能力,帮助相关行业从业者对特定的问题进行分析、推理、辅助决策,是当前知识图谱在领域或行业内深化落地应用的具体体现,亦是知识图谱技术的价值所在。结合档案领域实际需求和实践问题,需要吸收现有的最佳实践和研究成果,以问题为驱动、以需求为牵引做好档案知识图谱的系统架构、策略选择、技术选型、过程优化等研究工作。

2. 国外研究现状分析

(1) 从互联网对档案工作转型发展的影响来看,缺乏有关基础理论的深度研究,主要是对依托物联网收集归档的数据进行开发利用,提升辅助决策能力。

从研究现状看,尽管国外档案信息资源开发利用理念和技术先进,服务模式亮点突出,处处体现出前沿气息的时代特征,但总体来看具有"重实践,轻理论"的特点,大多是针对某类档案资源、围绕具体业务场景开展实证研究,缺乏对互联网、物联网背景下档案数据挖掘、知识发现和服务内涵、模式、实现路径等基础理论的总结归纳,与国内研究相比在研究焦点、研究思维、研究路径上有明显不同。

值得注意的是,国外档案信息服务深度融合"互联网+"、大数据、人工智能、VR等新兴技术成果,具有跨界融合、以人为本、文化休闲、开放生态[1]的前沿特征,服务过程中强调重视用户主观体验、在线服务与在场服务相结合、多主体协作完成服务等[2]。从具体实现方式来说,其已具备智慧型档案信息服务的特征,但尚未有研究将其进行整合,形成涵盖概念、类型、特点等的内涵研究。

(2) 从档案信息资源组织和开发利用方面看,主要是以语义网为基础,以需求导

---

[1] 黄霄羽,管清潆."互联网+"时代国外档案利用服务的前沿特征[J]. 档案与建设,2018(10),4-9.
[2] 黄霄羽,展晓明.国外档案服务创新的亮点:应用 VR(虚拟现实)技术[J]. 北京档案,2018(3):40-43.

向为牵引,开展领域性研究和应用实践。

从外文文献的检索情况看,国外档案行业借鉴语义网思维和技术已经在多个方面展开初步探索,包括升级现有检索工具、制定新的档案著录标准、转变档案关联方式、丰富档案检索信息等,体现了以需求为导向的研究范式,目的都是提高档案信息资源开发利用的水平。

但总体而言,大多数研究与应用主要关注元数据等著录项的识别、关联、聚合、分类等,缺乏对档案内容的知识获取和关联,对档案的收集、鉴定、整理、保管等管理导向问题鲜有研究。同时,知识图谱作为语义网技术发展的新生代表,整合了本体、关联数据、可视化等诸多理论和方法,在档案行业的应用还不普遍,尚未形成系统的、成熟的理论体系和实际产品,更多的是在某一领域内部(如医疗、金融、档案馆等),针对某类具体问题(诊疗知识获取、健康风险预测、金融系统描述、档案检索、跨数据源的信息访问和知识发现等),通过引入知识图谱技术解决具体问题,以性能、效率的提升来反映知识图谱技术融入档案管理的应用能力与前景。

可见,知识图谱在档案管理中的应用还是以领域性研究和应用为主,应用牵引、快速启动的工程思维起主导作用,呈现出明显的"散点式"研究特征,缺乏顶层设计的法规标准、体系架构、流程方法等,尚未形成标准化的解决方案。

二、国内外典型案例分析

(一)国内典型案例:上海图书馆家谱

1. 基本概况

家谱,又称谱牒、族谱、宗谱、家乘、世谱等,是同宗共祖的血亲团体记载本族世系和相关事迹、反映本家族繁衍发展过程的历史图籍,它与正史、方志构成了中华民族历史大厦的三大支柱,堪称中国乃至世界文明的文明发展历史上弥足珍贵的文化遗产。家谱中记录了大量的人物、经济、移民、文化、民俗、教育、人口等资料,对历史学、经济学、社会学、教育学、民俗学、人口学、遗传学等人文社会科学和自然科学方面的研究都能够起到有力的推动作用。

2016年2月,上海图书馆推出上海图书馆家谱知识服务平台,提供基于人、地、时、事、堂号等多维度的浏览,通过建立相关概念间的关联,实现了基于概念而非关键词的精确查询,并以"时间轴""地图"等可视化方式为研究者和普通读者提供可交互的数据展示,可见即可得地展示某一姓氏在某一地理空间范围内的分布情况。① 上海图书馆

---

① 上海图书馆率先推出基于关联开放数据的数字人文服务[EB/OL].(2016-02-24)[2023-02-28]. http://beta.library.sh.cn/SHLibrary/newsinfo.aspx?id=246.

家谱知识服务平台[①]组织利用已有的馆藏资源和研究成果，以《中国家谱总目》收录的54 000 余种家谱目录为基础，得到姓氏 608 个、先祖名人 70 000 余个、谱籍地名 1 600 余处、堂号 30 000 余支，以关联数据技术进行知识组织，实现现代信息技术背景下的家谱服务，即针对图书馆的书目控制和知识增值服务、普通大众的常识普及和智慧寻根服务、针对人文社会科学研究者的知识发现和知识挖掘服务。

对于图书馆来说，该平台以关联开放数据方式公开发布整理好的规范数据，以 http URI 作为规范数据的唯一标识符，能够促进全球范围内的数据重用和共享，实现基于万维网的唯一标识和统一定位。对于用户来说，该平台提供先祖名人、家谱文献、姓氏知识等详细信息，支持基于有限已知信息的寻根问祖和面向特定研究主题的知识发现，允许以众包形式吸引各类群体贡献知识、交流互动，实现数据的可持续增值，如图 1-5 所示。

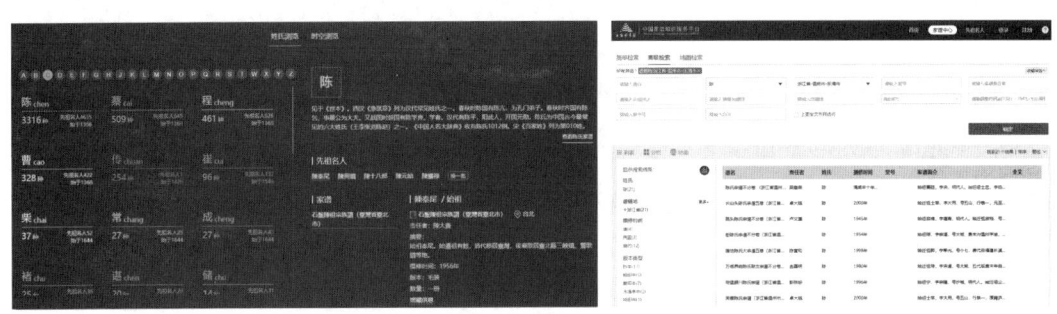

图 1-5　上海图书馆家谱知识服务平台

2. 实现方式

从开发实践角度来看，该平台的设计实现主要包括本体设计、知识获取、知识应用等三个流程。

本体设计方面，平台以 BIBFRAME（书目框架）为基础，复用 FOAF、Geonames、Schema.org 等术语词表，并自定义了一些家谱资源特有的属性，最终形成家谱本体。BIBFRAME 是美国国会图书馆牵头开发的下一代书目数据格式标准，以"Work（作品）-Instance（实例）-Item（单件）"为模型，包含机构、事件、人、家族等概念，具有良好的包容性、可扩展性和开放性，能满足图书馆、档案馆、博物馆等数据资源描述需求。家谱本体复用 FOAF 中的术语来描述先祖名人，复用 Geonames 中的术语来描述祖籍地，复用 Schema.org 中的术语来描述收藏机构等。在上述基础上，自定义了"谱名、字、号、谥号、朝代"等作为家谱本体的特有属性。

---

① 上海图书馆家谱知识服务平台[EB/OL].（2021-02-15）[2023-02-28]. http://search.library.sh.cn/jiapu.

知识获取方面,平台以现有的家谱元数据为基础,从中获取各类实体并赋予http URI,再将元数据与家谱本体相对应,通过本体定义类型和属性描述实体、实体之间的相互关系,最后将形成的 RDF 三元组存储在专用数据库中。平台的数据来源是《中国家谱总目》,该数据以结构化的形式进行存储,必须先将其转换为 RDF 格式,即 RDB2RDF,这一过程可以通过开源自动转换工具 DB2Triples 和 OpenRefine 来完成。

知识应用方面,主要面向三类群体提供个性化的知识服务,即面向图书馆提供书目控制服务、面向普通用户提供知识发现服务、面向研究学者提供知识进化服务。书目控制服务将家谱的各类版本形式、版本载体、版本内容、收藏机构等信息的规范管理和呈现,目的是便于这些数据的共享和重用;知识发现服务是针对不具备相应知识背景或者没有特定浏览意图用户提供的服务,以最简洁的姓氏作为入口,将某姓氏的来龙去脉、先祖名人、历史事件、家谱收藏机构、所在地等通过带有新颖性、趣味性的界面呈现出来,提高平台吸引力和影响力;知识进化服务是针对家谱专家或其他领域研究学者提供的服务,以各类实体作为查询对象,以 SPARQL(SPARQL Protocol and RDF Query Language)作为知识查询语言,提供带有"地理+时间"双重演变的家谱知识浏览。

3. 有益经验

上海图书馆家谱知识服务平台利用关联开放数据技术重组图书馆传统资源,构建历史文献数据服务平台,在满足普通用户寻根需求的同时,为人文社会科学研究者提供分面可视化浏览、语义搜索乃至知识挖掘服务,有助于打破图书馆各类资源库相互隔离的封闭状态,推进数据开放、促进知识流动,在开放利用中充分发掘其多方面的潜在价值。具体来说,上海图书馆家谱知识服务平台在设计与实践过程中值得关注、有所启发、可供借鉴的思路和技术可以归纳为以下几个方面。

(1)如何将众包理念引入服务平台建设过程

"众包"是指一个公司或机构把过去由员工执行的工作任务,以自由、自愿的形式外包给非特定的(而且通常是大规模的)大众志愿者的做法。[①] 众包的核心就是通过互联网集成大众的知识和智慧来解决复杂问题。针对家谱文献量大、数据化成本高、耗时长等挑战,上海图书馆家谱知识服务平台在建设过程中设计了新家谱资源的产生与搜集、图片形式家谱的文本化等众包任务,吸引用户自发参与上传家谱、在线识谱、在线修谱等平台建设工作,实现了以人为中心的家谱知识服务。[②]

上传家谱功能允许用户将满足要求的新家谱上传至平台,包括家谱封面、家谱全

---

① Howe J. The rise of crowdsourcing[J]. Wired, 2006, 14(6): 176 - 183.
② 刘倩倩,夏翠娟.家谱知识服务平台众包模式的设计与实现[J]. 图书馆论坛,2020(5): 10 - 15.

文的电子版和元数据信息,如图1-6所示。其中,家谱封面以jpg、png格式上传,图像精度不低于300 dpi;家谱全文电子版以doc、docx、pdf、zip等格式上传;元数据信息包括谱籍地、书名、责任者、版本年代、载体形式、收藏者等。

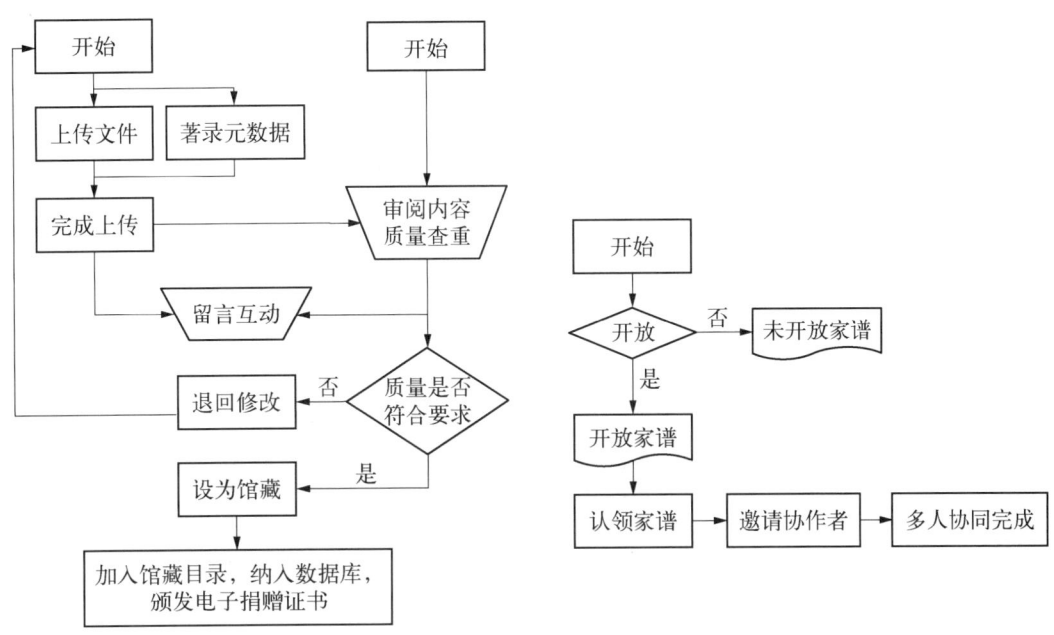

图1-6 上传家谱流程示意图　　　　图1-7 在线识谱流程示意图

在线识谱允许用户对已开放的8 000多种家谱资源进行人工标注、翻译、关系发现等数据加工工作,如图1-7所示。在线识谱的用户可以分为普通用户和专家用户,其中专家用户是上海图书馆定向招募和认证的家谱领域专家。

在线修谱允许用户根据系统提示,按照步骤创建家谱,包括家谱封面、目录、内容、元数据等,如图1-8所示。

(2) 如何保证众包建设的质量

为了确保众包建设的质量,要采取多种措施对众包进行全过程监管,确保其结果的准确性和可信度。首先,应对家谱的元数据方案进行规范,设置上传、标识、修改家谱时必须填写的元数据字段。其次,在用户操作过程中,通过事先的设置对用户录入的内容进行说明、提示和验证,保证填写过程中的规范性并确保无遗漏。最后,邀请家谱领域专家对上传、标识和修改的信息进行人工审核和校验,对不满足要求的内容做退回修改操作。

另外,采取合理的用户激励策略也是众包建设质量的重要保障。上海图书馆采用的激励策略是非物质形式的精神奖励,例如众包建设的家谱,经审核校验通过纳入馆藏的,颁发电子版捐赠证书,与线下捐赠证书具有同等效力;对家谱建设贡献多的用

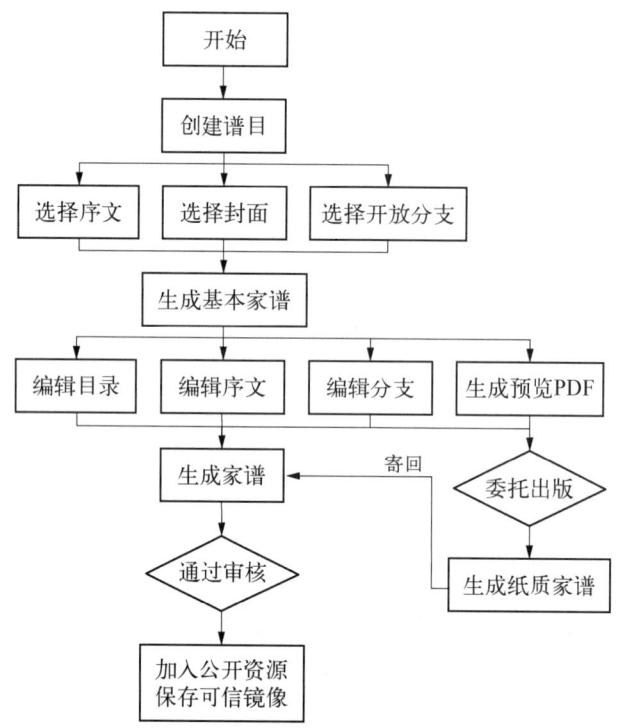

图1-8 在线修谱流程示意图

户,平台认可其作为专家用户的角色,以此来提高用户的自我肯定和成就感。

(二)国外典型案例:威尼斯时光机

1. 基本概况

"威尼斯时光机"(Venice Time Machine)项目启动于2013年2月23日,最初由瑞士洛桑理工学院(Ecole Polytechnique Fédérale de Lausanne)与意大利威尼斯大学(Ca'Foscari University)签署初步合作协议,旨在建立一个学校间的联合培训计划,定期组织两所大学及来自其他欧美国家的青年研究者,围绕档案材料和新技术开展跨学科培训。

2014年,威尼斯国家档案馆加入了上述计划,三方研究制定了"威尼斯时光机"项目的路线图,提出该项目的目标是将档案文献遗产转化为一个在线信息系统,供研究人员、专家社区以及公众在线使用,帮助威尼斯国家档案馆在馆藏档案数字化和向国际研究机构开放方面取得快速进展。该项目计划指出,古代文献数字化既是实现档案馆两项基本任务(保护和加强文化遗产)的必要步骤,也使得世界范围内的国际合作研究成为可能。因此,项目拟建立一个可自由存取的数字化图像数据库,允许用户浏览和以标准格式下载。同年6月至9月,项目组针对数字化对象的选择、团队组成等方面展开预研,洛桑理工学院提供扫描仪、服务器、计算机等硬件设备,由威尼斯国家档案馆长(同时具有古地理学和档案学背景的专家)作为团队负责人,聘请 5 名意大利专家负责扫描仪的操作和数字化后文件的注释、标引、著录等工作。

2. 实现方式

2015 年,研究团队根据预研结果,同时启动了多个项目的实施工作。

"Garzoni"项目由瑞士国家基金和法国国家研究机构资助,洛桑理工学院、里尔大学(University of Lille)和鲁昂大学(University of Rouen)合作开展研究,旨在建立一个信息系统,以便从经济、家庭、性别、艺术和建筑的角度进行历史研究。

"Linked Books"项目由瑞士国家科学基金会资助,该项目收集了过去 200 年出版的 2 000 多部专著和 5 000 篇报纸文章,其内容涉及威尼斯历史的所有领域,利用新的算法,基于引文网络和文献全文分析,探索威尼斯的"史学史"。

"Replica project"项目由洛桑理工学院和乔治西尼尼基金会(Giorgio Cini Foundation)合作开展研究,目的是对基金会现存的包含一百万幅图像的图片库进行数字化,并建立一个能够满足形态模式搜索需求的搜索引擎,数字化的图片库和搜索引擎将对外开放访问。

2016 年,洛桑理工学院启动"READ"项目(Recognition and Enrichment of Archival Documents),研究大量文献中涉及的手写体识别问题。

2017 年,洛桑理工学院创建了第一个版本的 Time Machine Box,使得通过网络共享图像更加便捷有效。Time Machine Box 是一个服务器,设置在档案馆,所有经过数字化的文件及其元数据都被存储在该服务器上,所有用户通过 IIIF(International Image Interoperability Framework)协议就能轻松访问,且允许研究机构使用文档分割或手写识别算法对当前的图像进行分析。同年 10 月,项目团队对外公布了第一批项目研究成果,包括 19 万份档案文件、72 万份照片文件、3 000 本书籍的数字化成果,涵盖了 200 多年的威尼斯历史,形成了 200 多万张数字化图像。档案人员还对姓名、地点和关键词等 16 万条信息进行了人工著录,并基于这些人工标注信息开发出一套手写体识别搜索引擎。

2018 年,由洛桑理工学院研发的手写体自动识别系统投入使用,并在 2018 年数字人文大会上首次亮相,该系统的识别性能超过了未经档案培训的意大利人的阅读能力。同年夏天,通用文档分割系统(dhSegment)也实现了开源,短短数月,该系统就被包括巴黎国家档案馆在内的全球数十个档案馆投入使用。另外,2017 年研发的搜索引擎进一步与文本搜索、视觉搜索和地理历史导航相结合,成为访问威尼斯国家档案馆和乔治西尼尼基金会资源的高效工具。由于资源和技术的开源性,"威尼斯时光机"项目的研究路线图已作为一种通用模型进行推广,成为"欧洲时光机"项目落地借鉴的成熟模板。

2019年,洛桑理工学院进一步针对威尼斯国家档案馆中的地籍档案展开研究工作。在欧盟委员会的大力资助下,截至2020年9月,已有45个国家、600多个研究机构加入了各地的时光机项目,建成了20台时光机(Local Time Machine)。

3. 有益经验

"威尼斯时光机"项目对历史档案进行数字化,使其成为可搜索、可关联的数字形态,再根据不同类型档案信息间的交叉比对,进行社交网络建模,将多语种、多元文化遗产汇聚成一个大规模、多模态的知识图谱,为研究机构、学者、专家、公众等各类用户提供了丰富的知识资源和智能应用。该项目的成功应用为研究和了解社会、经济、文化等各方面的演变史开辟了新途径,展示了数字技术在加强和保护文化遗产方面的巨大潜力,体现了人工智能应用在人文、社会、经济、科学等领域研究的发展能力,探索出一条历史档案数据整合、信息关联、知识发现的新模式,为档案信息资源开发利用提供了路径指引。具体来说,"威尼斯时光机"项目中值得关注、有所启发、可供借鉴的建设思路和技术可以归纳为以下几个方面。

(1) 如何确定档案数字化对象的优先级

历史档案存量丰富,尽管目前数字化技术发展迅速,档案馆、图书馆、博物馆等机构投入在数字化工作上的人力物力很大,但从整体规模上来看,已经过数字化的档案数量目前仍仅占存量档案的一小部分。例如,2015年欧盟对1 000家文化遗产机构进行了数字化调研,发现平均只有23%的存量档案进行了数字化,其中档案馆、图书馆、博物馆数字化率分别为13%、19%和31%。[①] 与此同时,数字化后的档案也存在着元数据和内容信息著录不完整、无法从中提取和关联有效信息等问题。因此,如何制定有效的数字化策略,以较少的成本提取和关联档案中蕴含的信息,最大程度发挥档案数字化的价值,是应该首先考虑的问题。

有研究指出,当前数字化策略多从资金、时间、用户利用率等方面进行考量,容易形成孤立的、碎片化的数字化档案"信息孤岛",且档案元数据、档案之间的关联需要人工著录和建立索引。由于档案目录等通常以规范的行或列形式组织,具有相对稳定的结构和表示方式,且蕴含着丰富的关联信息,易于计算机自动识别和处理。因此,建议以索引的数量和质量作为档案"信息潜力"(information potential)的衡量指标,档案的信息潜力越高,越应优先对其进行数字化。

(2) 如何快速安全地对手写档案进行数字化

这里所指的数字化,不仅是将纸质档案扫描成数字图像,还包括利用相应技术获

---

① Giovanni C, Maud E, Fabio B. Index-driven digitization and indexation of historical archives[J]. Frontiers in Digital Hmanities,2019(4):1-16.

取手写体文字内容,为下一步手写体字符识别打好基础。有研究指出[1][2],历史档案中的手写文字多使用墨水进行记录,其中黑墨水多含铁元素,红墨水多含汞元素,如图1-9所示,这使得 X 射线能扫描出纸张上含有金属元素的部位,即手写文字,以此将文字内容提取出来。

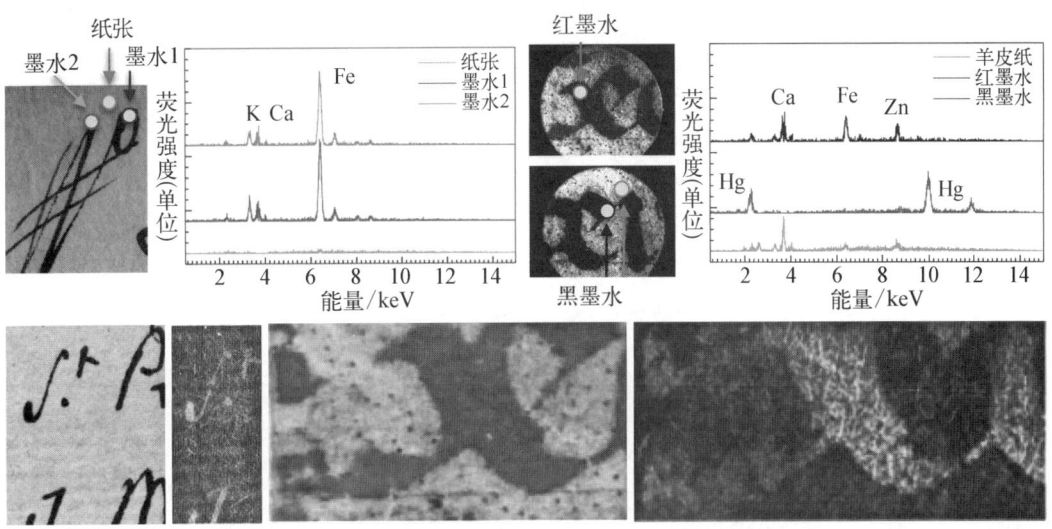

图 1-9　墨水元素分析结果(上)和 X 射线扫描结果(下)

这种扫描方式使得档案机构人员无须打开档案原件,就能对档案内容进行 3D 扫描,如图 1-10 所示,这不仅大大提高了数字化效率,还为破损档案的数字化提供了有效手段。有研究表明,在实验条件下,6.5 μm 的切片分辨率足以满足区分不同页和每页正反面的需求。

(3) 完成数字化步骤后如何对档案内容信息进行处理

首先,应对一张页面中存在的文本、注释、图片、栏目等进行分离,以便于逐一识别、标注、存储、检索等处理。有研究指出[3],针对一页数字化后的文档,其主要处理任务包括页面提取、基线检测、文档分割、装饰或照片提取等,如图 1-11 所示。其中,页面提取是将数字化图片中与文档有关的矩形区域提取出来,以便后续处理;基线检测是指将文字排列的一根虚拟线检测出来;文档分割是指对整个页面上存在的元素自动进行标注,比如文本、装饰、评论、背景等。装饰或照片提取就是将页面中的装饰或照片与文字分离,单独提取出来。

---

[1] Albertin F, Astolfo A, Stampanoni M, et. al. Ancient administrative handwritten documents: X-ray analysis and imaging[J]. Journal of Synchrotron Radiation, 2015(2): 446-451.
[2] Albertin F, Astolfo A, Stampanoni M, et. al. X-ray spectrometry and imaging for ancient administrative handwritten documents[J]. X-ray Spectrometry, 2015(3): 93-98.
[3] Oliveira S A, Seguin B, Kaplan F. dhSegment: a generic deep-learning approach for document segmentation[C]// 16th International Conference on Frontiers in Handwriting Recognition. New York: IEEE, 2018(16): 7-12.

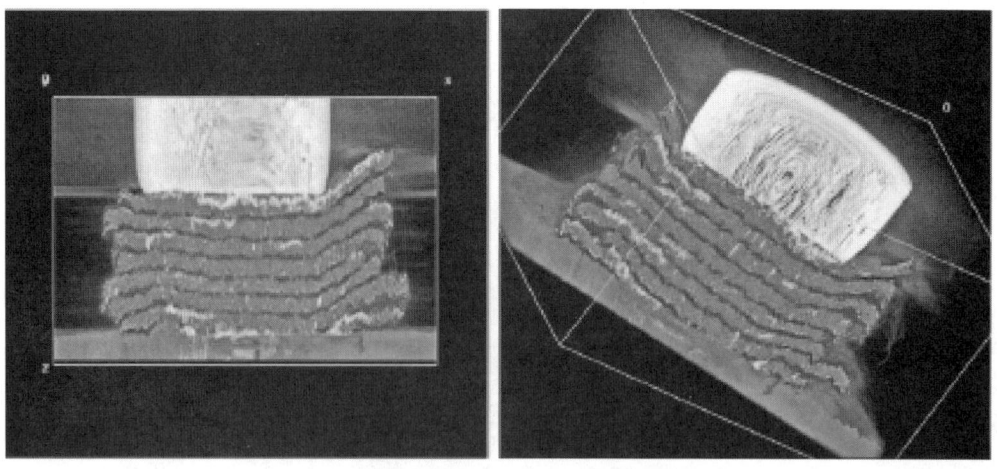

图1-10　对档案进行3D扫描示意图

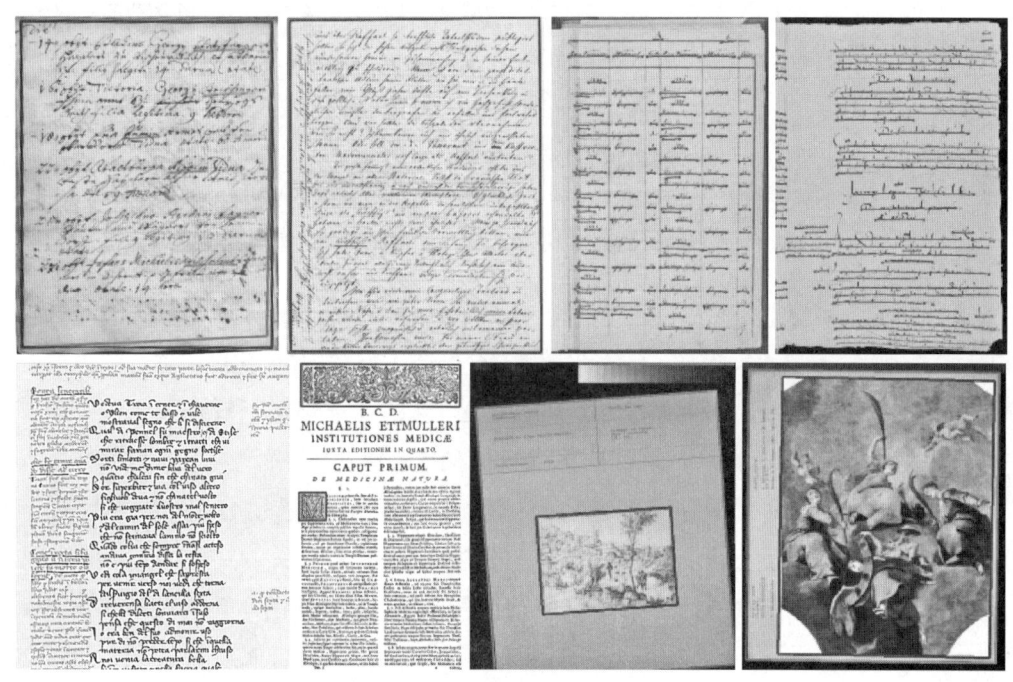

图1-11　各类页面处理任务示例

同时,这些页面处理方式特别适合于地图等类型的档案资料[①],如图1-12所示。该页面中既有街道、运河等地理信息,又有建筑地块的测绘信息,还有表明地块所有权的手写体数字标注信息。处理这类档案时,要利用前述方法,将各类要素分离开进行处理,自动识别数字、识别地块边缘、识别街道和运河等地理信息。

---

① Oliveira S A, Lenardo L, Tourenc B, et al. A deep learning approach to cadastral computing[C]//Digital Humanities Conference. New Delhi: Springer, 2019: 1-7.

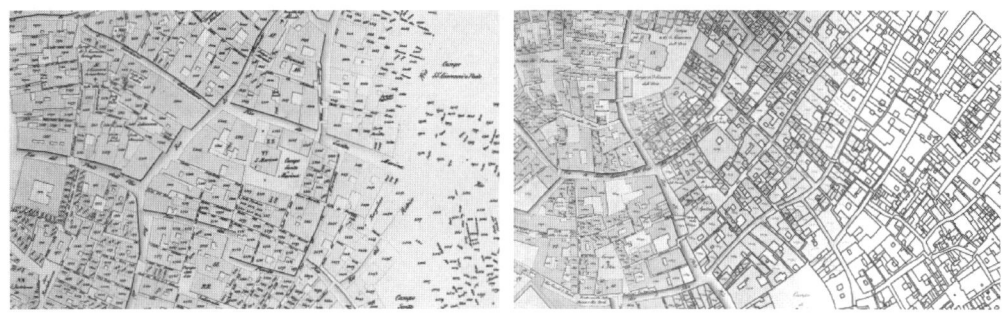

图1-12 地籍档案识别结果示例

其次,针对档案内容中的文本信息,特别是手写文本,可以采用深度学习等方法进行自动识别。有研究指出[1],将卷积神经网络(Convolutional neural network,CNN)和循环神经网络(Recurrent neural network,RNN)相结合,构造一个卷积循环神经网络(Convolutional recurrent neural network,CRNN)[2]进行手写文本的识别,如图1-13所示。

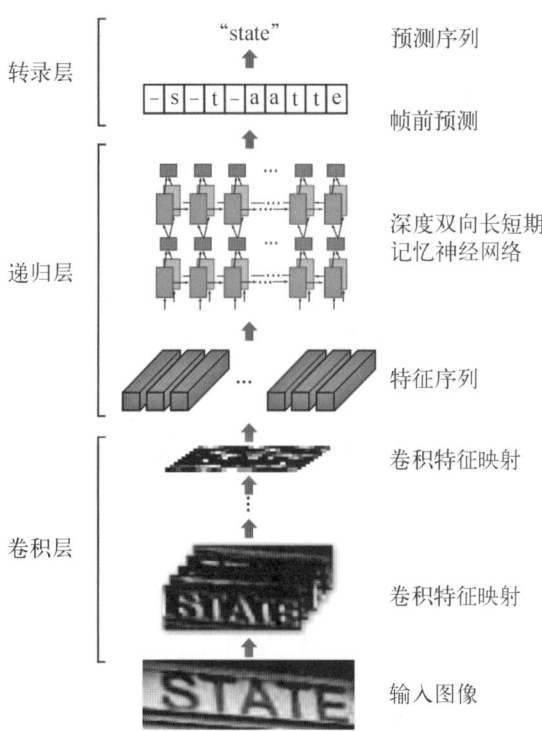

图1-13 CRNN网络结构示意图

---

[1] Oliveria S A, Kaplan F. Comparing human and machine performances in transcribing 18th century handwritten Venetian script[C]//Digital Humanities Conference. New Delhi: Springer, 2018: 1-8.

[2] Shi B G, Bai X, Yao C. An end-to-end trainable neural network for image-based sequence recognition and its application to scene text recognition[J]. IEEE transactions on pattern analysis and machine intelligence, 2017 (11): 2298-2304.

利用上述网络结构在手写文本数据集上进行训练,训练生成的模型用于手写文本识别,训练数据集和测试数据集如图 1-14 所示。从识别效果看,在各种条件下,该模型的识别性能远超未经专业培训的意大利语翻译人员,如图 1-15 所示。横线表示机器识别错误率(Character error rates,CER),柱状图表示不同翻译人员的识别错误率,case0 表示原始数据集,case1 表示将数据集中的大写字母都替换为小写字母,case2 表示去除数据集中的所有标点符号,case3 表示结合 case1 和 case2 的条件。但其缺陷是会产生不存在的单词,因此在该模型后端增加基于词典的匹配环节,能进一步降低自动识别的错误率。

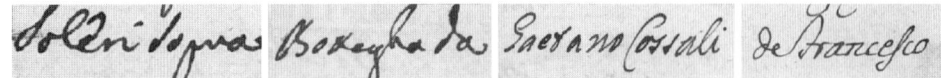

图 1-14 训练和测试数据集的文本片段示例

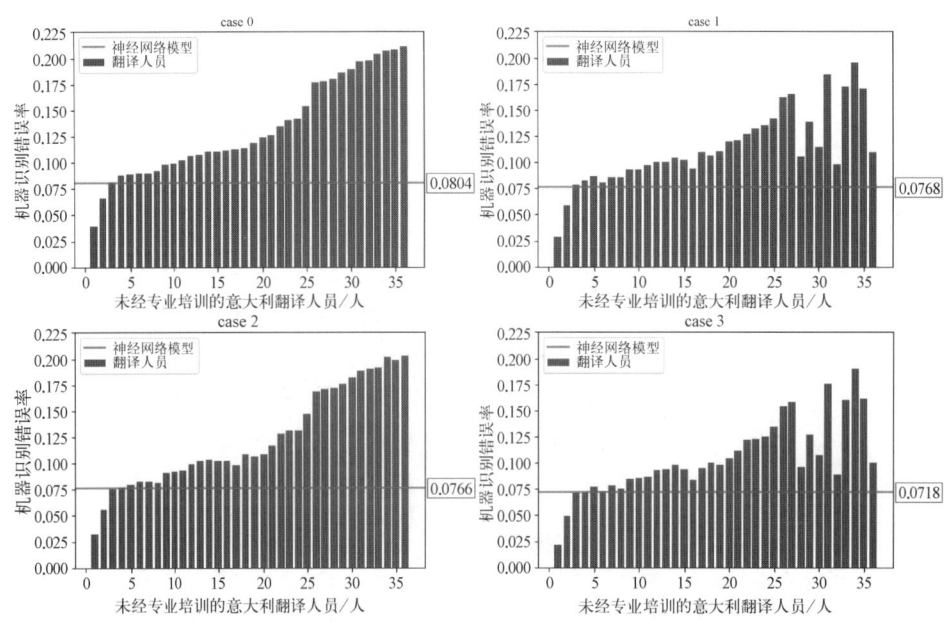

图 1-15 机器与人识别性能比较

最后,针对图片形式的档案内容,可以利用图片的视觉特征信息来提高图片的检索质量和效率。当前图片的检索主要依靠文本形式的著录信息和元数据,造成图像检索时会遭遇"语义鸿沟",即人需要检索的图片特征无法准确表达出来,或者人表达出的特征信息计算机无法理解等,因此直接对视觉特征信息进行识别能够有效解决这一问题。研究[①]针对两类图像检索任务(相似主题检索、相似构图检索),首先利用卷积神经网络获得图像特征信息的相似度(以打分形式表示,分数越小,相似度越高),再通过

---

① Lenardo I, Seguin B, Kaplan F. Visual patterns discovery in large databases of paintings[C]//Digital Humanities Conference.New Delhi: Springer,2016:1-8.

一种代数式的检索方式对检索结果进行优化。以相似主题检索为例,根据所需主题检索出的图片结果,按相似度打分进行排列,检索结果中会混杂不符合需求的结果,如 id 为 12098、27817、37070 的图片。为了进一步优化检索结果,只需采用代数式的排除方法,得到更为精确的结果,如图 1-16 所示。

Basket of Flowers, ARELLANO, Juan de
编号:1152,
得分:0.00

Basket of Flowers, ARELLANO, Juan de
编号:1150,
得分:-0.18

Flowers in a Basket, CORTE, Gabriel de la
编号:7276,
得分:-0.22

Still-Life with a Basket of Fruit, SNYDERS, Frans
编号:31732,
得分:-0.26

Flowers in Sculpted Urn, CASTEELS, Pieter
编号:5908,
得分:-0.27

Finding of Moses, GENTILESCHI, Orazio
编号:12098,
得分:-0.27

   (cont.)

Guessing Game, RÉGNIER, Nicolas
编号:27817,
得分:-0.27

Basket of Flowers, ARELLANO, Juan de
编号:1151,
得分:-0.27

The Repose of the Huntsmen, BONITO, Giuseppe
编号:3171,
得分:-0.27

Basket of Flowers with Parrot, SCACCIATI, Andrea
编号:30842,
得分:-0.27

Basket of Flowers, ARELLANO, Juan de
编号:1149,
得分:-0.27

Birth of the Virgin, VOUET, Simon
编号:37070,
得分:-0.28

 −

Basket of Flowers, ARELLANO, Juan de
编号:1152
得分:0.54

Basket of Flowers, ARELLANO, Juan de
编号:1150
得分:0.18

Basket of Flowers, ARELLANO, Juan de
编号:1151
得分:0.17

Basket of Flowers, ARELLANO, Juan de
编号:1149
得分:0.12

Garland of Flowers with St Anthony of Padua, PÉREZ, Bartolomé
编号:25445
得分:0.06

Vase of Flowers, ARELLANO, Juan de
编号:1144
得分:0.06

Vase of Flowers, ARELLANO, Juan de
编号:1148
得分:0.05

Still-Life of Flowers, PORPORA, Paolo
编号:26697
得分:0.05

Still-Life of Flowers, FANTIN-LATOUR, Henri
编号:10693
得分:0.04

Flower Garland around the Holy Family, YKENS, Frans
编号:37840
得分:0.04

Swags of Flowers, SEGHERS, Daniel
编号:31140
得分:0.04

Apotheosis of the Reign of Catherine II, GUGLIELMI, Gregorio
编号:15730
得分:0.04

图 1-16 检索步骤及结果示意图

第三节　主要研究内容及创新点

一、主要研究内容

本书的主要内容包括以下六个部分。

（一）绪论

围绕"互联网＋"、多媒体档案、档案知识发现等主题，通过大量文献阅读和相关研究项目调研，收集梳理国内外研究动态和典型案例，归纳总结当前理论研究与落地实践中可供启发和借鉴的思路和方法，形成较为全面系统的研究现状调研与典型案例分析成果。

（二）基本理论概述

本书阐述了"互联网＋"的特点、类型及其对档案事业的影响，立足多媒体档案的生成背景与来源渠道，在"互联网＋"背景下，结合档案信息资源开发利用需求，对多媒体档案知识发现的概念内涵和目标任务进行了详细阐释，明确了多媒体档案知识发现的对象与模式、过程与方法，形成基本理论体系。

（三）多媒体档案知识发现的需求分析

基于"档案服务"视角，本书论述了多媒体档案知识发现需求的产生根源、内涵特点、主要类型等，进而设计需求调研模型，分别对档案用户、档案工作人员、档案专家开展调查，基于调研分析结论，阐述用户对于多媒体档案知识发现的总体需求。

（四）多媒体档案知识发现的体系框架

本书从系统论的视角理解多媒体档案知识发现，在论述多媒体档案知识发现的指导思想、原则要求、生态环境、风险管理等的基础上，以领域知识图谱为蓝图设计多媒体档案知识发现框架模型，该模型主要包括用户需求、图谱构建、认知服务、支撑保障等模块。

（五）多媒体档案知识发现的实现路径

本书立足多媒体档案领域知识图谱实现路径的生命周期，对多媒体档案领域知识图谱构建进行探索研究，形成涵盖总体思路、基本流程、实现方式、质量评估等内容的图谱构建理论体系。

（六）多媒体档案知识发现应用的推进策略

针对多媒体档案知识资源建设和应用的关键要素，本书从顶层设计、保障机制、资源建设、服务模式、学科融合、应用系统、人才队伍等方面为多媒体档案的知识发现提供了科学合理的落地应用策略。

二、主要创新点

本书以知识发现理论与多媒体档案管理工作深度融合为主线，重点围绕多媒体档案知识发现进行理论研究，对多媒体档案领域知识图谱构建进行实证分析，旨在满足新时代高层次、高精度、高效率的档案服务利用需求。研究成果将为深层次、多元化档案信息资源共享开发与开放利用提供切实可行的解决方案，对档案机构加强档案资源建设、创新档案服务方式、发挥档案智库效应起到积极的促进作用。具体来说，主要创新点包含以下几个方面。

（一）理论创新方面

（1）重点厘清了多媒体档案、多媒体档案知识发现、智慧型服务等核心概念及内涵，探讨了"互联网＋"对档案事业发展理念和工作模式转型的影响。

（2）基于档案用户需求的理论分析和调查研究，总结出多媒体档案资源开发和利用服务的现实困境和需求。

（3）从领域知识图谱生命周期的视角设计多媒体档案知识发现体系框架和实现路径，探索了多媒体档案数据整合、信息关联、知识发现的新模式，为多媒体档案实体管理和开发利用提供新的思路和方法。

（二）应用创新方面

（1）设计了档案知识图谱服务平台的原型系统，其设计思想、功能模块、系统架构、使用流程等可进一步拓展并融入其他类型档案资源开发利用服务系统的研发，具有现实应用价值。

（2）从准确性、完整性、时效性三个维度科学地设计了图谱质量控制的主要评估指标，详细描述了一级评价指标和二级评价指标的评估对象和具体标准，并结合典型评估方法给出了图谱质量评估的具体流程，为在实际应用中量化图谱质量、充分发挥图谱应用效益提供了依据和抓手。

第二章

基本理论概述

21世纪以来,我国互联网蓬勃发展,"互联网+"成为数字时代各领域创新驱动发展的新范式,特别是当城市信息化发展迈入智慧城市这一高级阶段,感知层采集形成的海量多媒体数据将作为各类群体基础信息进行存档,使得档案工作环境、对象、内容发生巨大变化,对档案事业发展理念和工作模式产生巨大冲击和挑战。因此,厘清新背景、新对象、新需求、新任务的内涵是关键。本章通过梳理"互联网+"的形成背景与发展过程,探讨了其对档案事业的影响,阐释了多媒体档案与多媒体档案知识发现的内涵,分析了多媒体档案知识发现的对象与模式、过程与方法等理论问题,为后续研究奠定基础。

第一节 "互联网+"基本理论

一、"互联网+"的形成与发展

(一)"互联网+"的形成背景与发展过程

1. 众说纷纭

2012年11月,易观国际董事长兼首席执行官于扬在第五届移动互联网博览会上首次提出"互联网+"的概念。他认为,"互联网+"是一种化学公式,是所有传统行业的产品和服务与多屏全网跨平台用户场景结合之后产生的模式,每个行业都应思考如何找到所在行业的"互联网+"[1]。

2014年11月,习近平总书记在致首届世界互联网大会的贺信中强调,"互联网日益成为创新驱动发展的先导力量,深刻改变着人们的生产生活,有力推动着社会发展"[2]。李克强总理在会见出席首届世界互联网大会的中外代表时谈道,"依托于互联网经济产生的新兴业态,为大众创业、万众创新形成了有力支撑","如果有越来越多的人依托新业态发展,就会培育出中国经济发展的新'发动机',也必将会对社会发展、人民进步造成深刻影响"[3]。

---

[1] 于扬.创业者需要找到自己的互联网+[EB/OL].(2012-11-14)[2023-02-28]. https://it.sohu.com/20121114/n357591531.shtml.

[2] 人民网.习近平谈互联网[EB/OL].(2014-11-20)[2023-02-28]. http://politics.people.com.cn/n/2014/1120/c1001-26059219.html.

[3] 中国政府网.李克强与中外互联网"大佬"论道[EB/OL].(2014-11-21)[2023-02-28]. https://www.gov.cn/guowuyuan/2014-11/21/content_2781681.htm.

2015年3月,全国人大代表马化腾在提交的人大议案《关于以"互联网+"为驱动,推进我国经济社会创新发展的建议》中提出:"'互联网+'是以互联网平台为基础,利用信息通信技术与各行业的跨界融合,推动产业转型升级,并不断创造出新产品、新业务与新模式,构建连接一切的新生态。"①

2015年3月,阿里研究院颁布了国内第一份《"互联网+"研究报告》,提出:"'互联网+'就是指,以互联网为主的一整套信息技术(包括移动互联网、云计算、大数据技术等)在经济、社会生活各部门的扩散、应用过程。"②该报告指出,"互联网+"的本质是传统产业的在线化、数据化,其依托"云、网、端"新信息基础设施形成新的生产要素——数据,配合大规模、社会化的全新分工形态,通过海量数据的积累交换、分析运用提升其使用范围和价值,促进生产效率提高。

2. 落地生根

2015年3月5日,在第十二届全国人大三次会议上,李克强总理在《政府工作报告》中首次提出"'互联网+'行动计划",指出要"制定'互联网+'行动计划,推动移动互联网、云计算、大数据、物联网等与现代制造业结合,促进电子商务、工业互联网和互联网金融健康发展,引导互联网企业拓展国际市场"③。

2015年7月4日,国务院发布《国务院关于积极推进"互联网+"行动的指导意见》(国发〔2015〕40号),指出"'互联网+'是把互联网的创新成果与经济社会各领域深度融合,推动技术进步、效率提升和组织变革,提升实体经济创新力和生产力,形成更广泛的以互联网为基础设施和创新要素的经济社会发展新形态"④。该意见还明确了十一项重点行动和七个方面的保障措施,为完善我国"互联网+"产业生态体系和形成"互联网+"新经济形态提供了路线图,意味着我国全面开启通往"互联网+"时代的大门。

3. 枝繁叶茂

政府工作报告和指导意见的出台激起千层浪,从国家部委到各级地方政府,从互联网企业到传统企业,纷纷加快落实"互联网+"行动计划的步伐。

2015年3月,福建省政府出台《加快互联网经济发展十条措施》,提出2016年、2018年和2020年的三阶段推进发展目标,明确了电子商务、物联网产业、智慧云服务、文创媒体、互联网金融、工业互联网、农业互联网、互联网基础服务等八个方面的发展

---

① 马化腾.关于以"互联网+"为驱动,推进我国经济社会创新发展的建议[EB/OL].(2015-03-06)[2023-02-28]. https://finance.cnr.cn/gundong/20150306/20150306_517911345.shtml.
② 阿里研究院."互联网+"研究报告[EB/OL].(2015-03-16)[2023-02-28]. https://www.gov.cn/guowuyuan/2015-03/16/content_2835101.htm.
③ 李克强.政府工作报告[EB/OL].(2015-03-16)[2023-02-28]. https://www.gov.cn/guowuyuan/2015-03/16/content_2835101.htm.
④ 国务院.国务院关于积极推进"互联网+"行动的指导意见[EB/OL].(2015-07-04)[2023-02-28]. https://www.gov.cn/zhengce/2015-07/04/content_10002.htm.

重点和 26 项具体措施。①

2015 年 5 月,商务部发布《"互联网＋流通"行动计划》,通过优化物流基础设施、提升网络服务能力、加强统计监测和知识产权保护等措施解决农村电商、线上线下融合、跨境电商的"最后一公里"和"最后一百米"问题。②

2015 年 5 月,中国电信发布《"互联网＋"行动白皮书》,在泛在网络、云计算等基础设施能力和定位、安全、视频、支付、大数据等关键业务能力,以及运维、集成等服务保障能力方面持续提升,利用优势渠道和客户资源,整合 IT 设备商、软件商和服务应用商各方力量,为"互联网＋"行动计划实施提供坚实保障。③

2015 年 11 月 25 日,工信部印发《工业和信息化部关于贯彻落实〈国务院关于积极推进"互联网＋"行动的指导意见〉的行动计划(2015—2018 年)》,提出"到 2018 年,互联网与制造业融合进一步深化,制造业数字化、网络化、智能化水平显著提高"④的总体目标。宽带、融合、泛在、安全的国家信息基础设施和具有自主创新能力、安全可靠的信息技术产业生态体系成为支撑"互联网＋"与工业深度融合的关键力量。

2016 年 2 月,广东省发布《2015 广东省"互联网＋"现状及发展大数据分析报告》,该报告作为国内首部基于地方省份有关"互联网＋"现状与发展的综合性报告,对广东省惠民服务、社会保障、城市管理、电子商务、智能制造、共享金融、便捷医疗、在线服务、便捷出行、掌上房产、体育、阅读等各个行业的"互联网＋"发展状况进行了深入解读,为广东各城市、各部门、各行业的"互联网＋"深度融合和创新发展提供了参考借鉴。⑤

2020 年 5 月 22 日,在第十三届全国人大三次会议上,李克强总理在《政府工作报告》中再次提出"全面推进'互联网＋',打造数字经济新优势"⑥。"互联网＋"内涵外延不断升级进化,从经济生活和产业发展领域向在国家治理体系和治理能力现代化中发挥作用转变,从以方便生活、便捷生产为导向向激发人的创新活力转变,从相对看重经济效益向推动形成学习创新型社会转变。

---

① 中国政府网.福建省出台《加快互联网经济发展十条措施》[EB/OL].(2015-03-13)[2023-02-28].https://www.gov.cn/xinwen/2015-03/13/content_2833286.htm.
② 中国政府网.商务部发布"互联网＋流通"行动计划[EB/OL].(2015-05-15)[2023-02-28].https://www.cac.gov.cn/2015-05/15/c_1115302111.htm.
③ 中国政府网.中国电信发布"互联网＋"行动白皮书,联手合作伙伴打造"互联网＋"产业生态[EB/OL].(2015-05-14)[2023-02-28].https://www.sasac.gov.cn/n2588025/n2588124/c3796691/content.html.
④ 工信部.工业和信息化部关于印发贯彻落实〈国务院关于积极推进"互联网＋"行动的指导意见〉的行动计划(2015—2018 年)[EB/OL].(2015-11-25)[2023-02-28].https://www.gov.cn/govweb/2016-02/18/content_5042926.htm.
⑤ 国家互联网信息办公室.广东发布首部"互联网＋"现状及发展大数据分析报告[EB/OL].(2016-02-03)[2023-02-28].https://www.cac.gov.cn/2016-02/03/c_1117981524.htm?from=groupmessage.
⑥ 李克强.政府工作报告[EB/OL].(2020-05-22)[2023-02-28].https://www.gov.cn/gongbao/content/2020/content_5517495.htm.

总体来看,"互联网+"的提出,标志着以互联网为核心的信息技术从简单的应用技术、应用工具、应用渠道转化为经济社会活动的底层支撑,转化为关乎传统行业升级、新兴产业培育、公共服务普惠、经济竞争优势构建的国家战略,成为经济社会各领域新产业、新业态、新模式、新理念的转型和重构基石,成为推动国家经济发展和治理能力现代化的新引擎。

(二)"互联网+"的概念形成与发展状况解析

从"互联网+"概念的形成与发展过程来看,"互联网+"的基础和出发点是互联网,随着互联网思维、技术、形态的不断演变,"互联网+"的内涵外延也发生了深刻变化。

互联网作为一个超大规模复杂系统,将社会、个体融合成一个集宽度、广度、深度于一体的大规模生态网络。自1994年4月20日我国正式接轨国际互联网并实现互联网全功能连接以来,中国互联网发展历经Web1.0(1990—1999年)、Web2.0(2000—2009年)、移动互联(2010—2019年)和智能物联(2020年—至今)等阶段①。随着信息时代理念和信息社会思想的普及、电信基础设施的广泛部署、网民数量规模的急剧增加,各类新兴互联网应用渗透日常生活。

在我国互联网蓬勃发展的过程中,"互联网+"作为数字时代各领域创新驱动发展的新范式,具有广阔前景和无限潜力,对我国经济社会发展产生着战略性和全局性的影响。为此,我们应结合"互联网+"提出并成为国家战略实施的时代背景,理解"互联网+"对于重塑创新体系、激发创新活力、培育新兴业态、创新公共服务模式等方面的重要意义和作用。

1. 生于变局

从时间节点看,"互联网+"从其概念萌芽到与社会经济发展深度融合的过程,对应的正是我国互联网从移动互联向智能物联格局转变的阶段。

此时,网络成为社会各类主客体全局性链接的基础支撑,开放平台运营模式和移动即时社交方式成为个体参与互联网发展的新潮流,大数据、物联网、人工智能、5G技术等加速推动网络空间与现实空间的"虚实一体","互联网+"行动计划与正在实施的网络强国战略、国家大数据战略、数字中国建设等战略一道促使互联网日益成为国家治理体系和治理能力现代化的"最大增量"。

2. 育在先机

从战略规划看,网络空间日益演变成为国际政治、经济博弈的最前沿、主战场。

---

① 方兴东,金皓清,钟祥铭.中国互联网30年:一种全球史的视角:基于布罗代尔"中时段"的"社会时间"视角[J].传媒观察,2022(11):26-42.

国际方面,多国和国际组织出台网络空间行动计划和战略。例如,美国《先进制造业伙伴计划》《网络空间国际战略》《互联网开放指令》、欧盟《欧洲数字一体化市场战略》《数字市场法》、英国《信息经济战略》、德国《工业 4.0 战略》、日本《超智能社会 5.0 战略》、TPP 组织《跨太平洋伙伴关系协定》等,旨在进一步依托其在新一代信息技术方面的优势,加强在互联网产业、业态、模式上的前瞻布局,构建和强化互联网经济竞争主动权。

国内方面,党的十八大以来,我国重视互联网、发展互联网、治理互联网,2014 年 2 月成立中央网络安全和信息化领导小组,2018 年 3 月改组为中央网络安全和信息化委员会,强化网信工作顶层设计、总体布局、统筹协调、整体推进和督促落实,推动网信事业取得跨越式发展,也标志着我国正式将网信建设列入国家发展重要战略之一。

工信部开启深化电信体制改革步伐,陆续发放 3G、4G 牌照,5G 技术和有关新型基础设施建设迅速崛起,智能移动设备成为互联网用户、流量、信息、消费爆发性增长的重要载体。截至 2022 年 12 月,中国网民规模达 10.67 亿人,较 2021 年 12 月增长 3 549 万人,互联网普及率达 75.6%;中国域名总数达 3 440 万个,IPv6 活跃用户数达 7.28 亿户;移动网络终端连接总数达 35.28 亿户,移动物联网连接数达 18.45 亿户;5G 基站总数达 231 万个,全国"5G+工业互联网"项目超过 4 000 个[①]。

2014 年起由我国倡议并举办的世界互联网大会已成功举办九届,以"构建网络空间命运共同体"为主线,牵引"互联互通、共享共治""创新驱动、造福人类""发展数字经济、促进开放共享""创造互信共治的数字世界""智能互联、开放合作""数字赋能、共创未来""迈向数字文明新时代""共建网络世界、共创数字未来"等主题,聚焦全球网络空间的热点话题,亮相全球互联网最新顶尖科技成果,通过对话交流、务实合作推动共商共享。

2015 年,党的十八届五中全会明确提出实施网络强国战略,此后《中华人民共和国网络安全法》《中华人民共和国数据安全法》《关于平台经济领域的反垄断指南》《互联网信息服务算法推荐管理规定》《互联网跟帖评论服务管理规定》等陆续出台,对互联网空间的治理、反垄断行为、信息传播秩序、信息保护、违法犯罪惩治等做出规范。

此外,我国近年来还积极参与联合国、G20、金砖国家、APEC、WTO 等多边机制数字领域国际规则制定,倡导发起《二十国集团数字经济发展与合作倡议》《"一带一路"数字经济国际合作倡议》《携手构建网络空间命运共同体行动倡议》《全球数据安全倡议》,为全球数字经济发展和网络空间治理贡献中国方案[②]。

---

① 中国网新闻中心.中国网民规模达 10.67 亿 互联网普及率达 75.6%[EB/OL].(2023-03-03)[2023-03-28]. http://news.china.com.cn/2023-03/03/content_85139519.htm?f=pad&a=true.
② 方兴东,金皓清,钟祥铭.中国互联网 30 年:一种全球史的视角——基于布罗代尔"中时段"的"社会时间"视角[J]. 传媒观察,2022(11):26-42.

3. 开出新局

从技术应用看,国际国内都在积极创新新一代信息技术在各传统领域的应用,并基于互联网的生产方式、产业模式、价值体系变革而持续深入。

国际方面,互联网与大数据、物联网、人工智能、云计算等技术交叉融合,依托互联网基础设施带来的广部署、高带宽、强吞吐、快速率优势,催生传统产业转型和新型产业模式培育。例如,美国波音公司通过大量物联网传感器收集分析全球运营的数千架客机的运行状态数据,对每架飞机软硬件设施设备的"疲劳"程度进行预测,为每架飞机定制个性化的保养周期和业务流程,降低依赖固定维保周期产生的风险和成本;IBM研发的高级交通管理系统,通过配备在路面、路灯、信号灯等的传感器汇总路况数据,提前疏导调度车流、运管、救援力量,提高交通运输、交通管理、事故救援效率,降低能源损耗和环境污染;Amazon Go便利店利用"刷脸无感支付"实现"零排队结账、随买随走"的线下零售新模式;Google借助渐进式Web应用(Progressive Web App,PWA)技术增强App功能,提升网站在通知推送、搜索、线上支付等方面的"即时应用"体验。

国内方面,百度、腾讯、阿里巴巴等互联网企业逐渐探索出互联网经济创新发展的中国路线,微信、微博成为即时通信和即时信息发布的重要平台,线上支付、餐饮外卖服务、团购、"即用即走"式的各类小程序引领互联网服务零售、商品零售潮流,健康码、行程卡、疫苗接种等有效支撑疫情防控治理,"互联网+"在制造、农业、服务业、电子商务、金融、物流等领域的新模式、新技术、新产品、新服务成为我国经济社会全面转型升级的重要抓手。

二、"互联网+"的特征

"互联网+"的"+"不是简单的"加法"关系,其本质是"化",是以互联网为核心的信息技术在经济社会各个产业、部门间的扩散应用,促进所形成数据不断互动、融合、创新的过程,是一种新的技术—经济范式。可见,"互联网+"不仅是连接,更是融合①,是信息基础设施广泛部署、信息数据跨域流动共享以及有关组织和制度创新等背景下重新定义的"信息化"。要想厘清"互联网+"与传统信息化相比发生的变化,就应当明确"互联网+"的主要特征。

(一) 以新型基础设施建设为平台基础

"互联网+"作为信息化的高阶发展阶段,其本质是最大限度促进各类信息数据跨地域、跨行业、跨领域、跨组织的开放、流通、共享和增值,开放共享的信息越多,流通的范围越大,释放信息潜力的可能性就越高。而要实现这些的重要前提是信息基础设施

---

① 阿里研究院.互联网+:从IT到DT[M].机械工业出版社,2020:2.

的广泛部署,这里所指的"信息基础设施"是基于新一代信息技术演化生成的基础设施,是我国新型基础设施的重要组成部分。

新型基础设施最早是在 2018 年中央经济工作会议上提出的,会议明确将"加强人工智能、工业互联网、物联网等新型基础设施建设"[①]作为 2019 年重点工作任务之一。随后,"加强新一代信息基础设施建设"[②]被写入 2019 年政府工作报告。2019 年 7 月 30 日召开的中共中央政治局会议要求"加快推进信息网络等新型基础设施建设"[③]。2020 年 3 月 4 日召开的中共中央政治局常委会强调"加快 5G 网络、数据中心等新型基础设施建设进度"[④]。2020 年 4 月,国家发展和改革委员会首次明确新型基础设施的范围,是"以新发展理念为引领,以技术创新为驱动,以信息网络为基础,面向高质量发展需要,提供数字转型、智能升级、融合创新等服务的基础设施体系"[⑤]。在此框架下,新型基础设施建设主要包括信息基础设施、融合基础设施、创新基础设施等三个方面。其中信息基础设施包括以 5G、物联网、工业互联网、卫星互联网为代表的通信网络基础设施;以人工智能、云计算、区块链为代表的新技术基础设施;以数据中心、智能计算中心为代表的算力基础设施。

对于"互联网+"来说,其所依赖的信息基础设施可以归纳为"云—网—端"三部分。"云"是指云计算、大数据等全局数据处理、计算和存储的基础设施,可以看作是整个"互联网+"体系架构的大脑,按照体系设计、集约高效、物理分布、服务一体的思路,实现各类资源统一管理、协同调度、服务整合,构建全网一体的信息数据云服务平台。"网"是指 5G、物联网、互联网等网络连接、数据交换的基础设施,可以看作是整个"互联网+"体系架构的骨骼和神经,将多种网络形态连接形成一张广覆盖、高带宽、低时延、高可用的有机整体,实现各类资源的安全可信传输和利用。"端"是指用户使用的计算机、智能电子设备、传感器、APP 等实时采集、提供服务的终端基础设施,可以看作是整个"互联网+"体系架构的交互触手,使得用户可以像获取水和电一样利用"云"的服务、计算、存储资源以及"网"的网络资源,减少"端"不必要的系统维护费用,实现人与物、物与物的直接通信,提升资源利用效率和控制能力。

可见,新型基础设施提供的"云—网—端"模式使得"互联网+"所需的基础设施迭

[①] 共产党员网.中央经济工作会议在北京举行 习近平李克强作重要讲话[EB/OL].(2018-12-21)[2023-03-28]. https://www.12371.cn/2018/12/21/ARTI1545386181641879.shtml.

[②] 中国政府网.政府工作报告[EB/OL].(2019-03-05)[2023-03-28]. www.gov.cn/zhuanti/2019qgjh/2019lhzfgzbg/.

[③] 光明网.中共中央政治局召开会议[EB/OL].(2019-07-31)[2023-03-28]. https://m.gmw.cn/baijia/2019-07/31/33041496.html.

[④] 新华网.新基建提速[EB/OL].(2020-04-26)[2023-03-28]. www.xinhuanet.com/politics/2020-04/26/c_1125908067.htm.

[⑤] 中国政府网.国家发改委召开新闻发布会表示:经济运行正有序恢复[EB/OL].(2020-04-21)[2023-03-28]. www.gov.cn/xinwen/2020-04/21/content_5504561.htm.

代升级,是"互联网+"彰显威力的动力之源。"互联网+"在新型基础设施的助力下,进一步拓展到移动互联网、物联网等领域,催生了百花齐放的用户端设备和应用,推动其叠加在传统基础设施之上进而形成万物互联的融合基础设施,在传统产业转型、网络安全防护、社会治理等方面联手发挥重要作用。

(二)以大规模在线信息数据为要素资源

"互联网+"作为互联网与经济社会各领域深度融合形成的新经济形态,就是要充分发挥互联网在生产要素配置中的优化和集成作用。生产要素主要包括土地、劳动力、资本、技术、数据五个方面[①]。其中,数据作为互联网大数据时代现代经济社会治理的基础性要素,与其他要素之间存在紧密耦合关系,对于其他生产要素从低质低效领域向优质高效领域流动、提高要素质量和配置效率、引导各类要素协同向先进生产力集聚具有重大现实意义。

在"互联网+"背景下,数据是信息经济时代各行各业至关重要的资产,是"货币""生命之血""新的石油",它既能支撑日常业务的运营,也能驱动从中获取潜在价值。数据的收集、分析、管理、创新能力是核心竞争力之一,通过海量数据的积累、交换、分析和运用充分挖掘数据要素价值,对本行业用户、产品、服务形成前所未有的洞察力,促进生产效率量级式的提高。

在信息技术时代向数据技术时代转变的过程中,"互联网+"能够激活新型生产力,对现有生产力的各个要素产生深层次影响。组成生产力的要素主要包括劳动者、劳动资料、劳动对象,在"互联网+"背景下,无论哪个要素都离不开大规模在线信息数据的反哺和驱动。

在劳动者层面,不管是体力劳动、服务工作还是管理决策,都需要借助在线信息数据获取就业机会、开展沟通协调、判断业务范畴、分析行业发展趋势,在此基础上深入理解用户需求、高效分析研判市场形势,以数据驱动实现精准贴近用户、精准产品研发、精准市场营销、精准管理决策。

在劳动资料层面,生产工具由高成本的软硬件系统转变为专业化、规模化、门槛低的开源数据处理工具,提供灵活、快速、便捷的数据处理能力。例如,大规模并行处理技术使得海量数据在多个计算节点之间进行逻辑分布,将所有工作负载分配到各个节点并行化处理,根据数据量增长通过添加新节点扩充系统容量并提升系统性能,提供在相对较短时间内分析巨量信息的手段,克服了传统索引等计算模式无法在大规模表的处理上提供可接受的响应时间的难题。此外,开源 Hadoop 使用 MapReduce 模型提

---

① 中国机构编制网.中共中央 国务院关于构建更加完善的要素市场化配置体制机制的意见[EB/OL].(2020-04-10)[2023-03-28]. www.scopsr.gov.cn/xwzx/szyw/202004/t20200410_374261.html.

供了以分布式存储巨量结构化、半结构化、非结构化数据的解决方案;大数据云提供了包括分析功能的云存储和集成整合能力;统计计算和图形语言开发的模型可以在多种环境、不同平台和协作开发中实现;数据可视化工具使用内存架构,用户能够与数据交互,展示难以识别的大数据集模式,适用于数据隐藏的趋势和因果关系分析。

在劳动对象层面,开放、异构、多源、海量的在线数据本身成为核心,依托统一的数据标准规范,构建多领域数据开发利用场景,使得在线数据生成、数据收集、数据管理、数据应用形成闭环,全面提升数据要素价值,促进生产者和生产工具持续优化,推动生产方式从单纯的数据驱动向数据创新模式转变。

(三)以新一代信息技术为驱动引擎

如前所述,"互联网+"是以互联网为主的一整套信息技术在经济、社会生活各部门的扩散、应用过程。从业内共识来看,这里指的"一整套信息技术"主要包括云计算、大数据、移动互联网、物联网等技术。这些技术相互融合构成的整体架构将成为"互联网+"模式落地应用并快速发展的驱动力量。

从整体架构上看,云计算可视为大脑,负责将互联网上的硬件、操作系统、应用软件、数据资源等整合起来,为互联网上的各类终端和传感器提供计算资源、存储资源、数据资源的支持和服务。用户通过各类终端、传感器、网络链路与大脑进行交互,向"云"上载数据,从"云"下载服务。大数据是大脑的资源池,它不仅存储着各类终端、传感器收集的数据,还存储着基于这些源数据分析挖掘得到的隐藏数据,既有信息的原材料,又有信息的模式;既有现实的状态,又有未来的预测。移动互联网、物联网是末梢神经系统,如听觉、视觉、触觉、嗅觉等,它是大脑与外界交互的接口,负责数据的感知、采集、传输以及大脑各类反馈的呈现,将人与人、人与物、物与物连为一体,实现人类社会、信息空间和物理世界三者的协同融合。

云计算是分布式计算、效用计算、并行计算、网络存储、虚拟化等多重技术的创新集成和混合演进,它提供了按需租用计算能力的网络服务,将计算能力转换为类似水、电之类的商品进行购买、取用和流通,可以大量节省用户的运维成本,集中精力在自身业务上。从这个角度来看,云计算是对其技术和应用所涉及的基础设施、运维方式和服务模式的创新,有学者将其表示为:云计算=(数据+平台+软件+基础设施)×服务[①]。云计算在落地过程中根据服务类型不同分为 IaaS(Infrastructure as a Service,IaaS)、PaaS(Platform as a Service,PaaS)、SaaS(Software as a Service)三种形式,根据部署范围不同分为公有云、私有云、混合云三种形式。在推动"互联网+"相关新型基

---

① 刘继承.互联网+时代的IT战略、架构与治理:传统企业信息化转型的顶层设计[M].北京:机械工业出版社,2016:29.

础设施建设过程中,将适应重点行业融合创新发展需求,实施云计算工程,提升 IaaS 公共云服务能力,引导各个行业信息化应用向云计算平台迁移。同时,从折中成本和安全两个方面考虑,引入第三方权威机构、云保险等云安全风险管理方式,或采用混合云架构实现公有云和私有云交互对接,解决降低信息化成本和保护数据安全之间的矛盾。

大数据是指无法在一定时间内用传统数据库软件工具对其内容进行抓取、管理和处理的数据集合,具有体量大、多样性、价值密度低、增长速度快等基本特征。大数据不仅在数据规模上特别大,且数据类别极为丰富,增长的数据量日益趋向于半结构化和非结构化。典型的大数据框架 Hadoop 采用分布式存储方式提高数据读写速度和扩大存储容量,采用 MapReduce 整合、分析、处理分布式文件系统上的数据,采用存储冗余数据来保证数据安全性。可见,大数据与云计算密不可分,如果把大数据看作是"电",云计算就是"发电机"。在"互联网+"时代,大数据驱动的精准定位引擎将颠覆传统的业务决策模式和执行过程,大数据技术通过获取、汇集、存储、传输、分析挖掘、使用消费互联网上的数据,使得遍布在网络上的海量数据成为一个富饶的金矿,从中发现并捕捉规律的踪迹,利用数据追踪、研究、理解规律,选择对的决策方案,从而推动政府和公共信息资源开放共享,支持公众和企业充分挖掘信息资源的商业价值,促进互联网应用创新。

移动互联网是指移动通信终端和互联网相结合成为一体,是用户使用手机、PAD 或其他无线终端设备,通过速率较高的移动网络,在移动状态下随时、随地访问 Internet 以获取信息,使用商务、娱乐等各种网络服务[①]。物联网是指通过信息传感设备,按约定的协议,将任何物体与网络相连接,物体通过信息传播媒介进行信息交换和通信,以实现智能化识别、定位、跟踪、监管等功能[②]。可见,移动互联网和物联网面向的是人与人、人与物、物与物之间的信息交互和共享,既是"互联网+"的基础,也是云计算、大数据发挥功效的保障。因此,要提升移动终端产品的智能化水平,丰富可穿戴设备的应用服务,推动互联网技术与智能感知、智能分析、智能控制等技术的融合应用,使互联网下沉为各行业、各领域、各区域都能使用的、人机物泛在互联的基础设施,为"互联网+"发展巩固网络基础。

(四)以开放共享、融合创新为演进路径

在《国务院关于积极推进"互联网+"行动的指导意见》中,将"坚持开放共享""坚持融合创新"列为基本原则。可见,"互联网+"呈现出开放共享与融合创新迭代式发

---

① 汪文斌.移动互联网[M].武汉:武汉大学出版社,2013:2.
② 黄长清.智慧武汉[M].武汉:长江出版社,2012.

展的演进路径,开放共享是融合创新的前提,融合创新的成果反哺新一轮的开放共享。只有先营造出开放包容的"互联网+"发展环境,各类社会资源才能依托互联网实现资源优化配置,各行业、各领域才能最大程度汇集各类要素资源来进行数实融合、数智融合,形成"互联网+"背景下传统产业、新兴产业、公共服务提质增效和转型升级的创新成果。再将这些成果进行资源共享和转化,推动跨区域、跨领域的创新成果转移和新一轮的协同创新。这一过程持续迭代,直至形成以互联网为基础设施和创新要素的经济社会发展新形态。

在发展环境方面,应从体制机制、法律法规、标准规范等方面营造互联网公平安全的竞争环境。一是针对互联网与各行业融合发展的新特点,贯彻落实中共中央、国务院关于深化体制机制改革加快实施创新驱动发展战略,制定实施各行业互联网准入清单,允许各类主体依法平等进入纳入清单管理的领域。二是加快"互联网+"相关立法工作,研究、调整、完善不适应"互联网+"发展和管理的现行法规及政策规定,完善网络信息保护、信息公开、反垄断等配套规定规则。三是推动各行业、各领域在技术、标准、监管等方面的充分对接,破除行业壁垒。四是加强"互联网+"关键领域重要信息系统的安全保障,完善网络安全监测评估、网络数据共享利用、数据跨境流动等措施,确保数据安全。

在开放共享方面,应按照先试点示范、后推广应用的原则,分级分类有序推进各类要素资源开放和共享。一是在国家和地方层面开展政府信息和公共数据开放利用试点,按照重要性和敏感程度分级分类推进政府和公共信息资源开放共享。二是加大国家级平台在线和网络化开放力度,引导教育机构、社会团体、企业或个人发起开源项目,支持创新关键技术研发及应用示范,形成的创新成果通过互联网向社会开源,鼓励各类主体依托互联网开源模式构建新兴生态。三是建立各类可开放数据的对接机制,加快完善信息交换开放标准体系,打通各领域之间的数据壁垒,实现信息充分共享与互联互通,同时加大对新业态、新模式等创新成果的知识产权保护力度,消除开放共享引起的知识产权和专利侵权风险。

在融合创新方面,应从思维观念、标准规范、应用场景、人才培养等方面部署互联网与各领域深度融合创新。一是深化全社会对互联网融合创新的认识,引导全社会充分发挥互联网创新驱动作用,形成万众创新的浓厚氛围,鼓励传统行业树立互联网思维,提高运用互联网的意识和能力。二是制定完善基础共性标准、关键技术标准等"互联网+"融合标准体系,同步推进国际、国内标准化工作,增强在国际标准化组织(ISO)、国际电工委员会(IEC)、国际电信联盟(ITU)等国际组织中的话语权。三是推动互联网与制造业、现代农业、能源系统、金融业、电子商务、公共服务等领域深度融合,发展基于互联网的协同制造、生态农业、智慧能源、普惠金融、跨境电商、益民服务等新模式。四是面向"互联网+"融合发展需求,加强"互联网+"领域实验教学,推进"互联网+"专业技术人才培训,引进和培养一批"互联网+"领域高端人才,打造产学研用合作的"互联网+"创新联盟。

(五)以网络聚能赋能释能为转型支柱

基于"互联网+"实现变革转型的核心就是利用互联网的规模优势和应用优势,实现互联网上信息基础设施、资源要素、服务能力等的按需优化配置,充分发挥互联网在网络聚能、信息赋能、体系释能上的支柱作用。

网络聚能是指依托泛在互联的信息基础设施,连接与经济社会活动相关的人、机、物等生产生活要素,面向各类主体需求汇聚网络基础设施、海量计算存储平台系统、智能移动传感终端等所具功能,达成人、机、物等安全可靠入网和各类业务在线运行,支撑"互联网+"产业生态体系高效集成、敏捷响应、整体联动,实现各类要素的依网聚合能力、依网调配能力和依网共享能力。

信息赋能是指基于新兴基础设施构建的网间互联互通环境,建立"云—网—端"上下游之间的动态信息传输和共享环路,促进感知、决策、控制、保障等信息资源跨领域、跨行业、跨区域融合与协同运用,通过信息高效融合、快速流动、交互共享达成信息增值,并作用于劳动力、资本、技术、数据等生产要素生成能力增量,实现信息能力向决策能力和行动能力的转化。

体系释能是指通过网络聚能、信息赋能,有效贯通国家机关、团体、企业事业单位和其他组织以及个人等各类主体,有机融合传统产业、新兴产业、公共服务业等领域,基于法律法规和标准规范无缝重组、动态聚合各领域各要素,促使开放共享具有体系支撑、融合创新得到极致发挥,实现特定时空或领域的信息优势、决策优势、行动优势,精准释放"互联网+"发展效能,整体跃升"互联网+"创新驱动能力。

总的来说,生成网络化、智能化、协同化的"互联网+"产业生态体系,需要将基础设施、系统、数据等各类要素以数字形式进入、以网络形式贯通、以服务形式共享、以智能形式创新,同时还需要以标准规范和法律法规为基本约束,以安全有序为基础保障,形成"互联网+"新形态。

三、"互联网+"的应用领域

从《国务院关于积极推进"互联网+"行动的指导意见》中提出的"重点行动"内容中可以看出,"互联网+"是以重点领域布局、新兴产业培育、公共服务模式创新为落地主线。因此,可以从上述三条主线出发,再结合《国民经济行业分类》(GB/T 4754—2017)对我国社会经济活动的分类标准,对"互联网+"的主要应用领域进行分类,如图2-1所示。

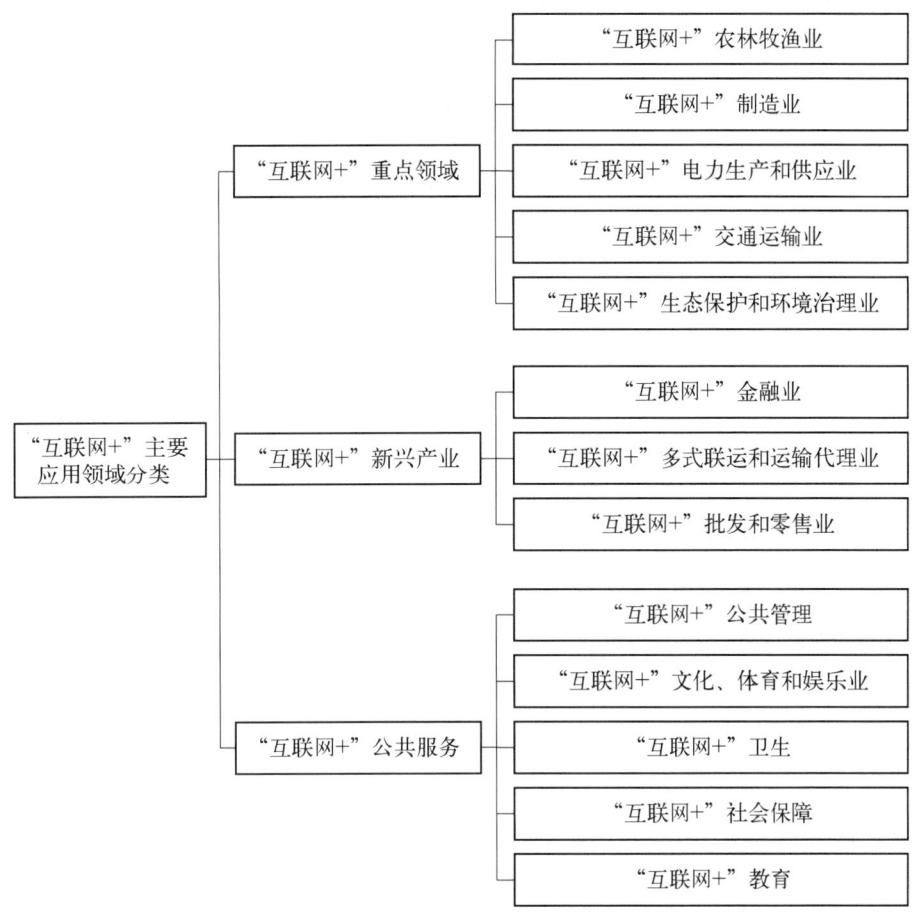

图 2-1 "互联网+"主要应用领域分类示意图

(一)"互联网+"重点领域

"互联网+"重点领域主要包括"互联网+"农林牧渔业、制造业、电力生产和供应业、交通运输业、生态保护和环境治理业等类型。

"互联网+"农林牧渔业主要包括"互联网+"种植业、养殖业、农副产品加工业等类型。

"互联网+"制造业主要包括"互联网+"智能制造、大规模个性化定制、网络化协同制造、服务型制造等类型。

"互联网+"电力生产和供应业主要包括"互联网+"电力生产运维、可再生能源发电、电力消费、智能电网等类型。

"互联网+"交通运输业主要包括"互联网+"交通运输资源集成、交通运输科学治理、交通运输服务等类型。

"互联网+"生态保护和环境治理业主要包括"互联网+"资源环境动态监测、环保、废旧资源回收利用、废弃物在线交易等类型。

（二）"互联网＋"新兴产业

"互联网＋"新兴产业主要包括"互联网＋"金融业、多式联运和运输代理业、批发和零售业等类型。

"互联网＋"金融业主要包括"互联网＋"货币金融服务、资本市场服务、保险服务等类型。

"互联网＋"多式联运和运输代理业主要包括"互联网＋"物流信息联通共享、智能仓储、物流配送调配等类型。

"互联网＋"批发和零售业主要包括"互联网＋"农村电子商务、行业电子商务、跨境电子商务等类型。

（三）"互联网＋"公共服务

"互联网＋"公共服务主要包括"互联网＋"公共管理、文化体育和娱乐业、卫生、社会保障、教育等类型。

"互联网＋"公共管理主要包括"互联网＋"政府公共服务、社会管理服务、信用信息共享等类型。

"互联网＋"文化、体育和娱乐业主要包括"互联网＋"体验式购物、社区服务、共享服务等类型。

"互联网＋"卫生主要包括"互联网＋"医疗数据共享服务、医疗卫生便捷服务、远程医疗服务、重大疾病和突发公共卫生事件防控等类型。

"互联网＋"社会保障主要包括"互联网＋"城市服务、个性化健康管理服务、居家养老服务等类型。

"互联网＋"教育主要包括"互联网＋"数字教育资源和教育服务平台建设、公共教育服务、高等教育服务等类型。

四、"互联网＋"对档案事业的影响

档案是国家重要信息资源和独特历史文化遗产，档案工作是维护党和国家历史真实面貌、保障人民群众根本利益的重要事业。进入"十四五"以来，档案价值日益凸显，档案工作对党和国家各项事业的基础性、支撑性作用更加突出。可以说，档案事业主动适应国家治理体系和治理能力现代化要求，坚持高质量发展，档案工作在服务中心大局、资政参考、法治建设、资源建设、信息化建设、开发利用、馆库建设、人才队伍建设等方面取得显著成果。随着协调推进"四个全面"战略布局，网络强国、数字中国、智慧社会等发展战略全面实施，新一代信息技术广泛应用，人类已经深度融入信息社会，互联网成为全社会快捷高效运行的坚强支撑。"互联网＋X"模式使得档案工作环境、对象、内容发生巨大变化，党和国家、人民群众对档案治理能力水平、档案优质高效服务质量等提出了更为迫切的需求,必须加快数字化转型和智能升级步伐,创新档案工作理念和模式。

(一)"互联网+"对档案事业发展理念的影响

发展理念是发展行动的先导,是管全局、管根本、管方向、管长远的东西,是发展思路、发展方向、发展着力点的集中体现[①]。其中,发展思路包括指导思想和基本原则,发展方向包括发展目标和要求,发展着力点包括主要任务和实现指标。在档案领域,《全国档案事业发展规划》等是对我国档案事业发展具有战略意义的指导性文件,为档案事业发展规定目标和方向,明确工作重点,引导参与主体行为,是每五年各级档案部门履行职责的重要依据。

表2-1列举了"十二五""十三五""十四五"全国档案事业发展规划的部分内容,旨在通过国家层面指导性文件的对比,发现"互联网+"形成前后国家档案行政管理部门在指导思想、发展目标、主要任务等方面的变化。

表2-1 "十二五""十三五""十四五"全国档案事业发展规划节选对比

规划	指 导 思 想	发 展 目 标	主 要 任 务
"十二五"全国档案事业发展规划	以邓小平理论和"三个代表"重要思想为指导,全面落实科学发展观,围绕党和国家工作大局,推进覆盖人民群众的档案资源体系、方便人民群众的档案利用体系和确保档案安全保密的档案安全体系建设。按照"确保档案安全,加快业务创新,狠抓基础建设,激发队伍活力"的工作要求,通过档案工作管理体制和运行机制的改革创新,促进档案事业全面、协调、可持续发展,更好地为党和国家各项事业服务,为人民群众服务。	建立与国家经济和社会发展相适应的档案工作体制与机制,充分发挥档案和档案工作服务各项建设事业、服务人民群众的作用。 (1)构建法制统一、依法行政、有效监督、高效服务的档案法制工作体系。 (2)进一步加强档案基础设施建设。 (3)进一步丰富并优化各级档案馆馆藏。 (4)强化"国家重点档案抢救与保护专项经费"落实力度。 (5)加快数字档案馆及电子文件(档案)备份中心建设。 (6)加快档案管理鉴定的进度,依法开放应开放的档案。 (7)加强档案安全体系建设,提高档案的容灾及灾备能力。 (8)加强档案事业自身的科学发展,提高档案工作为国家科学发展服务的能力和水平。	(1)档案法制工作。 (2)档案信息化工作。 (3)档案馆工作。 (4)机关、团体档案工作。 (5)企业档案工作。 (6)农业农村档案工作。 (7)档案科技工作。 (8)档案人才工作。

---

① 中国政府网.习近平:关于《中共中央关于制定国民经济和社会发展第十三个五年规划的建议》[EB/OL].(2015-11-03)[2023-03-28]. www.gov.cn/xinwen/2015-11/03/content_5004118.htm.

续 表

规划	指导思想	发展目标	主要任务
"十三五"全国档案事业发展规划	全面贯彻党的十八大和十八届三中、四中、五中全会精神，以马克思列宁主义、毛泽东思想、邓小平理论、"三个代表"重要思想、科学发展观为指导，深入贯彻习近平总书记系列重要讲话精神，紧紧围绕协调推进"四个全面"战略布局，牢固树立和贯彻落实创新、协调、绿色、开放、共享的发展理念，坚持档案事业依法管理、走向开放、走向现代化，深化两办《意见》落实，继续实施"以人为本、服务为先、安全第一"战略，深入推进"三个体系"建设，加快完善档案治理体系、提升档案治理能力，为夺取全面建成小康社会决胜阶段的伟大胜利作出积极贡献。	到2020年，初步实现以信息化为核心的档案管理现代化，基本建成与全面建成小康社会相适应、有效服务国家治理和"五位一体"建设的档案事业发展体系。 (1) 档案治理法治化。 (2) 档案资源多样化。 (3) 档案利用便捷化。 (4) 档案管理信息化。 (5) 档案安全高效化。 (6) 档案队伍专业化。	(1) 全面推进档案法制建设。 (2) 有效推进档案资源体系建设。 (3) 深化和拓展档案利用服务。 (4) 加快档案管理信息化进程。 (5) 强化档案安全保障。 (6) 加强档案队伍建设。
"十四五"全国档案事业发展规划	以习近平新时代中国特色社会主义思想为指导，深入贯彻党的十九大和十九届二中、三中、四中、五中全会精神，立足中华民族伟大复兴战略全局和世界百年未有之大变局，增强"四个意识"、坚定"四个自信"、做到"两个维护"，紧紧围绕统筹推进"五位一体"总体布局和协调推进"四个全面"战略布局，立足新发展阶段，贯彻新发展理念，构建新发展格局，坚持系统观念，以高质量发展为主题，全面推进档案治理体系和档案资源体系、档案利用体系、档案安全体系建设，深化档案信息化战略转型，强化科技和人才支撑，着力推动档案工作走向依法治理、走向开放、走向现代化，为开启全面建设社会主义现代化国家新征程、实现第二个百年奋斗目标贡献档案力量。	到2025年，档案工作走向依法治理、走向开放、走向现代化取得实质性进展，形成与新时代中国特色社会主义事业相适应的档案事业发展新局面，为建设档案强国奠定坚实基础。 (1) 档案治理效能得到新提升。 (2) 档案资源建设迈出新步伐。 (3) 档案利用服务达到新水平。 (4) 档案安全防线得到新加强。 (5) 档案信息化建设再上新台阶。 (6) 档案科技创新实现新突破。 (7) 档案人才队伍建设取得新发展。 到2035年，档案资源建设质量、档案利用服务水平、档案治理效能和管理现代化程度进入世界前列。	(1) 全面推进档案治理体系建设，提升档案治理效能。 (2) 深入推进档案资源体系建设，全面记录经济社会发展进程。 (3) 深入推进档案利用体系建设，充分实现档案对国家和社会的价值。 (4) 深入推进档案安全体系建设，筑牢平安中国的档案安全防线。 (5) 加快推进档案信息化建设，引领档案管理现代化。 (6) 加快推进档案科技创新，助力档案工作转型升级。 (7) 加快推进档案人才培养，提升档案智力支撑能力。 (8) 深入推进档案对外交流合作，提升国际影响力和贡献力。

1. 对档案事业发展指导思想的影响

从"三个代表"重要思想到科学发展观再到习近平新时代中国特色社会主义思想，从"五位一体"总体布局到"四个全面"战略布局再到新发展理念，全国档案事业发展的指导思想始终与时俱进，与党和国家的指导思想、路线、方针、政策保持高度一致。按照党在新形势下治国理政总方略，全国档案事业发展规划紧密围绕国家经济建设、政治建设、文化建设、社会建设、生态文明建设等方面，以档案事业"四个体系"建设和高质量发展为主线，形成了具有中国特色的"三个走向"发展道路，是档案事业本质属性、人民立场、时代特征、法治思想、创新思维的集中体现，为确立我国档案事业理论、制度、道路提供了基本遵循。

自国家"互联网+"行动计划提出以来，档案的地位作用、应用领域、生成来源、管理方法、利用模式等发生了巨大变化。档案作为国家基础性战略资源，在国家治理体系和治理能力现代化中的基础性和支撑性作用更加明显，档案工作与电子政务、公共服务等领域广泛融合，多源、异构、海量电子文件形成加快了电子档案管理数字转型，"互联网+"档案信息开放共享和利用服务模式成为发展趋势。"十三五"以来，全国档案事业坚持党的领导、坚持人民立场、坚持依法治档、坚持改革创新、坚持安全底线，将互联网作为提升档案治理效能、提升档案利用服务能力、推进档案信息化建设、管控档案安全风险、推进档案人才培养等的重要载体，依网治档、依网归档、依网管档、依网用档，档案工作与以互联网为主的一整套信息技术深度融合，以数字化、网络化、智能化为核心的档案管理现代化水平显著提升。

2. 对档案事业发展目标要求的影响

对比三个规划的发展目标和要求，互联网从一种构建档案信息化基础设施的工具，进阶成为一种重构档案信息化管理的新模式，进而演变为推动档案强国建设的新思维、新战略。

在《全国档案事业发展"十二五"规划》中，"网络"一词更多是以工具属性出现。例如，"加强以计算机网络设备和数据库为主要内容的档案信息化基础设施建设""各级国家档案馆加快数字档案馆建设步伐，有条件的要完成数字档案馆建设，并提供网络信息服务""通过网络平台和媒体发布档案信息，逐步开展远程共享服务""实现网络、光盘、纸张等各种形式的档案信息共享""运用网络、光盘等形式，远程培训档案人员"[①]等。至"十二五"末，我国初步建成以局域网、政务网、因特网为基础，支撑档案利用、档案信息发布的网络平台。

在《全国档案事业发展"十三五"规划纲要》中，"网络"用于形容档案信息化管理模

---

① 教育部.教育部办公厅关于转发国家档案局中央档案馆《全国档案事业发展"十二五"规划》的通知[EB/OL].(2011-02-11)[2023-03-28]. www.moe.gov.cn/srcsite/A01/s7048/201102/t20110211_171898.html?isappinstalled=0.

式。例如,"全面推进档案资源存量数字化、增量电子化、利用网络化"①等。这代表了网络作为一种信息技术被高度应用,形成档案管理与信息社会深度融合,档案信息资源潜力有效发挥,档案管理行为、决策、运行模式趋于合理化的理想状态。

在《"十四五"全国档案事业发展规划》中,"网络"作为档案信息化建设进一步融入网络强国、数字中国建设的出发点,成为新旧思维模式转变的战略基点。网络在档案工作中的应用更为广泛,与档案事业各项工作的融合更为深入,与档案管理的数字化、智能化的联系更为紧密。例如,"提升档案治理网络化、智能化、精细化水平""推进数字化、网络化宣介展示,生动反映新时代取得的历史性成就""完善档案行业网络与信息安全信息通报机制""各级档案主管部门全面建立网络安全与信息化工作组织协调机制""建设全国档案继续教育网络平台"②等。

值得注意的是,《"十四五"全国档案事业发展规划》是以中办、国办名义印发的专项规划,这在新中国档案事业发展史上具有里程碑意义,充分体现了党和国家对档案事业的高度重视和深切关怀。与之前的规划相比,"十四五"规划的发展目标突出一个"新",即在立足新发展阶段、贯彻新发展理念、构建新发展格局带来的新机遇和新挑战的背景下,迫切需要档案工作面向新环境、新对象、新内容,广泛应用新一代信息技术,创新档案工作新理念、新方法、新模式,推动档案工作高质量发展。无论是哪一种"新",其基点都离不开互联网,其形式都离不开"互联网+"的规定范式,各级档案部门必须贯彻创新、协调、绿色、开放、共享的新发展理念,构建系统完备、高效实用、安全可靠的档案信息化基础设施,加强档案资源质量管控和数字转型,推进数字档案馆(室)和档案信息资源共享平台建设,提升档案的资政服务、公共服务和文化教育能力。

3. 对档案事业发展主要任务的影响

从三个规划涉及的主要任务来看,档案事业各项工作与互联网之间不断互动、融合、创新,从简单的"加法"连接转变为在整个事业中的扩散应用,其过程同样是在档案信息基础设施广泛部署、档案信息数据跨域流动共享以及有关组织和制度创新等背景下完成的,符合"互联网+"的形成发展过程、特征及应用场景。

在《全国档案事业发展"十二五"规划》中,互联网技术重点应用于档案信息化工作、档案馆工作、农业农村档案工作、档案人才工作等任务,属于前文所述的"互联网+"重点领域和"互联网+"公共服务的范畴,主要强调构建档案信息化基础设施,打造"一站式"档案信息资源共享和服务平台,加强涉农档案资源整合共享,为社会提供全

---

① 国家档案局.国家档案局印发《全国档案事业发展"十三五"规划纲要》[EB/OL].(2016-04-07)[2023-03-28]. https://www.saac.gov.cn/daj/xxgk/201604/4596bddd364641129d7c878a80d0f800.shtml.
② 国家档案局.中办国办印发《"十四五"全国档案事业发展规划》[EB/OL].(2021-06-09)[2023-03-28]. https://www.saac.gov.cn/daj/toutiao/202106/ecca2de5bce44a0eb55c890762868683.shtml.

方位的档案信息服务等。

"十三五"以来,在数字中国、国家政务信息化工程建设等背景下,互联网应用于档案事业各项工作的范畴进一步扩展,以数字档案馆建设为切入点,加快推进互联网、大数据等信息技术与档案工作的深度融合。档案资源种类进一步丰富,新经济组织、新兴行业、新兴产业档案和档案工作纳入国家档案资源体系和监管范围。档案管理模式进一步优化,依托网络收集、管理各类办公系统、业务系统产生的电子文件以及重要网页资源和社交媒体文件,探索电子档案单套制、单轨制管理试点。档案信息利用渠道进一步拓宽,建立开放档案信息资源社会化共享平台,优先推动与民生保障服务相关的档案数据开放,探索助力数字经济和社会治理创新的档案信息服务,拓宽通过档案网站和移动终端开展档案服务的渠道。这一期间,互联网与档案事业的结合点从"重点领域"档案管理拓展到"重点领域+新兴产业"档案管理,从"简单查询"的档案信息公共服务拓展到"整合+共享+创新"的档案信息公共服务,强调在基础设施和数据资源的基础上进一步深度开发、融合创新,实现档案事业提质增效和转型升级。

在《"十四五"全国档案事业发展规划》中,"互联网+"融入档案事业各项工作的路径愈发清晰。在推进档案治理体系建设方面,以"互联网+监管"作为档案业务监督指导的新方式,采用档案业务在线监督指导方式建立档案数字治理新模式,推动档案治理"网络化"融入各项业务全流程。在档案信息化建设方面,对"互联网+政务服务"等领域电子文件应归尽归,依托网络完善政务服务数据归档机制,强化档案管理信息系统在线实时归档功能建设。在档案人才培养方面,开发档案教育培训数字课程,依托互联网建设全国档案继续教育网络平台,实现档案教育和培训资源共享。

(二)"互联网+"对档案工作模式转型的影响

"互联网+"释放了互联网全连接、零距离的优势,使得"互联网+"背景下的档案工作从面向内部的管理模式转变为面向用户需求的服务模式,由此必然会带来整个档案工作运行模式的重构。对于各类用户而言,档案工作服务中心大局是否精准有力,服务国家战略是否成效显著,在资政、公共服务、文化教育方面作用发挥是否有效,是评价"互联网+"背景下档案工作转型成功与否的标志。因此,"互联网+"对档案工作模式转型的影响主要体现在如何利用互联网的规模优势和应用优势,实现档案信息基础设施、资源要素、服务能力等的按需优化配置,形成"智慧"的档案信息服务模式,充分发挥互联网在网络聚能、赋能、释能上的积极作用。

1. 智慧型档案信息服务的概念

智慧型服务作为基于互联网及其配套智能信息技术的服务模式,与传统服务策略、服务方式、服务资源相比,除了依托各类智能产品外,还强调面向用户需求、强调互动创造价值,从而拥有更为便捷的获取通道、高效的反应速度和精准的服务内容。

因此,从档案信息服务角度来看,智慧型服务是指档案信息服务主客体之间通过网络化平台和智能产品,以互动形式实现互利需求的活动,如图 2-2 所示。具体来说,可以从以下几个方面对智慧型档案信息服务进行认识和理解。

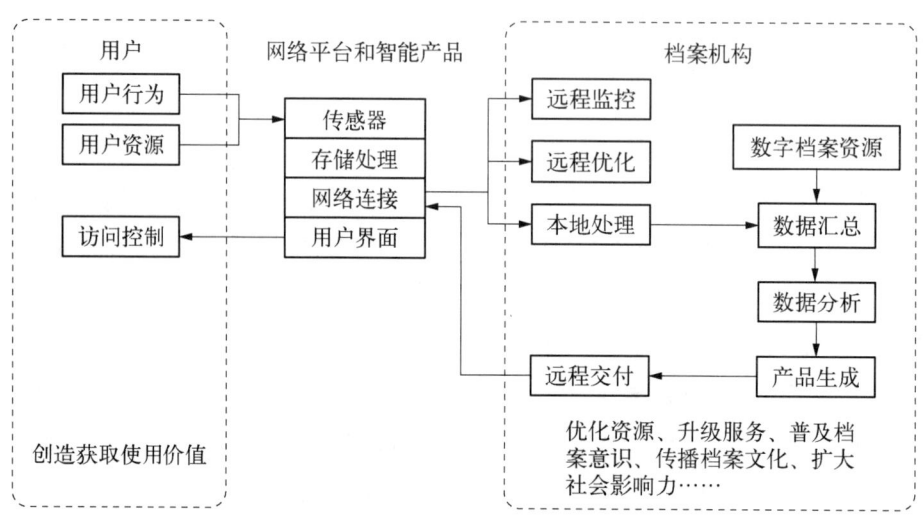

图 2-2 智慧型档案信息服务系统示意图

(1) 网络化平台和智能产品是基础

智慧型服务通常通过一个具有智慧的"接口"传递给用户,该"接口"具有自主感知自身条件及周围环境的能力,支持档案机构与用户之间跨边界的信息和知识转移,能够实现远程实时数据收集、持续沟通和互动反馈的功能。这个"接口"在任何地点和时间都可供用户使用,可以是基于网络化、智能化的信息服务系统,也可以是手机、智能传感器、智能穿戴等移动设备。

(2) 互动是核心

智慧型服务过程中的互动是指人与人、人与物、物与物之间的互联互通、互相感知、互相交流,它贯穿于服务设计、服务实施、服务运营、服务改进、服务监管的整个服务生命周期①。互动不仅是档案机构精准感知和理解用户需求的先决条件,也是增强用户信任度、提升用户服务体验的重要方式。互动形成的数据是整合用户和档案机构

---

① Cater-Steel A, Zarnekow R, Wulf J. IT service management in the academic curriculum: comparing an Australian and German experience[C]. The 15th Pacific Asia Conference on Information Systems, Brisbane, Australia, July 7-11, 2011.

资源及其活动的结果。这类数据越丰富,用户端的隐性行为、喜好就越明显,档案机构就越能提供与用户需求相适应的数字服务。

(3) 互利是目标

与传统档案信息服务不同,创造价值、多方受益是智慧型服务的最终成效,其实现依赖于主客体之间的交互创新。用户和档案工作者的智慧融入资源整合、信息共享、行为协同等方面,使得档案信息服务的内容从以原始档案信息及其编研产品为中心转变为以吸收参与者经验形成的解决方案等知识产品为中心,用户创造并获取使用价值,同时档案机构资源得以优化,服务得以升级,社会档案意识和档案文化影响力也逐步增强。

总之,具有"智慧"的档案信息服务是一个系统的、生态的服务体系,既有智慧的服务方式,又有智慧的服务资源。智慧与服务的充分融合,可以使服务活动中的各个构成要素变得越来越聪明和灵活,做到对用户信息的主动感知和全面学习,发挥服务主体和用户双方的参与性和创造性,为与日俱增的多元化需求提供自主的信息泛在服务。

2. 对档案信息服务类型的影响

从智慧型服务的概念可以看出,它不仅是一种高度互动的服务,还是一种持续提供的服务。服务双方之间资源的交互,特别是用户端在服务过程中的参与程度是智慧型服务的核心特征。因此,按照服务双方的参与方式,可以将智慧型服务划分为服务主体主动式服务、服务客体自助式服务和交互式服务三种类型。图2-3给出了智慧型服务中双方参与方式、服务资源和用户活跃程度三者之间的关系,箭头表明档案机构可以按照不同的发展路径提高用户参与程度,从而提升档案信息智慧型服务水平。

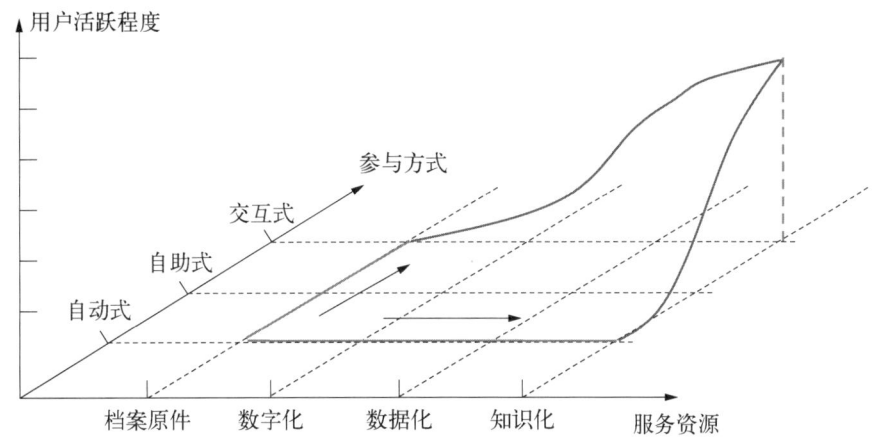

图2-3 智慧型服务参与方式、服务资源和用户活跃程度的关系示意图

（1）服务主体主动式服务

主动式服务以服务主体（通常是档案机构）的活动为主，对档案机构的信息收集、数据分析、资源开发等服务能力要求更高。

一方面，档案机构要通过智能产品或软硬件系统实时收集用户端信息，包括用户用于账户注册、管理、实名认证等活动提交的姓名、身份证号、联系电话、人脸生物信息，用户使用设备或软件时的时间、地理位置、IP地址，用户利用档案的历史记录、浏览内容和持续时间等。

另一方面，档案机构利用采集到的信息与档案资源相结合，制定服务策略、设计服务形式和持续改进服务内容。首先，以实名认证、生物认证信息等作为用户继续获得服务的前提，判断账户风险，进行身份验证，采取安全检测和防范，保护用户信息、财产安全免遭侵害。其次，结合用户行为习惯、利用历史记录、所处位置等开发档案资源，优化服务内容，响应用户个性化需求，给用户推荐感兴趣的功能、帮助和指示服务。最后，定期邀请用户参与有关档案信息产品和服务的调查和评价，以便进一步优化服务和资源开发。

（2）服务客体自助式服务

自助式服务以服务客体（通常是用户）的活动为主，要求用户积极参与到服务过程中，从某种角度上看，这是用户替代档案机构人员角色为自己提供的服务，档案机构的工作人员一般不直接参与服务过程。

在自助式服务过程中，用户享受服务的方式由传统的馆员查档型向网络型、移动型转变，服务用户的对象由档案机构人员向服务系统、移动设备转变，用户评价服务的好坏从服务人员是否热情、服务环境是否舒适向服务界面是否友好、人机交互是否便捷转变。

由于自助式服务通常是基于完全自动化的服务流程，没有档案机构人员的现场支持，这就要求档案机构服务理念主动向前置位转变，做到未雨绸缪、有的放矢。首先，根据时代发展动向和社会发展需求提前做好档案资源的数据整合、信息关联和知识发现工作。其次，按照法律法规、国家和行业标准提前制定分区域、分部门、分主题、分对象的服务框架和内容。再者，提供满足全天候服务的软硬件系统等技术基础设施。最后，以自动问答和知识对话技术为核心提前设计满足服务咨询需求的智能客服系统，形成标准化、可追溯、对用户友好的档案资源在线服务系统，使用户能够自助查询信息、办理业务、参与活动、咨询问题、反馈建议等。

（3）交互式服务

交互式服务需要服务主客体的同时参与，强调双方的互动和协作，是多方共同努力的过程。交互式服务作为档案机构普及档案意识、传播优秀档案文化、扩大档案工作影响力的重要方式,是目前以及未来相当长一段时间内智慧型档案信息服务的发展方向。为了增强服务双方在档案信息服务中的主观能动性,提升智慧型服务的感观体验、交互体验和情感体验,档案机构应重点做好以下几个方面的工作。

首先,档案机构要进行档案信息服务平台或系统的功能升级,加大档案信息服务软硬件产品的开发力度。研究表明,用户对智慧型服务的认可程度取决于智能产品在其生活中的嵌入程度[①],嵌入程度越高,用户对服务的关注度和认可度就越高。例如,在疫情防控工作中,上海市"一网通办"依托大数据资源平台汇聚了国家及本市公共管理机构的数据,经过数据建模和分析评估,测算出红、黄、绿三种风险状态,并在手机移动端打造"随申码",只有持"绿码"的人才能通过交通卡口、返回单位复工、出入公共场所,成为城市疫情防控工作的必备元素。档案机构也应将档案信息服务平台和智能产品作为感知用户需求、提供实时服务、实现智能交互的重要工具,例如通过智能穿戴设备实时采集病人身体健康数据,结合医疗档案,针对疾病隐患及时提醒或给出相应建议,提高数字智慧型档案信息服务的社会影响力和认同感。

其次,档案机构应在智慧型服务过程中建立完善的服务协议,并提供适当的管理权限,允许用户通过该权限中止、改变和指导服务,并将服务活动全过程的详细信息形成文档,由双方同时记录在案以供追溯查询。这种交互过程透明化以及控制机制的存在,使得用户得以全程融入服务过程,对用户服务体验起到积极的影响,从而提高智慧型服务的用户信任度。

最后,档案机构应多角度展示机构背景和历史服务信息(机构概况、人员设施照片、取得成绩、服务历史记录、奖励证书等),提高档案机构人员服务技巧和社交技能,增强用户对智慧型服务业务技能水平的信心。同时,主动采取激励措施吸引用户持续参与,创造适合于不同用户群体的服务组合,增强用户的角色清晰性和协作信念。例如,美国国家档案馆会将每年国内各个档案馆举办的活动以日历形式呈现在档案网站上,欢迎用户按照关键词、地理位置、活动类型等方式筛选满足自身需求的活动,并以志愿者、学生、求职者的身份加入档案馆的日常工作,通过表彰、记入档案、享受会员服务等方式鼓励人们以捐赠、资助、入会等形式支持国家档案馆工作,激励用户参与探索国家历史,理解公民责任。

总的来看,智慧型档案信息服务要求档案机构和用户通力合作,瞄准用户需求的盲点、痛点、难点,让齐全完整、丰富多元的档案资源借助互联网真正发挥档案特色和知识价值,形成品牌效应。

---

① Wünderlich N, Heinonen K, Ostrom A L, et al. "Futurizing" smart service: implications for service researchers and managers[J]. Journal of services marketing, 2015(6): 442-447.

3. 对档案信息服务特点的影响

(1) 服务理念趋于全程化

服务理念全程化是指智慧型服务是面向全过程设计的、持续提供的动态化服务，是贯穿档案信息服务整个生命周期之中的。

全过程的服务理念不仅重视档案信息获取和产品使用，更关注用户的服务体验及"售后"服务，能够更好地将档案信息服务融入用户的日常工作和生活。全程化的核心就是围绕用户需求来发现、整合、处理服务资源，通过设计符合用户身份和需求的服务与产品，让用户在整个服务过程中不仅获得所需档案信息，还能得到充分的尊重与享受，帮助其逐步确立起一种新的档案信息服务方式。随着用户需求的多样化和个性化，只有形成完整、多维的全生命周期档案信息服务链，包括前期的主动感知和后期的反馈维护，才能促进档案信息服务模式的创新和档案机构的持续发展，实现档案文化的再造和档案服务品牌的成长。

(2) 服务主体趋于智能化

服务主体智能化是指档案机构利用智能信息技术实现档案信息服务的自动化和先验化。

自动化表示智慧型服务依赖于档案信息服务平台或智能设备的计算智能和感知智能。随着电子信息技术和网络技术的飞速发展和广泛应用，依靠人力来实时收集和分析档案数字资源是不切实际的，因此需要利用快速可靠的互联设备通过多角度、多层次拓宽收集范围，并对数据进行提炼、关联和整合。先验化表示智慧型服务是先发制人的，依赖于档案信息服务平台或智能设备的认知智能。通过主动感知用户行为，预测用户需求，进行紧前服务，提前推送用户感兴趣的信息或者阻止不理想的结果或事件发生。

(3) 服务内容趋于增值化

服务内容增值化是指除了满足用户当前的服务需求之外，智慧型服务还能依托服务资源创造出全新的价值，以不同形式向服务双方进行反馈。

一方面，智慧型服务不仅能够使用户在获取档案信息的过程中消除不愉快的服务体验，享受超前的个性化服务，从而大幅提高用户满意度，而且能使用户在享受服务的同时看到自身创造的价值，发现自身积极参与的重要程度，这对档案机构的可信度和影响力会产生积极的影响。另一方面，由于整个服务过程中用户行为、服务质量等清晰可见，档案机构能够获得前所未有的用户需求和反馈，从而进一步给档案信息资源的开放、共享和整合提供持续的价值。

(4) 服务方式趋于远程化

服务方式远程化是指智慧型服务使得档案机构通常能够在当前所在的位置为用

户提供服务,不会让用户耗费时间和金钱到现场接受面对面的服务。

远程化的服务方式能够大大简化以往档案利用繁复的流程,缓解用户来回奔波之苦,提高了档案信息资源的服务利用效率,使档案机构不仅能够在任何时间、任何地点提供服务,还能将整个服务过程拆分成不同部分,由不同的服务提供方在不同位置去执行,降低了服务成本,增加了服务灵活性。

(5) 服务客体趋于可视化

服务客体可视化是指智慧型服务要求档案机构给用户提供可视化的交流互动渠道。

远程化服务使得用户和档案机构之间存在空间距离,当用户无法看到档案机构人员的服务过程时,他们很难评估其服务工作的时间、努力程度和质量,缺乏面对面的互动交流,成为在数字服务环境中建立信任等友好情感的重要障碍,而这些情感往往是在数字服务环境中增强用户信任度的决定因素。因此,档案机构应针对"如何提高远程服务接受度""提供哪些证据来证明服务的质量和工作量"等问题,充分利用可视化技术增强服务过程的可观测性,使档案信息服务过程和服务质量对用户透明,为用户提供服务监督管理和风险控制的选项,提高用户对高度自动化决策服务的认可程度,降低用户对无形且持续的敏感信息交换等潜在安全和隐私问题的担忧,为其积极参与并与档案机构共同创造新价值打下良好的基础。

第二节 多媒体档案基本理论

一、多媒体的概念及特点

(一) 多媒体的概念

1. 多媒体的概念溯源

"多媒体"一词最早出现在 1966 年,是美国演员 Bob Goldstein 在其电影"LightWorks at L'Oursin"开幕式上创造的词语。英国传奇乐队 Pink Floyd 在自己的音乐录像中加入了多种变换的背景影像,使观众在欣赏音乐的同时还可以有多种媒介感受。此时,"多媒体"主要用于描述前卫戏剧、混合媒体、表演艺术等。

经过数十年的发展,"多媒体"逐渐衍生出"计算机多媒体"的含义,成为形容计算机及其应用程序交互性的代名词。1976 年,苹果公司推出了第一台使用彩色图形的计算机 Apple Ⅱ,1984 年又发布了第一台使用图形用户界面(Graphical User Interface, GUI)的 Macintosh 计算机,1985 年微软发布了第一个版本的 Windows 操作系统。Macintosh 计算机和 Windows 操作系统改变了以往必须单独开发软件应用程序才能处理多媒体数据的现状,用户可以直接创建、处理、使用多媒体程序,创造性地形成了用户与计算机新的交互方式,为后续多媒体应用发展奠定了基础。1988 年,Macromedia 公司发布了具有里程碑意义的 Director 程序,该程序允许用户利用计算机创建令人惊叹的交互式多媒体演示。时至今日,Macromedia 公司开发的 Flash 软件在互联网上的大部分动画和多媒体方面仍有其大驱动作用,而 Director 软件广泛应用于高品质多媒体项目的集成开发。1995 年,德国语言协会(Gesellschaft fur deutsche Sprache,GfdS)授予"多媒体"一词为"年度词汇"称号,以表明该词在 20 世纪 90 年代对世界的重要性,该协会认为多媒体已经成为奇妙新媒体世界的中心词汇。此时,"多媒体"是指"由计算机传送的文本、图形艺术、声音、动画和视频的任何组合"[1],是以电子形式传输并能进行交互式访问的媒体组合。如今,提及"多媒体",无论是各类权威来源的定义,还是具体应用领域的使用和呈现方式,都基本沿用了这一理解。

2. 多媒体的定义

辞海对"多媒体"的释义是:全称"多媒体技术",集数值、文本、颜色、图形、动态与静态图像、视频、声音、音乐、语言等媒体的处理于一体,研究其产生、传递和交互处理的一种技术。[2]

百度百科对"多媒体"的释义是:多种媒体的综合,一般包括文本、声音和图像等多种媒体形式。在计算机系统中,多媒体指组合两种或两种以上媒体的一种人机交互式信息交流和传播媒体,使用的媒体包括文字、图片、照片、声音、动画和影片,以及程式所提供的互动功能。[3]

维基百科对"多媒体"(Multimedia)的释义是:使用不同内容形式(如文本、音频、图像、动画、视频和交互式内容)组合而成的内容,与仅包含纯文本的媒体内容或传统形式的印刷和手工制作材料形成对比。多媒体可以被记录、播放、显示,也可以与信息内容处理设备(如计算机等电子设备)交互或访问。[4]

在动态图像专家组(Moving Picture Experts Group,MPEG)制定的国际标准 MPEG-7 中,多媒体包括音频、语音、静止图像、视频、图形图表、三维模型以及关于这些对象在场景中如何组合的信息[5]。实质上,MPEG-7 定义的"多媒体"除了包含音

---

[1] Vaughan T. Multimedia: Making it Work[M]. New York: McGraw Hill, 1993: 1.
[2] 辞海[M]. 上海: 上海辞书出版社, 2009: 430-431.
[3] 百度百科.多媒体[EB/OL]. (2021-01-26)[2021-01-31]. https://baike.baidu.com/item/多媒体.
[4] Wikipedia. Multimedia[EB/OL]. (2014-10-16)[2019-12-11]. https://encyclopedia.thefreedictionary.com/multimedia.
[5] Manjunath B S, Salembier P, Sikora T. Introduction to MPEG-7 multimedia content description interface[M]. West Sussex: Wiley, 2002: 9.

频、图像、视频等客观对象本身,还包括支撑这些对象的管理、存储、交换、发现、检索、访问等活动的描述,例如对象的低层特征(如颜色、纹理、形状、大小、音色、旋律、时空结构等)和高层语义表示(如关联组织、内容摘要、用户交互信息等)。

综上所述,多媒体是一种包含多种形式信息内容并能提供交互式信息处理活动的媒体集合,主要包括文本、图片、动画、视频、音频及相应交互控制信息等。它不仅提供了新的方式来传达信息内容,还为用户创造了多感官的丰富体验和多层次的控制选项,让枯燥的数据充满灵动。

3. 多媒体的主要应用领域

当前,多媒体广泛应用于广告、艺术、教育、娱乐、工程、医学、数学、商业、科学研究等领域。

例如,在教育行业,多媒体可以作为一种传递信息的桥梁,教师利用多媒体演示,突出教学重点和背景信息,提高教学的有效性和表现力,学生利用在线或远程多媒体教程可以按照自己的节奏和时间来学习,更容易理解教师的教学内容,使学习过程更加生动有趣;在商业领域,多媒体应用于业务培训、营销、广告、产品展示等方面;在公共服务方面,互联网的绝大多数网页中都嵌入了多媒体元素,用户可以通过多媒体消息服务完成图像、音视频消息的通信,多媒体节目通过互动电视进入千家万户,在机场、火车站、酒店、购物中心、博物馆、超市等地点都存在多媒体形式的交互终端或信息亭,提供特定的信息和帮助。

(二)多媒体的特点

可见,与单一媒体相比,多媒体具有直观、生动、形式多样、交互性强等优点。具体来说,多媒体的基本特征有以下几个方面。

1. 数字系统的依赖性

多媒体信息的生成、处理、存储多是以计算机、数码相机、数字传感器等电子为设备,以数字形式记录于磁盘、光盘等载体中,因此多媒体离不开数字软硬件系统的支撑。用户通过计算机建立不同元素之间的联系,由计算机控制、存储以及向用户呈现信息,依赖计算机系统进行访问和交互,通过网络进行传输。总之,多媒体是在数字环境中生成和存在的,是应用计算机等软硬件系统来运行处理的,多媒体的制作、管理和利用的所有活动都必须借助数字系统才能实现。

2. 多要素的集成性

集成性既体现在多媒体信息内容本身是由多种媒体类型组合形成,又体现在处理多媒体信息的设备或系统是由多种软硬件信息系统复合而成的,处理时需要统一采集、加工、传输和存储,强调各种媒体之间的协同和同步。例如,视频通常伴随着声音和文本的活动图像,此时音频可以作为模拟实境的背景声音用于丰富用户感官体验,文本可以作为口语的字幕或场景的解释,用于传达特定信息或作为其他媒体提供信息的补充。文本还可以采用不同语种、字体和大小,以匹配视频的受众,使其具有更大的参与性和选择权。

3. 人机之间的交互性

人机交互既是多媒体的核心特征,也是多媒体区别于文本、语音、图像等单一媒体的特征。多媒体的交互性主要面向用户,用户能够直接响应和控制所有媒体元素,使其成为交互式多媒体应用程序的积极参与者,而不是被动的信息接收者。具体来说,用户可以根据自己的意愿通过计算机等软硬件设备漫游多媒体内容、管理多媒体的组织形式、控制多媒体内容的呈现方式,使自己能够更有效地创建、记录、使用、理解和展示信息,根据自身需求任意进行选取、组织、增加、删除、修改等活动。特别是当结合虚拟现实或增强现实技术时,交互性可以从常规的视觉、听觉进一步扩展到触觉、味觉、嗅觉等,无论是信息表现力还是用户感受都更为生动友好。

4. 信息组织的灵活性

当以类似超文本的立体网状结构将多媒体信息组织起来,就形成了超媒体(Hypermedia),此时用户可以自主地、有选择地通过链接方式浏览存放多媒体信息的节点,获得所需的多媒体信息单元及其组合。超媒体不仅允许用户控制各类媒体元素的组合和呈现方式,还允许用户浏览、维护这些媒体元素之间的非线性关系链条,这将使用户控制浏览的媒体元素更易于开放共享,适应不同的用户和软硬件环境。

二、多媒体档案的概念

(一)多媒体档案的概念性定义

多媒体档案是指国家机构、社会组织和个人在社会活动中形成的、有保存价值的、以多媒体形式表达的历史记录。

上述概念显现出多媒体档案的两个基本特征。

首先,多媒体档案是档案的一种类型,档案是多媒体档案的概念基础。"档案"一词的含义是"国家机构、社会组织和个人在社会活动中直接形成的有价值的各种形式的历史记录"[①]。作为档案家族中的年轻成员,多媒体档案具有档案的多种属性,特别是具有特定的要素、作用和效力,这既是多媒体档案与其他形式档案的共同点,也是多媒体档案与其他数字信息的基本区别。

其次,多媒体档案是由各类电子设备生成、处理和存储的,它通过数字形式进行存

---

① 全国档案工作标准化技术委员会.档案工作基本术语:DA/T 1—2000[S].北京:中国标准出版社,2000:1.

储记录,外在表现是文字、图像、音视频等多个维度的媒体形式组合,传递读取方式需借助电子设备,能以比特流的形式通过网络进行传输,可以看作是电子档案的一种类型。这既是多媒体档案与其他多媒体信息的共同点,也是多媒体档案与其他电子档案的基本区别。

可见,"档案"是多媒体档案的功能属性,"多媒体"是多媒体档案的技术属性。从逻辑上说,多媒体档案是"档案"和"多媒体"两个概念的交集,它是具有档案功能的多媒体信息,又是以多媒体为技术特征的档案。

因此,认识和判断多媒体档案应注意以下三点。

一是,多媒体档案是业务及活动电子化的产物。判断各类电子设备中的信息或数据是否为多媒体档案的首要标志是这些信息或数据是否应业务与活动需要、在社会活动中产生。比如,重要会议的视频录像、检察机关审讯的同步录音录像、执行重大任务留存的照片资料等。

二是,多媒体档案是内容稳定的信息凭证。多媒体档案的内容真实记录了特定社会活动的过程和结果,但其数字形式的存储记录方式不可避免地会产生易于仿造、伪造的问题,因此需要采用信息和载体加密、元数据管理等手段将多媒体档案的内容、形式等各类信息要素固化起来。

三是,多媒体档案的信息表现形式是多样化的。只要是在社会活动中产生的、具有保存价值的信息记录,无论其信息表现形式如何,只要是多种媒体形式的组合,都可以储存为多媒体档案,其具体表现形式包括但不仅限于文本、图像、音频、视频等。

(二)多媒体档案的技术性定义

多媒体档案是多种不同类型媒体对象组成的一个逻辑上连贯的单元,是在特定框架下以特定方式管理的多种媒体的结构化组合,是包括多媒体档案的内容、背景、结构和表现特征在内的统一模型。

多媒体档案的结构可以从计算机文件和应用程序两个角度来进行描述。从计算机文件角度描述的是多媒体档案的结构要素,主要用于表示多媒体档案中包含的不同媒体对象的组织方式和时空关系,描述多媒体档案涉及的计算机文件的物理结构。从应用程序角度描述的是多媒体档案的背景要素,主要用于描述多媒体档案在形成、管理、利用等活动过程中各类处理操作信息。当对多媒体档案进行存储、管理、检索、交换时,就将其视作一个计算机文件;当对多媒体档案进行交互、呈现时,相关系统就将其视作一个应用程序。可见,多媒体档案的结构具有高度开放性,不仅能够提供指向各类媒体对象的链接,还可以提供给用户和计算机程序访问。

多媒体档案的结构模型由逻辑架构、布局架构、呈现架构和内容组成，如图 2-4（左）所示。逻辑架构根据用户制定的语义规则来划分多媒体档案的内容，例如将内容划分为场景、子场景、章节、子章节等。布局架构负责不同媒体对象与布局对象之间的联系，并把这些联系发送到页面布局的物理空间位置上。呈现架构负责不同媒体对象的呈现规则，包含何时呈现、呈现多长时间、与其他呈现之间的顺序或同步关系等。例如，某视频档案分为两个场景，每个场景中存在不同媒体对象，其呈现位置、呈现时长、相互之间的呈现关系等，如图 2-4（右）所示。

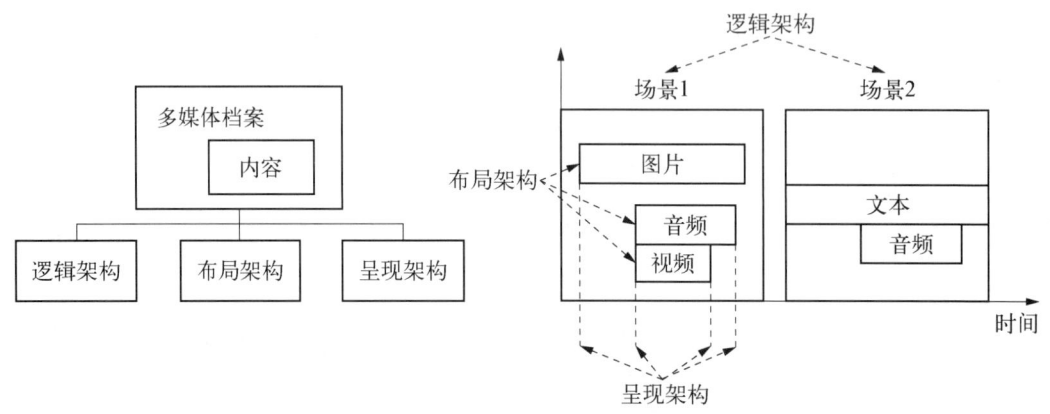

图 2-4 多媒体档案的结构模型示意图

同时，我们可以用信息对象（Object Information）的概念对多媒体档案内容的层次结构进行建模。在这种建模方式下，信息对象可分为简单型和复合型。简单型信息对象表示某一类型媒体对象的最小单元（如音频帧、视频帧等）；复合型信息对象既可以表示同一类型最小单元以有序形式构成的媒体流（如音频流、视频流等），也可以表示不同类型媒体流以有序或并发形式构成的组合（如音视频文件）。

下面，我们用一个例子来描述逻辑架构、布局架构、呈现架构之间的关系。例如，有一个研讨会视频，拍摄的内容是一位发言者配合幻灯片用英文作报告，中文翻译以字幕形式显示在屏幕下方。报告内容分为 Introduction、Section1、Section2、Conclusion 等四个章节，其中 Section2 又包括 Subsection1 和 Subsection2 等子章节。

从逻辑架构上看，该视频分为四个章节，第三个章节下又分为两个子章节。此时，每个章节和子章节都是由复合型的媒体流组成，包括幻灯片的图片背景、翻译字幕和演讲音频，而字幕和音频又是由简单型的文本、音频帧等最小单元构成的，如图 2-5（上）所示。

从布局架构上看，该视频需要一个窗口显示视频内容，以及一个声道播放音频。窗口显示内容包括幻灯片背景及每张幻灯片的具体内容，声道播放的是演讲音频。幻灯片背景由图片构成,每张幻灯片的具体内容由文本构成,音频由音频帧构成,如图2-5(下)所示。

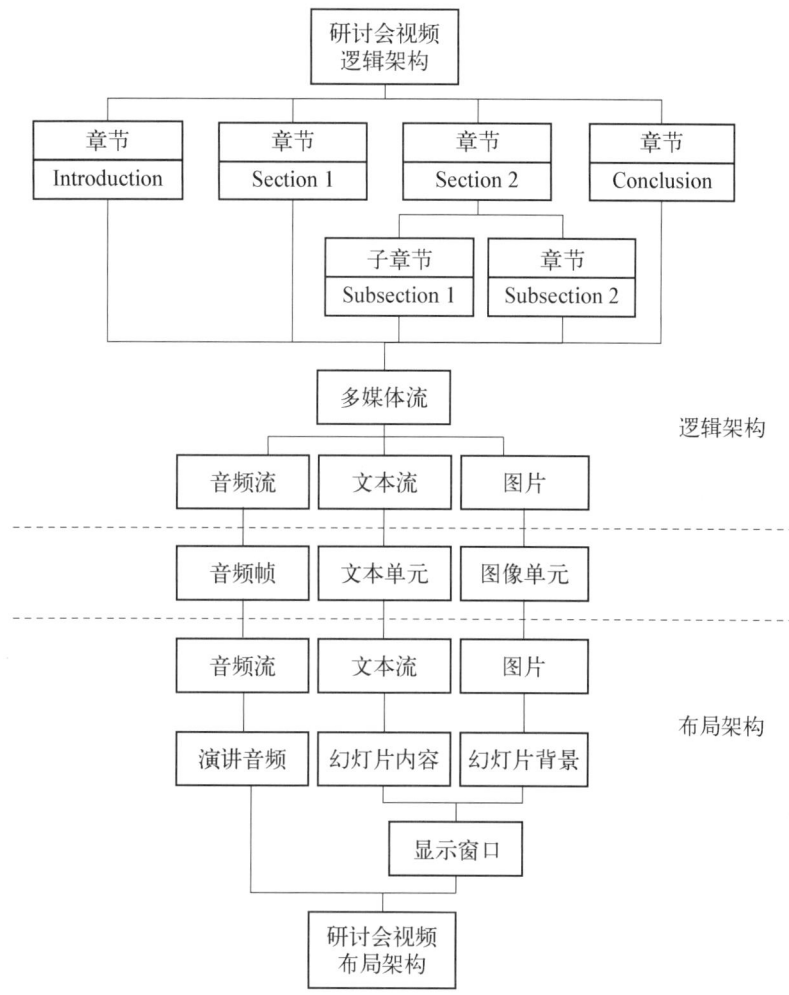

图2-5 研讨会视频的逻辑架构和布局架构示意图

从呈现架构上看,在一个视频播放过程中需要按照一定规则对不同信息对象进行呈现,将每个对象的呈现过程看作一个包含开始、持续、结束的调用事件,如图2-6所示。小圆圈表示调用事件的开始或结束瞬间,圆圈之间的连线表示该信息对象呈现过程的持续时间,实线表示发起某一信息对象的呈现,虚线表示停止某一信息对象的呈现。

从图2-5和图2-6可以看出,逻辑架构和布局架构是同一组信息对象在语义层面和空间层面的不同表示形式,两种架构的叶节点都对应着某一类型媒体对象的最小单元,如音频帧、文本单元、图像单元等。而呈现架构不仅包含逻辑架构和布局架构的

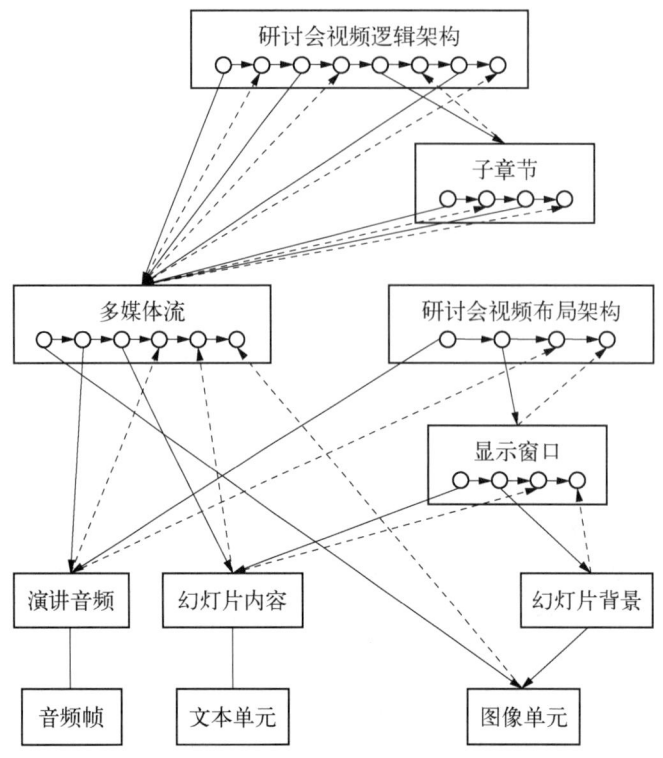

图 2-6 研讨会视频的呈现架构示意图

所有节点,还给各个节点添加了调度信息,使得用户能够在时间、空间上对各层次信息对象进行调用和控制。

三、多媒体档案的类型

多媒体档案的生成方式主要有利用多媒体技术直接采集产生的文件、传统载体声像档案的数字化和以档案原始信息内容为主体的多媒体加工产品几种。因此,多媒体档案类型按来源可以划分为原生多媒体档案和再生多媒体档案。

原生多媒体档案是指在产生时就以数字形式存在的、具有图文声像并茂效果的档案。比如,内嵌图形、图像、声音或视频的文本、网页、计算机辅助设计 CAD 文件、视频录像、地理信息数据库、遥感影像数据库、武器装备数据库等。

再生多媒体档案包括两类:一类是指借助专用设备与软件将照片、底片、唱片、磁带录音、磁带录像等特殊载体进行数字化后形成的档案,以照片、录音、录像档案的数字化副本为主;另一类是指根据实际需求将现有声像档案资源进行剪辑、集成等加工处理后形成的多媒体档案编研产品,通过计算机等软硬件设备使其达到可视、可听、可触摸、可交互的效果。

因此，从资源种类来看，多媒体档案资源属于档案数字资源，其类型多样、来源丰富，未来将逐渐成为声像档案信息资源的主体。从信息存在形式来看，多媒体档案与多媒体电子档案基本一致，均为数字形式并依赖数字设备的读取，但在外延上比多媒体电子档案更广，还包括数字化转换和整合加工后形成的档案编研产品。从管理对象来看，多媒体档案比声像档案更为具体，因为声像档案还包括档案实体以及仅由文本、图像、音频、视频形成的单媒体档案。多媒体档案与声像档案、多媒体电子档案之间的关系如图2-7所示。

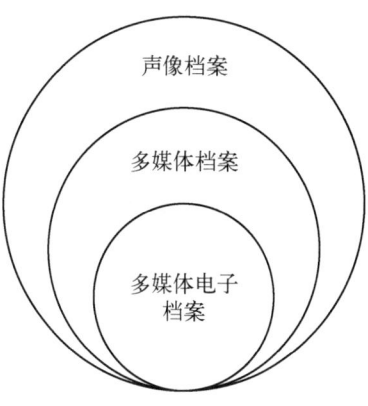

图2-7 多媒体档案与声像档案、多媒体电子档案之间的关系

四、多媒体档案的特点

正如前文所述，多媒体档案是"档案"和"多媒体"两个概念的交集，因此多媒体档案的特点也源于这两个概念的基本属性。其中，源于"档案"属性的特点主要表现为形成特点，源于"多媒体"属性的特点主要表现为技术特点。

（一）多媒体档案的形成特点

多媒体档案作为档案的一种类型，除具备一般意义上档案的形成特点，包括原始记录性、社会性、历史性、确定性等[①]，还具有形成系统多样、信息类型多元等特点。

形成系统多样是指根据多媒体档案的来源，其形成的软硬件平台有很多种，同样是一段录像档案，可能是一台数码摄像机直接拍摄的，也可能是传统载体录像档案数字化后形成的，也可能是多台数码摄像机拍摄后经过视频剪辑形成的。

信息类型多元是指多媒体档案内容中同时包含多种信息形式，比如地籍档案中同时带有地图和土地编号，文档中同时带有文字和装饰，照片档案中同时带有图片和说明等，如图2-8所示。

（二）多媒体档案的技术特点

多媒体档案作为电子档案的一种类型，具备一般意义上电子档案的技术特点，包括数字信息的非人工识读性、计算机软硬件系统的依赖性、信息与特定载体之间的易分离性、信息的易变性、信息存储的高密度性、多种信息媒体的可集成性、信息组织的多维性、物理结构与逻辑结构的分离性、信息的可操作性等[②]。除此之外，多媒体档案还具备媒体之间的关联性和语义复杂性等特点。

---

① 冯惠玲,张辑哲.档案学概论[M].北京：中国人民大学出版社,2018：6-7.
② 冯惠玲,刘越男,等.电子文件管理教程[M].2版.北京：中国人民大学出版社,2017：17-22.

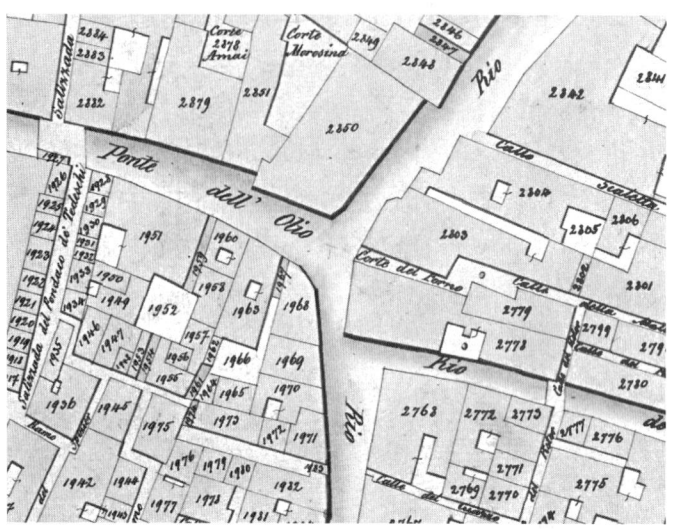

图 2-8　多媒体档案信息类型示例

媒体之间的关联性是指多媒体档案内容可以拆分为多个粒度层级的内容，但各个部分的内容存在内部相互关系，即档案在业务活动生成时所具有的固有联系。这种联系使得各个部分的内容能够以组合的群体形式持久地存在，并可以作为相互确认、识别和评估档案内容真实性的依据。比如，一个视频档案可以拆分为视频内容、音频内容和字幕等，视频内容和音频内容是数码摄像机一次连续拍摄记录的图像序列及其同步音轨，可以按人物、场景、故事单元等进一步拆分，形成不同粒度层级的档案内容信息，如图2-9所示。

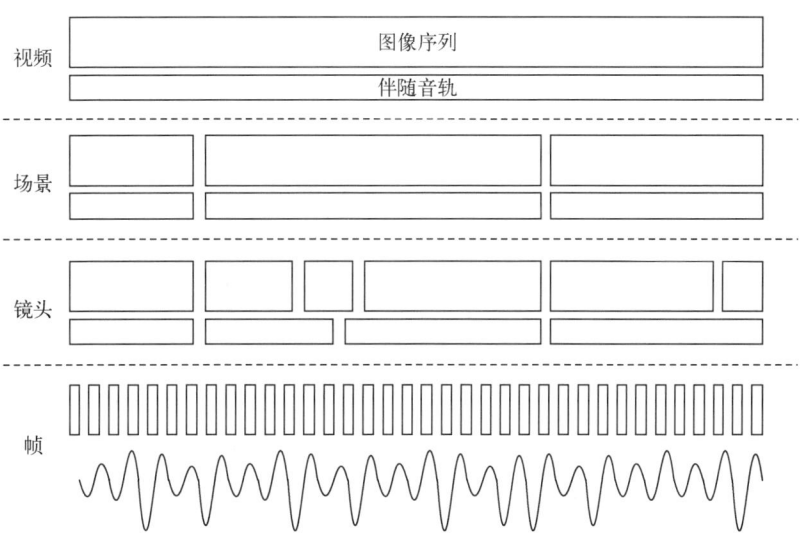

图2-9　录像档案视频结构示意图

语义复杂性是指多媒体档案的检索存在语义鸿沟问题，也就是说人与计算机针对多媒体档案内容进行交互时，计算机存储的底层可视特征与人表达的高层语义概念之间缺乏沟通桥梁。这既有人本身带来的问题，比如无法准确用语言表达合理的查询需求，也有计算机语义理解能力不足的问题，比如无法有效识别空间语义、场景语义、行为语义、情感语义等。

第三节　多媒体档案知识发现的基本理论

一、知识发现概述

（一）知识发现的形成与发展过程

将数据转化为知识的传统方法主要依赖于人工分析和解释。例如，在医疗领域，专家通常会定期分析医疗数据的当前趋势和变化,向医疗机构提供详细的分析报告,作为今后一段时期医疗保健管理决策和规划的依据。在经济、社会、商业、军事、科学技术、金融、医疗等多个领域,传统数据分析方法的使用从根本上说都是取决于领域专家的专业水平,以专家的业务技能作为数据与用户、产品之间的交互基础。这种对人工强依赖的数据分析方式效率低下、耗费大量人力,且分析结果具有很强的主观性。随着数据量的急剧增长,数据库的规模也变得极为庞大,数据库中对象数量通常超过亿条且每个对象的属性达到数百个甚至上千个,使得人工主导的数据分析方式愈发不切实际,需要部分或完全自动化的分析方法和工具,便于人们从快速增长的数据中提取有意义的模式和结构,从而更好地理解数据中蕴含的潜在知识。

从历史发展上看,有许多术语曾用于定义"从数据中寻找有用模式"过程,例如数据挖掘(data mining)、知识提取(knowledge extraction)、信息发现(information discovery)、信息收获(information harvesting)、数据考古(data archaeology)、数据模式处理(data pattern processing)等,其中"数据挖掘"一词使用最为广泛。

1989年在美国底特律召开的第11届国际人工智能联合会议上,Fayyad等学者首次提出"知识发现"这一术语,认为知识发现是指从数据集中识别出有效的、新颖的、潜在有用的以及最终可理解模式的非平凡过程,目的是强调知识是以数据为驱动的发现活动的最终产物。与数据挖掘相比,知识发现描述的是从数据中发现有用知识的整个过程;而数据挖掘描述的是从数据中提取模式的特定算法应用,数据挖掘只是整个知识发现过程中的一个特定步骤,若盲目使用这一方法很容易导致发现无意义和无效的模式。而除了数据挖掘之外,知识发现还包括数据准备、数据选择、数据清晰、合并适当的先验知识、对结果进行解释等步骤,这些都是对于确保从数据中获得有用知识来说必不可少的环节。因此,"知识发现"这一提法一经诞生,迅速成为国际上数据库、信息决策、人工智能、机器学习等领域的前沿研究方向之一。1991年、1993年、1994年陆续举办了三届有关知识发现方面的国际专题研讨会,1995年该研讨会更名为知识发现和数据挖掘国际会议,1997年举办了首届亚太地区知识发现和数据挖掘国际会议,1998年举办了首届欧洲知识发现和数据挖掘学术会议。

(二)知识发现的跨学科属性

知识发现可以看作是一个多学科交叉的活动,是从机器学习、模式识别、统计学、数据库、专家系统等研究领域的交叉点发展而来,涵盖数据分析、数据统计、数据可视化、知识获取、知识表示、知识应用、高性能计算等研究问题,其统一目标在大数据背景下从低维数据中提取高维知识,获得更简洁、更抽象、更有用的描述或模型。

1. 与机器学习、模式识别的关系

在知识发现过程中,数据挖掘这个步骤非常依赖于机器学习、模式识别等技术方法的已有成果,机器学习研究从数据中产生模型的算法,模式识别研究从数据中产生特征并进行分类的方法,两者都能为"从数据中找到模式"的数据挖掘目标提供有力支撑。

不同之处在于,一方面,知识发现更侧重于从数据中发现知识的整个过程,包括如何存储和访问数据,如何将算法扩展到大规模数据集,如何解释和可视化发现结果,如何有效建模和支持人机交互等。另一方面,知识发现强调寻找可理解的模式,这一模式应能被解释为有意义和有效的知识。例如,神经网络虽然是一种强大的建模工具,但与决策树相比,它用于解释其输入、输出之间的因果关系相对更难。此外,知识发现还重点关注针对大规模含噪数据集的算法设计的可扩展性和鲁棒性。

2. 与统计学的关系

知识发现与统计学有许多共通之处,统计学提供了一种语言和框架用于将不确定性具体化,例如从观察和实验中发现实证规律,或从数据中推断因果关系等,因此从这一角度看,知识发现可以看作是一项统计工作。

但从前文所述的定义可以看出,知识发现的目标是发现一种可被理解的模式,因为对于任何数据集,哪怕是随机生成的数据集,只要搜索足够长的时间,就会发现似乎具有统计意义但实际上并非如此的模式,这是知识发现与单纯的统计之间根本的不同所在。因此,知识发现实质上是基于正确合理框架下的统计活动,是嵌入统计学假设的、尽可能自动化的数据分析过程。

3. 与数据库的关系

数据库理论是知识发现的重要理论基础之一,数据库技术在数据访问、分组、排序、查询等方面的功能构成了知识发现方法扩展到大规模数据集的基础。特别是由数据库演变而来的数据仓库在数据清洗和数据访问等方面为知识发现奠定了坚实基础。

数据仓库是按照特定方法以特定主题、特定算法提取、集成数据,给用户提供实时查询,最终集成有效信息供决策者使用。数据仓库是将决策支持型数据处理从事务型数据处理中分离出来的解决方案,是为支持管理决策过程、面向主题设计的数据集合。在数据清洗方面,数据仓库能够将异构数据经过加工、汇总、整理,消除数据中的缺失、错误和不一致信息,形成统一集成的全局信息。在数据访问方面,数据仓库能够创建统一、功能强大的数据分析工具,提供查询、可视化、数据挖掘等功能,并为原有独立、分散的数据提供访问路径。

数据仓库解决了数据的存储和访问问题,知识发现在此基础上根据应用需求从多维度对所需数据进行快速、一致、交互地存取和分析处理,进而获得对数据的深入理解,满足多维数据环境下的决策支持需求。

(三) 知识发现的定义和基本过程

1. 知识发现的定义

知识发现是指识别数据中有效的、新颖的、潜在有用的以及最终可理解模式的非平凡过程①。

其中,"数据"是指一组事实,例如数据库中的对象或记录;"模式"是指基于某种语言形成的表达式,该表达式可以用于描述数据的子集或数据子集的模型;"有效"是指发现的模式在新数据上应用应当达到预期可信结果,具有确定性;"新颖"是指发现的模式应当不属于已有模式,也没有任何用户就同一组数据发现过的模式;"潜在有用"是指发现的模式在未来将有实际效用;"最终可理解"是指发现的模式能被用户理解,具有简洁的表达形式;"过程"是指知识发现包含一系列步骤,包括数据准备、模式搜索、知识评估、质量反馈等,所有步骤反复迭代求精;"非平凡"是指整个知识发现过程不是简单的数值计算过程,应尽可能自动化,并具有一定智能性。

有专家将有效性、新颖性、潜在有用性、最终可理解性合并为兴趣性②,利用兴趣函数作为模式价值的总体衡量标准,从而能够显式地、以定量方式来评估知识发现的质量。因此,从面向用户的角度看,当知识发现的一个模式的兴趣性超过某个阈值时,就可以认为该模式是一个知识。

2. 知识发现的基本过程

知识发现的基本过程包括确定目标、数据选择、预处理、数据转换、数据挖掘、评估解释、应用知识等步骤,如图 2-10 所示。这一过程是交互迭代的,许多环节需要用户作出相应决策,这也就意味着每一个步骤都有可能退回到之前的步骤重新进行处理。

(1) 确定目标

理解知识发现活动的应用领域,熟悉该领域所需的相关先验知识,在此基础上确定知识发现的目标,为后续步骤的决策做好基础准备工作。需要注意的是,知识发现的目标和相关准备工作并不是一成不变的,随着知识发现过程的深入,这一步涉及的内容会相应调整。

(2) 数据选择

根据上述目标,确定拟用于知识发现的数据源,从中挑选出可用的数据,获取与之相关的必要数据,并将所有数据汇聚成一个数据集。该数据集的构建对知识发现成功

---

① Fayyad U M, Piatetsky S G, Smyth P. From data mining to knowledge discovery: an overview[M]. CA, USA: American Association for Artificial Intelligence Press, 1996: 1-34.
② Silberschatz A, Tuzhilin A. On subjective measures of interestingness in knowledge discovery [C]//First International Conference on Knowledge Discovery and Data Mining. Menlo Park, Calif: American Association for Artificial Intelligence Press, 1995: 275-281.

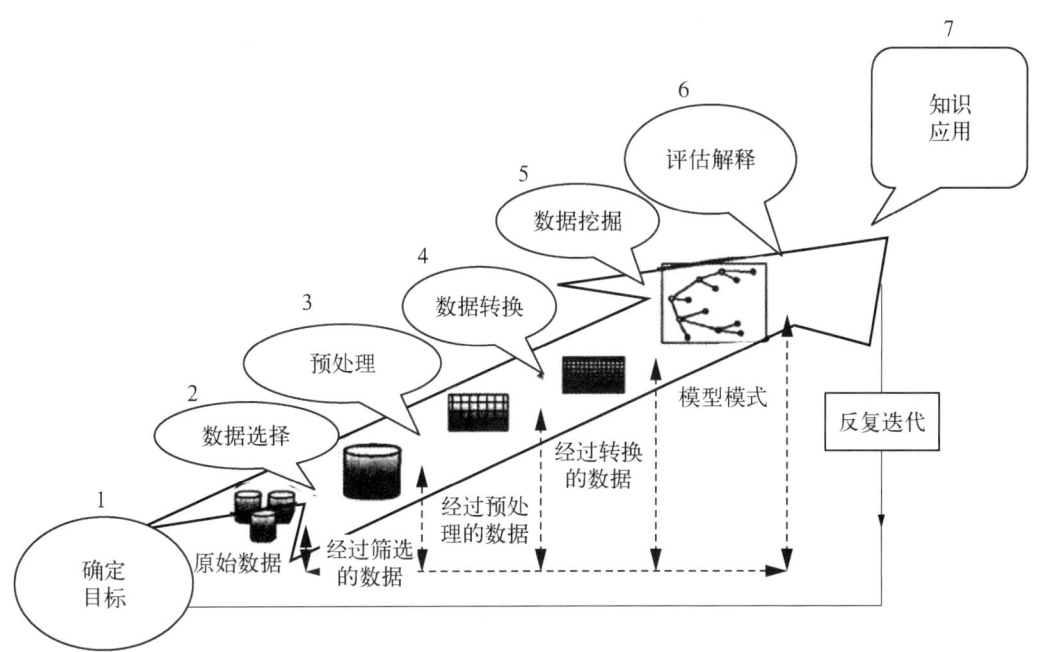

图 2-10 知识发现基本过程

与否极为关键,因为后续的数据挖掘步骤都是以这个数据集为对象,它是模型、模式发现的证据基础。

为了确保挖掘出正确合理的模式,数据集在构建时应尽可能满足完整、详细、规范、高质量等要求,然而这样会使得收集、组织、运行这一复杂数据集的成本很高,因此需要在两者之间进行折中,从最佳可用的数据集规模起步,根据知识发现的效果不断进行更新、扩展,直到达到最优效果。

(3) 预处理

对上述数据集进行数据清洗,将原始数据中存在的错误、缺失、重复、异常、不一致等数据进行修正和消除处理,制定相应的质量管理策略并将错误信息反馈回源数据系统中,在源系统中加以处理,以便在以后重新抽取时数据可靠性得到增强。

(4) 数据转换

将完成预处理的数据集中的数据格式转换为数据挖掘所需的格式,提高数据挖掘的效率,降低数据挖掘工作的复杂程度。典型的数据转换方法包括降维(如特征选择、提取、采样)、属性变换(如数值属性离散化、函数变换)等。

(5) 数据挖掘

首先,应结合知识发现的目标以及应用领域、数据等方面的实际特点,制定满足需求的数据挖掘目标和策略。通常数据挖掘的目标包括预测和描述,即从足够多的训练样本中归纳构造出相应模型,预测一般采用有监督的数据挖掘策略,而描述一般采用无监督或可视化的数据挖掘策略。

其次，应根据数据挖掘目标和策略，匹配特定的数据挖掘方法（如归纳、分类、回归、聚类等），挑选出适合用于搜寻所需模式的最佳算法。例如，如果目标是提高预测精度，那么应优先采用基于神经网络的方法；如果目标是强调模式可理解性，那么采用基于决策树的方法更为合适。

最后，采用选定的数据挖掘算法应用在数据集上，搜寻合适的数据模式，并根据挖掘结果逐步调整算法的控制参数，直至获得满意的结果。

（6）评估解释

结合知识发现的目标，对发现的模型的可理解性和实用性进行评估，以确定哪些模型可被视为新知识。此外，还可对这些模型以及满足模型的数据进行可视化处理。

（7）知识应用

将发现的知识纳入另一个系统，供用户利用其采取进一步行动。此时，新发现的知识扩展应用到其他系统中，可能面临许多挑战，例如，与之前发现的知识存在冲突、应用环境比实验条件更复杂、数据由静态转为动态、数据结构发生改变、数据类型超出模型假设范围等。因此，需要进一步结合实际需求环境和数据特点，回到第一步调整知识发现的目标和基础准备工作，进行反复迭代。

（四）知识发现的核心步骤——数据挖掘

从知识发现的基本过程可以看出，其成功应用有赖于任意两个步骤之间迭代式发展的演进路径，其中最重要的步骤就是数据挖掘，它决定了整个知识发现系统能否依据给定的假设生成满足用户需求的模型。

1. 数据挖掘的类型

根据知识发现的目标和用途，数据挖掘可以分为面向验证和面向发现两种类型，如图 2-11 所示。其中，面向验证是指对用户提出的假设进行评估验证，例如统计学中的假设检验、拟合优度检验、方差分析等；面向发现是指从数据中自动识别模式，它侧重于发现一种新的假设，而不是验证已知假设。可见，面向发现的数据挖掘更符合大部分场景下的用户需求，这也是目前数据挖掘领域重点关注的方面。

面向发现的数据挖掘包括预测和描述两种类型。其中，预测是指发现数据对象未来行为的模式；描述是指发现隐藏在数据集中的模式，并以人类可理解的方式呈现。相比之下，预测属于有监督学习，旨在发现输入数据与目标模式之间的关系，用模型来表示这种关系；描述属于无监督学习，旨在基于缺乏足够先验知识的背景下发现数据之间的"隐喻"关系，并转化为可视表示形式。

2. 数据挖掘的基本方法

如前所述，面向发现的数据挖掘目标主要是预测和描述，两者都可以通过特定的

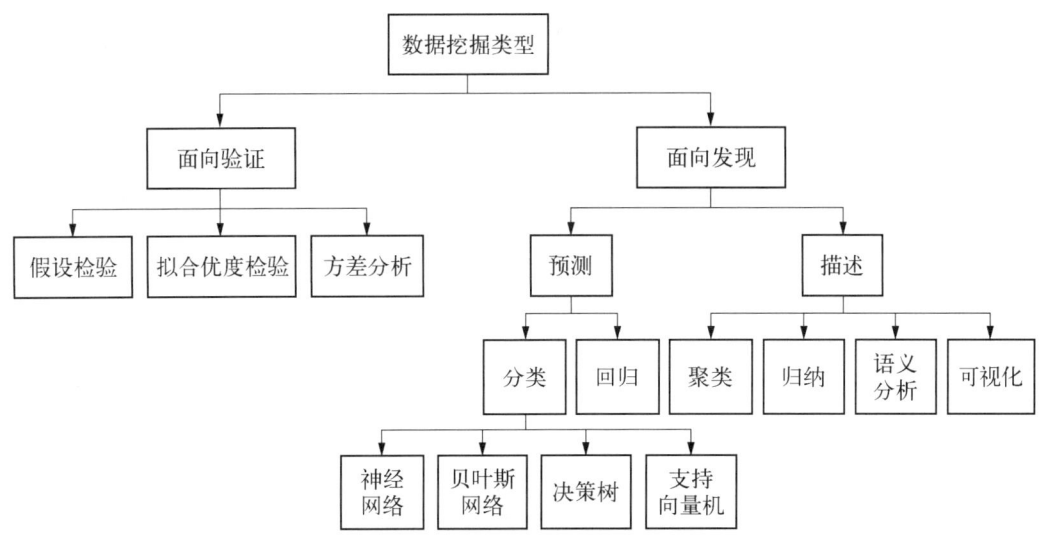

图 2-11 数据挖掘主要类型

数据挖掘方法来实现,例如分类、回归、聚类、归纳、依赖关系建模、偏差检测等。下面我们用一个例子来说明这些特定方法如何实现数据挖掘目标,如图 2-12 所示,图中的每一个点都表示一个人在过去某个时间曾获得某家银行贷款,×表示有拖欠贷款行为的个人,○表示贷款信用良好的个人,横轴表示个人收入情况,纵轴表示个人负债情况。

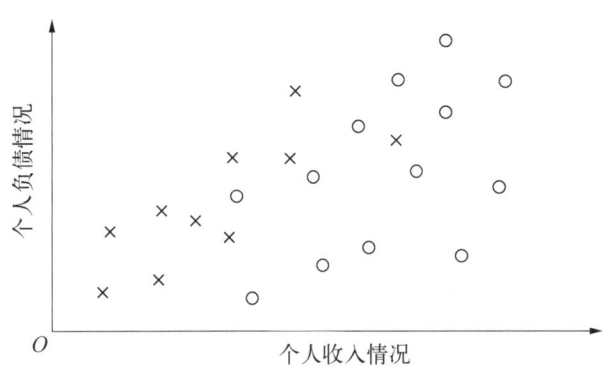

图 2-12 包含两类数据的数据集示例

分类是将数据对象映射到一个预定义的类别之中,所谓的"映射"就是一个"分类"处理。图 2-13 将银行贷款申请数据划分为两类区域,通过这一分类来确定是否向贷款申请人提供贷款。

分类是将数据对象映射到一个预定义的类别之中,这里的"映射"就是一个"分类"处理。图 2-13 将银行贷款申请数据简单线性划分为两类区域,通过这一分类来确定是否向贷款申请人提供贷款。

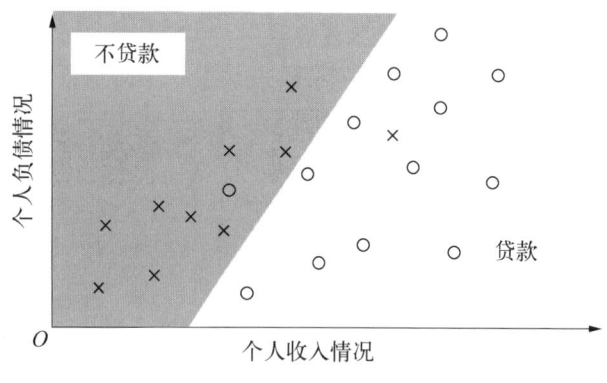

图 2-13　分类示例

回归是将数据对象特点映射成一种预测变量的函数,这里的"映射"就是一个"回归"处理。图 2-14 形成了一条个人收入情况与个人债务情况相关的线性函数,通过这一函数可以预测贷款人收入与债务情况之间的相互关系。

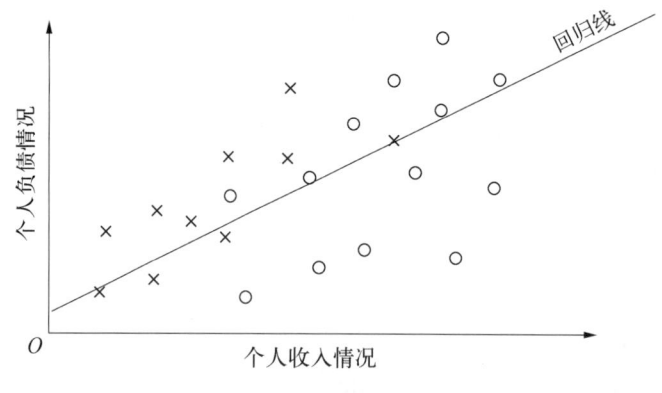

图 2-14　回归示例

聚类是根据数据对象特点自动将其划分为一组有限的、互斥或部分重叠的类别,这些类别并不是事先定义好的,即在之前没有被发现的。图 2-15 将所有数据分为 3 个部分重叠的类别,即高负债低收入、高负债高收入、低负债高收入,通过这种分类方式可以挑选出优先发放贷款的群体。

归纳是从数据中获得新的概念、创立新的规则、发现新的理论,构造形成一个或多个数据对象空间来描述数据集。归纳可以采用数据驱动或模型驱动的方法进行,数据驱动可以逐步学习,不断加入新的数据对象反复测试扩展,模型驱动使用整个数据对象空间进行搜索测试。

依赖关系建模是从数据中找到描述对象之间依赖关系的模型,形成模型的结构层次、依赖关系的定量方法等,通常采用概率或相关性作为依赖关系的强度指标。

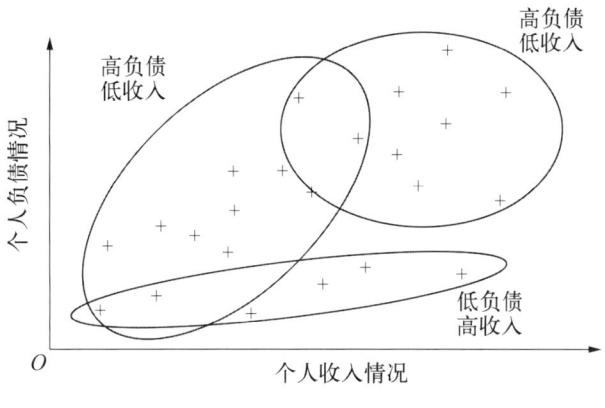

图 2‑15 聚类示例

偏差检测是对数据集中的异常数据进行检测分析，发现其中隐藏的知识，例如不符合常规的异常数值、分类中出现的反常实例、在不同时刻发生显著变化的对象、观察值与期望值之间存在显著差异的实例等。

3. 数据挖掘算法的基本组成

数据挖掘算法主要由模型表示、模型评估、搜索方法等部分组成。

模型表示是用于描述可发现模式的语言，一个好的模型应具备足够的泛化能力，如果其表示能力过于有限，不仅容易产生过拟合的风险，使得对未知数据的预测精度降低，还会导致该模型无法有效扩展应用，即使提供再多的训练样本和训练时间，也无法生成一个准确的数据模型。

模型评估是对生成模型满足知识发现目标的程度进行定量评价。例如，预测模型可以以某个测试集上的预测精度作为评价标准，描述性模型可以从准确性、新颖性、实用性和可理解性等维度进行评价。

在确定了模型表示和模型评估标准之后，数据挖掘任务就简化为单纯的优化问题，即在最优评估标准下搜索相应的参数和模型。在先验模型表示下，搜索优化模型评价标准的参数，更新模型表示，反复迭代，直至达到最优标准。

二、多媒体档案知识发现的内涵和目标任务

随着电子信息技术和网络技术的飞速发展和广泛应用，多媒体档案信息资源在数量和规模上的快速增长给其管理带来了巨大挑战，其根本原因在于非结构化数据中蕴含的语义没有被真正理解、语义单元之间的关系没有被发现，使得无法形成能够为实体管理提供具有科学指导价值的知识，也无法向用户提供精准知识服务，从而导致多媒体档案的自身价值没有得到真正体现。

为此,档案领域围绕档案知识管理、知识服务、知识库构建等方面开展了一系列研究,特别是有关跨媒体语义关联、跨媒体语义检索、跨媒体知识链接、跨媒体知识集成服务等研究文献相继涌出,成为档案学领域新的研究热点。但从目前研究状况看,研究对象大多面向档案知识应用,鲜有从档案知识发现的概念视角进行深入分析界定,迫切需要系统解析多媒体档案知识发现的概念内涵。

因此,我们立足多媒体档案的生成背景与来源渠道,对"多媒体档案知识发现"概念的形成与演化路径进行历史分析,在与知识工程、知识管理、知识服务等概念进行比较分析的基础上,对其内涵和目标任务进行科学阐释。

(一)多媒体档案知识发现的内涵

1. 多媒体档案知识发现的概念溯源

如前所述,多媒体档案主要来源于归档多媒体电子文件的接收、传统载体录音录像档案资源的数字化转换、在线网络档案信息的采集以及专题多媒体档案信息的捕获等。可见,多媒体档案不仅来源广泛、形式多元,而且生成环境和结构复杂、管理分散。按生成方式划分,包括原生多媒体电子档案、再生多媒体数字化档案、网络档案资源、以档案原始信息内容为主体的多媒体加工产品等;按生成主体划分,包括政府机关、企事业单位、社会组织和个人等在社会活动中形成的多媒体档案资源;按分布情况划分,包括档案馆、档案室、信息中心、数据中心、民间等保存的多媒体档案资源。

面对多媒体档案资源的不断生成和积聚,档案领域围绕网络多媒体档案信息设计、多媒体档案管理系统研制、多媒体档案管理工作、多媒体档案数据采集、多媒体档案收集与整理、多媒体档案编研等方面进行了积极探讨,并逐渐将焦点集中到跨媒体档案知识组织、档案知识管理、档案知识应用上来。可见,档案学界已认识到档案高阶利用价值的挖掘有利于档案社会价值的实现,有利于档案部门知识服务理念与模式的确立,有利于档案部门的社会地位和竞争能力的提升。

研究者以档案知识服务、决策支持为主要目标,从理论、体系、模型、策略等多个角度探索揭示和实现档案数据间的内在联系和逻辑性,探讨范围不断拓宽,探索深度不断加强。档案知识发现逐渐出现在档案学研究视野中,有学者提出档案知识发现是"运用知识发现的理念与方法,借助信息技术手段识别析取出海量档案资源中隐含的有价值的知识元"[1],对数据驱动下的档案知识发现的机理、基本流程、总体框架进行了解析。进一步地,有学者从档案知识工程层面,提出应构建系统化、规范化的档案知识发现机制,针对档案知识发现活动制定相应标准规范[2]。特别是随着数字人文与档案

---

[1] 朱令俊.数据驱动下档案知识发现的路径研究[J].档案与建设,2020(2):30-34,13.
[2] 张斌,高晨翔,牛力.对象、结构与价值:档案知识工程的基础问题探究[J].档案学通讯,2021(3):18-26.

领域交叉融合不断深入,以知识发现理论和方法为核心构建的档案资源模型将极大促进数据化知识资源的序化和人文社科新知识的生产,实现语义层面档案资源的细粒度组织关联,揭示档案知识的内在复杂关系,有效发挥档案资源价值[①]。

在"互联网+"背景下,多媒体档案作为来源最广泛、形式最多元、生成环境和结构最复杂的档案数字资源类型,将成为数字环境下档案知识发现研究的焦点,迫切需要档案学界、业界"具有追寻意识、具有强烈的现实感、具有面向未来的精神"[②],对多媒体档案知识发现的内涵进行深化探究,推动档案学科的发展与转型。

2. 多媒体档案知识发现概念辨析

多媒体档案知识发现包含两个核心概念,一是多媒体档案,二是档案知识发现。在上一节介绍有关多媒体档案的内涵及外延中,我们已经对多媒体档案与档案、档案数字资源、多媒体电子文件、多媒体电子档案、声像档案之间的关系进行了详细阐述,此处不再赘述。下文主要对与档案知识发现有关的概念进行比较分析。

(1) 档案知识发现与档案知识工程

自20世纪70年代提出知识工程之日起,学术界和工业界相继推出一系列知识库,应用于数学、医学等领域的专家系统,但当时以人为基础的知识获取与表示方式极大地限制了知识库的规模与质量,直至互联网和大数据的兴起才带来知识工程新的春天,数据、算力、模型的飞速发展使得知识工程自此跨入大数据知识工程时代。

借用知识工程的定义来看,档案知识工程是以档案知识为处理对象,利用人工智能原理、方法和技术,构造和维护档案知识库的系统工程,涵盖档案知识获取、档案知识表示、档案知识组织、档案知识推理、档案知识检索、档案知识可视化等研究体系[③],目的是建立起能被计算机理解和处理的档案知识库并支撑档案知识应用开发。在上述六个体系中,档案知识获取、知识表示、知识组织、知识推理可以看作是档案知识资源建设,档案知识检索、知识可视化可以看作是档案知识应用,其中档案知识资源建设还可细分为档案知识对象抽取和关联组织。

对比知识发现的基本过程可以看出,档案知识发现的处理对象、运行模式与档案知识工程基本一致,都是以结构化、半结构化、非结构化的档案数字资源为操作对象,借助人工智能技术方法进行挖掘,寻找到档案数据规范化、关联化、语义化的表达模式,实现"档案数据→档案知识"转化。相比之下,档案知识工程侧重以工程化的理念与方法,构建完善的软件平台和服务,更加关注成熟可靠技术的落地与实现;而档案知识发现是档案知识工程建设的理论基石,从目标、策略、模型、算法等层面指导档案知

---

① 邓君,王阮.数字人文视域下口述历史档案资源知识发现模型构建[J].档案学研究,2022(1):110-116.
② 陈永生.档案学论衡[M].北京:中国档案出版社,1994:11-12.
③ 牛力,高晨翔,韩小汀.模式与机制知识工程视点下的档案知识服务研究[J].档案学研究,2021(2):96-103.

识工程落地应用,知识工程中涉及的知识获取、表示、组织等方法和技术大多依托于知识发现的核心技术,涉及的知识推理、检索、可视化也是知识发现的主要任务。

可见,档案知识工程是将档案知识发现的科学思维、科学方法转化为工程思维和工程实践,把知识发现认识到的规律、发现的规则"脚踏实地"地进行原理转化并实际应用,形成可靠可用的实用系统工具。

(2)档案知识发现与档案知识管理

知识管理是知识经济时代吸纳融合哲学、经济学、管理学理论等新管理思想与方法,主要应用于企业管理和图情档机构资源管理。档案知识管理是融合档案管理和知识管理等基础理论,以档案知识序化、转化、共享为目标,实现档案资源组织形式、业务流程、服务模式再造的新管理思想与方法。

档案知识管理是档案管理的高级阶段,是档案实体管理和档案信息管理形式的延伸和拓展①,涵盖档案知识积累、档案知识组织、档案知识评价、档案知识服务等环节②。从这一角度看,档案知识管理是从管理学角度出发,关注档案知识的组织以及转化,实现无序知识的有序化、隐性知识的显性化,其目标是构建面向人理解和使用的知识库。在知识组织、转化以及知识库的构建过程中,人处于核心地位,即相应的知识组织形式、转化方式、知识库的本体都是以人的知识为基础和依据,人是档案知识管理的本体所在。

相比之下,档案知识发现是档案知识管理的高阶层次,发现的潜在知识(模型、规则等)更多的是人尚未发现和认识到的规律,得到的不仅是隐性知识的显性化结果,还包括隐性知识与隐性知识、隐性知识与显性知识、显性知识与显性知识之间的各种转化结果,这些潜在知识的本体化过程主要依托计算机完成,此时计算机是档案知识发现的本体所在。

可见,档案知识管理更多的是遵循"知识数据化"的实现路径,是创造、组织、应用档案知识的过程,其管理效用与人的认知密切相关;而档案知识发现遵循的是"数据知识化"的实现路径,解决的是"你不知道你有什么"③的问题,是挖掘、学习未知知识的过程。

(3)档案知识发现与档案知识服务

知识服务是从各种显性和隐性知识资源中按照人们的需要有针对性地提炼知识内容,为用户提出的问题提供知识内容或解决方案的服务过程。档案知识服务是知识服务在档案领域的运用,在整个过程中,档案工作者发挥主观能动性,以档案资源为基

---

① 胡康林.基于文献计量法的国内档案知识管理研究分析(2000年~2012年)[J].档案管理,2013(4):69-71.
② 徐朋军,周艳华,李刚.基于知识服务的档案管理模式的理论探索[J].档案学通讯,2011(2):24-28.
③ 化柏林.论知识管理与知识工程的差异性及其发展[J].图书馆杂志,2008(11):2-5.

础,以用户需求为中心,运用现代信息技术对数字档案信息进行加工、集中和整合显性知识资源,挖掘和提炼隐性知识资源,实现知识的转化和增值,达到为用户解决问题提供所需知识的目的[①]。从这一定义看,档案知识服务是在档案知识管理和档案知识发现的基础上,以用户需求和应用场景为导向,重点围绕档案知识服务的策略、机制、模式、建设实践以及评价等方面开展研究。

可见,档案知识服务是用户驱动的服务,从知识服务策略制定到解决方案形成的所有阶段,都是根据用户需求,动态、连续地进行资源整合和服务优化,其目标是提供个性化、动态的、高质量的解决方案,形成具有独特价值的档案知识产品,进而实现档案价值增值。档案知识发现作为档案知识服务的"发动机",为构建多维度、深层次、智能化、高可信的服务模式提供了源源不断的动力来源,通过档案知识发现形成的知识资源再进行服务化的包装加工形成知识产品,以用户所需形式提供利用。

3. 多媒体档案知识发现内涵解析

多媒体档案知识发现是指在"互联网+"背景下,利用大数据和人工智能等现代信息技术,对异构、多源、海量多媒体档案中蕴含的潜在知识(如规则、法则、科学规律、语义网络等)进行获取、加工、管理,实现多媒体档案由"数据→信息→知识→策略→智能"的转换,从而指导人类有效分析解决问题的活动。

实质上,多媒体档案知识发现是一种自动地、客观地描述多媒体档案数据本质特征的过程,既包含对多媒体档案内容的感性描述,又包含对组织、管理、访问内容的语义描述。与传统的手工、文本描述相比,这种方式生成了从底层信号特征到高层语义信息的一系列抽象描述,建立了不同类型媒体对象之间、底层特征与高层概念之间的相互关联,不仅能满足管理者在多个层级、多个粒度上的管理需求,还能有效解决检索访问中的"语义鸿沟"问题,支撑广泛多样、个性多元的知识应用场景和类型。

在"互联网+"背景下,通过多媒体档案知识发现形成了多媒体档案内容、背景、结构的通用描述,提高了多媒体档案数据的互操作性,为依托互联网实现的多媒体档案"拉应用""推应用""自适应应用"等智慧型服务奠定了良好的资源准备和应用基础。"拉应用"属于服务客体的自助式服务,用户利用基于通用描述构建的搜索引擎或多媒体档案数据库,搜索、浏览所需多媒体档案内容信息;"推应用"属于服务主体的主动式服务,由档案机构利用基于通用描述构建的多媒体档案管理系统进行内容过滤、摘要、定制化加工等,并适时推送;"自适应应用"属于交互式服务,档案机构根据多媒体档案访问记录及其他交互背景信息(如用户偏好、设备功能、网络条件、用户环境、空间、时间等),自适应调整多媒体档案服务策略和模式,采取用户喜好的方式交付感兴趣的多

---

① 徐拥军,周艳华,李刚.基于知识服务的档案管理模式的理论探索[J].档案学通讯,2011(2):24-28.

媒体档案知识产品。可见，在互联网环境中，多媒体档案知识发现的质量不仅取决于发现多媒体档案本身的特征，还取决于在理解应用领域和确定知识发现目标时是否考虑了网络环境、用户和终端软硬件等因素。

综上所述，多媒体档案知识发现概念的形成，一方面是在多媒体档案与档案知识发现交叉融合基础上提出并逐渐凝聚而成的，反映出多媒体档案与档案数字资源、档案管理与知识发现之间的学术联系与历史渊源；另一方面，多媒体档案知识发现概念的提出，是对档案知识工程、档案知识管理、档案知识服务等概念的丰富与优化，体现出档案知识发现领域研究的历史继承和动态发展。

将多媒体档案作为知识发现的对象，是选取了目前较为复杂的档案类型和信息组织形式，一旦多媒体档案知识发现有所突破，单一文本、图片、音视频等简单类型档案的知识发现难题则迎刃而解；而将知识发现作为多媒体档案数据知识化的技术路线，是兼顾理论研究和落地实践的现实考量，知识发现的基本过程、模式、方法和结果满足档案知识获取、加工、管理、服务的迫切需求，适应"互联网＋"背景下大规模、自动化、智能化档案知识资源建设和知识应用的发展态势，能够应对现实世界的开放性和复杂性给档案知识工程带来的巨大挑战。

因此，理解多媒体档案知识发现的内涵，一是要立足"互联网＋"时代背景，无论是多媒体档案的形成主体、来源渠道，还是知识发现的架构设计、策略选择、实现技术，都离不开互联网带来的网络效应、规模效应、协同效应，可以说互联网不仅使得每个个体都转变为一个潜在的信息创造者，催生出海量多媒体信息资源，也给大规模自动化知识发现技术的发展奠定了必要的基础；二是要紧贴多媒体档案特点和管理需求，多媒体档案除了具备一般意义上档案的形成特点和电子档案的技术特点，还具有形成系统多样、信息类型多元、媒体对象间关联和语义复杂等特点，实现多媒体档案的精细化、精准化管理是当前的迫切需求，因此多媒体档案知识发现绝不仅仅是将知识发现理论和方法简单嫁接、盲目应用，也不是将"多媒体档案"和"知识发现"割裂开研究，而是必须紧扣资源基础和应用需求，设定合理的知识发现目标和知识表示粒度，选择匹配的数据模型、系统架构、关键算法，坚持档案知识资源建设与档案知识应用的迭代式演进路径，才能真正形成"多媒体档案＋档案知识发现"的理论指引与方法论指导；三是要树立系统工程观念，多媒体档案知识发现是多要素集成、人机协作复杂的系统工程，各要素之间、人机之间如何在科学策略的指引下有机组合，现有资源和业务知识能否被有效利用，发现的模式在与外部环境交互过程中是否作出动态调整演化，在落地投入资源有限情况下如何对知识发现的规模、粒度、精度进行折中优化等，都是需要站在系统观和工程观角度理解多媒体档案知识发现内涵后才能回答的问题。

（二）多媒体档案知识发现的目标任务

1. 多媒体档案知识发现的目标

多媒体档案知识发现的现实目标是发现多媒体档案的内容信息、多媒体档案管理过程中的背景结构信息以及多媒体档案利用信息等数据中存在的潜在新模式，为推动多媒体档案信息资源整合、多媒体档案利用向知识服务转型升级提供新动能；长期目标是使计算机拥有多媒体档案管理领域的基础知识，具备"理解"和"解释"领域知识的能力，能够以"类人"形式重现人类认知多媒体档案管理的过程，应对具有开放式、自主化、解释性等特点的知识密集型任务，进一步解放档案管理者脑力劳动，实现"人机混合、虚实交互"的多媒体档案智能化管理。

多媒体档案知识发现的现实目标是针对现阶段档案数据治理、档案知识服务等实际问题的具体化、可操作化预期成果；而长期目标则是着眼于解决档案行业智能化转型升级过程中面临问题的战略性发展方向，两者之间的统一关系体现在以下几个方面。

一是将"认知智能＋档案管理"作为多媒体档案智能化管理的远景目标。要想完成人工智能与档案管理的高度耦合和深化应用，绝不能仅仅停留在价值、前景、伦理等角度的选边站队层面，要深化对人工智能技术原理及其背后思想内涵的理解，搞清人工智能是如何运转的、究竟为什么会成功、哪些方面还在其能力范围之外等问题。从档案行业的应用进展情况看，无论是应用场景还是实现手段，都有意无意地选择了人工智能的"拿手菜"，避开了具有开放式、自主化、解释性等特点的任务类型，这说明档案行业对当前人工智能的优缺点有着清醒的认识。然而伴随平行智能的兴起，虚实之间的互动反馈成为人工智能的发展方向，这就需要机器具备"理解"和"解释"领域知识的认知智能。那么如何使机器真正理解档案管理的意义、概念、原理、规则、目标，做到举一反三、过程透明、值得信赖是档案知识发现需要深化认识、深入研究的重点。

二是将"符号知识＋机器学习"作为自动化萃取档案领域知识的基本思路。对于大多数现有"人工智能＋档案管理"应用来说，人工智能基本等同于深度学习，这种以数据驱动为核心的任务解决方法在样本需求量、模型泛化等方面存在较大挑战，面临效果的天花板，而采用知识引导方式，让机器学习模型、有效利用已经大量累积的符号知识，是突破该瓶颈的主要方式之一。因此，应结合知识引导和数据驱动的优势，将"原始数据→机器学习模型→结果"的技术思路转换为"原始数据→机器学习模型＋知识库→结果"。知识库中既包含档案管理专家的经验知识，也包括以往知识发现得到的规律知识。利用知识库增强模型对档案数字资源的数据整合、信息关联、知识发现的萃取能力，满足智能档案管理系统应对智能推荐、自然人机交互、决策支持等知识密集型任务的需求。

三是将具备可解释能力作为智能多媒体档案管理系统的重要体现。当前人工智能大多依赖于大量已标注的数据来进行训练,只能在固定类别集合中进行学习和判断,主要解决的是档案管理环节中"是什么"的问题。而未来人工智能将加入对自然语言、常识的理解,更多面向"为什么""怎么做"的问题,这给档案智能化管理提供更加广阔的应用前景,比如将涵盖文字、图像、语音、视频等多模态档案信息的特征表示映射到同一个空间,使不同模态的档案数据与相应实体或概念关联,形成跨模态的多媒体档案知识库,给机器提供必要的档案管理背景知识,弥合了人机在语义理解上的差距,为机器在执行档案管理任务时做出各类推理判断、辅助决策等提供完整的、可回溯的证据链,进一步提升档案智能化管理的科学性和信任水平。

2. 多媒体档案知识发现的任务

多媒体档案知识发现的任务主要包括多媒体档案知识表示、知识获取和知识评价等方面。

多媒体档案知识表示是指对多媒体档案内容、背景、结构信息以及管理过程形成信息的抽象表达方式,这种表达方式不仅能充分、完整地描述特定领域或问题所需的知识,还能被计算机处理。对于多媒体档案来说,通常可以采用符号表示与数值表示相混合的方式来表达领域知识,这样既有利于人的直观理解,又便于机器计算处理。特别是多媒体档案中本身就包含多模态数据,如何在不同模态数据之间建立关联、将不同模态数据与特定实体或概念进行关联,进而形成跨模态的统一表示,是多媒体档案知识表示的核心任务。

多媒体档案知识获取是指从不同来源、不同结构的多媒体档案数据中进行知识提取的过程,包括实体抽取、关系抽取、事件抽取等任务。对于多媒体档案来说,其内容必然是非结构化数据,但其他信息可能是结构化、半结构化和非结构化数据的混合体,因此应根据数据的结构特点,组合采用基于映射、基于规则、基于统计模型、基于学习的方法完成知识获取任务。多媒体档案类型多样、媒体间关联复杂,知识获取中的人力成本主要消耗在模型构建、样本标注、规则设计上,如何在抽取模型中引入专家经验知识,实现小样本、低成本的知识获取方式,是多媒体档案知识获取的核心任务。

多媒体档案知识评价是指对多媒体档案知识发现的结果进行质量评估和控制,对缺失、错误、过期的知识进行补充、纠正和更新。对于一般意义的知识发现来说,可以使用前文所述的"兴趣函数"来评估知识发现的质量。那么,应采用何种质量评估的维度与方法才能科学合理反映多媒体档案知识发现的最终质量,是多媒体档案知识评价的核心任务。

三、多媒体档案知识发现的对象与模式

多媒体档案数据包含结构化数据(如政府、企业的核心数据库)、半结构化数据(如档案网站上的 HTML 和 XML)以及非结构化数据(如文本、图片、音频、视频),因此需

要针对不同数据结构研究知识发现的挖掘对象和模式。

（一）多媒体档案知识发现的对象

与多媒体档案有关的数据根据其数据结构差异，可以存储在多种类型的数据库中，例如关系数据库、数据仓库、空间数据库、时序数据库、多媒体数据库、Web数据库、图数据库等。

1. 结构化数据

关系数据库是表的集合。每张表都有一个唯一的标识——表名；表的每一行称为一个元组（记录），用元组（记录）号按顺序进行标识；表的每一列称为一个属性（字段），用唯一的属性（字段）名来标识。关系数据库具有统一的组织结构、完整的规范化理论、一体化的查询语言，它是知识发现最重要、最丰富、最可信的数据来源。在关系数据库上进行知识发现，可以通过关联分析等技术发现潜在信息，但数据库中数据的超大规模、动态变化、不完整、有冗余、有噪声等现状也给知识发现带来了不小困难。同时，关系数据库中只能存储多媒体档案的目录信息和元数据信息。对于多媒体档案内容信息必须转换为二进制数据才能转入关系数据库进行管理，这破坏了不同媒体对象之间的联系，且其复杂的语义关系也超出了关系模型的表示能力，因此还需依托面向对象的高级语言扩展基本关系类型，更好地描述各类媒体对象及其内部结构和联系。

数据仓库是高阶数据库的代表性成果，它建立了一种高度一体化的数据存储处理环境，将分析决策所需的大量数据从传统数据库和操作环境中分离出来，使分散的、不一致的数据转换为集成的、统一的、相对固定的数据。与传统数据库相比，数据仓库中的数据具有良好的组织，更为"纯净"，符合知识发现所需高质量数据的要求，可以说数据仓库是知识发现的最佳环境和数据源。在数据仓库上进行知识发现，一般采用多维分析处理方法，对以"维"形式组织起来的数据集采取切片、切块、钻取、旋转等分析操作，以求剖析数据，使用户能从不同角度、不同侧面观察数据仓库中的数据，从而深入理解多维数据集中的信息。利用数据仓库管理多媒体档案数据能描述其历史演变过程，数据存储性能较为稳定，能够按照内容主题进行分类整合，并可依托集成的关联规则挖掘算法、完成关联信息的挖掘。

空间数据库是存储空间信息的数据库，例如地理信息数据、卫星图像数据、城市地下管道、建筑分布等。空间数据库的最大特点是空间特性，包括空间的关联关系、拓扑关系、层次关系、空间取向、距离信息等。在空间数据库上进行知识发现，通常采用空间特征描述、空间比较、空间关联、空间聚类、空间分类等方法，发现其中的几何信息、几何性质、空间关系、属性关系以及面向对象知识等多种知识。

时序数据库是存放时间序列数据的数据库，用于反映随时间变化的即时数据或不同时间发生的不同事件，例如股票交易信息、卫星轨道信息等。在时序数据库上进行知识发现，可以采用相似性度量、时序分类、时序聚类、时序预测、时序模式发现等方法，揭示时序数据的动态规律，掌握事件的发展趋势、事物的演变过程和隐藏特征，用于未来事件的计划、决策和预警。

2. 半结构化数据

Web数据库是在互联网中以Web查询接口方式访问的数据库，用户通过客户端的操作界面，以交互方式经由Web服务器访问数据库，用户向数据库提交的数据以及数据库返回给用户的数据都是以网页形式显示的。在Web数据库上进行知识发现，是面向分布式信息资源特点的模式抽取过程，不仅能提供高效快速的信息资源分析工具以帮助用户快速浏览网页，还能识别出存在于海量信息中隐含的有效规律，用于发现用户访问偏好，提供个性化定制服务。

利用Web数据库管理多媒体档案的好处是借助网络提高多媒体档案的共享程度，便于用户获取多媒体档案信息资源，便于档案机构依托网络对库内资源进行动态更新与扩充。

3. 非结构化数据

多媒体数据库是用于存放文本、图像、声音、视频信息的数据库。在多媒体数据库上进行知识发现，一方面可采用文本识别、图像识别、语音识别、视频摘要等技术实现各类数据的高效检测；另一方面可采用模式识别方法生成多媒体数据底层特征和高层语义之间的映射关系，实现从颜色、纹理、形状、运动轨迹、声调等基本特征到某个人、某个物体、某种现象等概念的转化。

图数据库是使用邻接表或邻接矩阵等数据结构来表示和管理图数据的数据库，相对于传统数据库更具关联性和灵活性，满足高响应低延迟的在线查询和高吞吐量的离线分析需求。对于多媒体档案数据来说，其内部组成要素的复杂关联关系均可转化为实体、属性、关系等"图式"的知识表示，正适合使用图数据库进行存储管理。同时，在图数据库上进行知识发现，能够实现在多层次多粒度下针对实体、属性、关系、子图结构的查询以及基于图结构的计算、基于规则的推理挖掘和辅助分析，既能服务于实时交互类任务，又能用于批量分析处理任务，可谓查询执行效率高效、查询表达丰富、使用友好直观。因此，近年来以Neo4j、HyperGraphDB、FlockDB、PEGASUS、Microsoft Graph Engine为代表的图数据库发展极为迅猛，近期出现的图神经网络所展示的建模能力，既能接收图结构的数据输入，充分利用符号知识，又能提供可训练的数值模型来适配具体应用，有望成为"符号计算＋数值计算"相结合的载体，助力符号模型和统计模型相互结合以发挥各自长处[①]。

---

① 肖仰华，徐波，林欣，等.知识图谱：概念与技术[M].北京：电子工业出版社，2020：370.

（二）多媒体档案知识发现的模式

1. 分类模式

分类模式是指根据多媒体档案数据特征对其进行划分类别的过程。分类是多媒体档案知识发现的基础问题，也是最为广泛的应用场景。多媒体档案管理任务以区分类别为主要需求，大多可以转化为模式分类问题，这里的"模式"既可以是管理层面的模式（如电子文件归档模式、电子档案管理方式和手段等），也可以是业务层面的模式（如"八防"措施、质量控制、鉴定分级、数据化处理等）。

现有的分类方法包括决策树方法、贝叶斯分类方法、神经网络方法、粗糙集方法等。

决策树方法根据任务需求，采取自上而下的递归分治策略生成决策树，生成的分类器易于理解、分类速度快、分类准确率高。

贝叶斯分类方法采用统计学原理，利用贝叶斯网络构建各要素各变量之间的相互关系，以概率信息作为分类标准，其优点是简单易行、分类精度较高、提供回溯推理依据。

神经网络方法是依托已标注训练数据形成的神经网络模型，表达复杂的非线性函数映射关系，对新数据进行分类，其优点是对有错误、噪声、缺失的数据的承受能力较强，降低专家定义特征的代价，能够较好地捕捉到数据中潜在的隐性特征。

粗糙集方法是一种处理不精确、不确定、不完全数据的分析推理方法，能够处理不精确、模糊数据的分类问题，可以从不同粒度数据中产生概念简单、易于操作、便于检查证实的模式和规则。

上述分类方法均可满足多媒体档案知识发现中分类任务场景的应用需求，但同时也存在一定缺陷，例如生成最优决策树、获取贝叶斯网络最优结构和参数都是 NP 难问题，必须由不同领域专家协作完成；神经网络方法无法获得显式规则，不便于人理解分析；粗糙集方法需要具备概率论、模糊数学、证据理论等相关理论知识才能很好地与应用需求结合等。

2. 聚类模式

聚类模式是指将多媒体档案数据集划分为若干类别，使得同一类中的对象具有最大的类内相似性，不同类中的对象之间的类间相似性尽可能小。聚类与分类的主要区别在于，分类是将某个对象划分到已经预定义好的类别中去，而聚类形成的对象类别不是事先定义好的，且通常这些类别之前并没有被发现，属于潜在的新知识。

现有的聚类方法包括划分聚类方法、层次聚类方法、密度聚类方法、网格聚类方法、模型聚类方法等。

其中划分聚类方法是在事先定义好类别数量的基础上，根据"同一类对象尽可能接近、不同类对象尽可能远离,每个对象有且只属于一个类别"的规则,按照"选择聚点—划分对象—修改聚点"的基本流程进行聚类处理,其优点是适用于大规模数据集,可伸缩性较高,聚类速度快。

层次聚类方法是采用自上而下或自下而上的方式在不同层次上对象进行分组的方式,最终形成树形的聚类结构,是一种将类由多变少的分解型或凝聚型聚类方法,其优点是适用于任意类型和任意属性的数据集,可灵活控制不同层次的聚类力度。

密度聚类方法是以某个对象邻近区域的密度作为聚类的衡量标准,克服了基于距离的聚类方法只能发现"类圆形"聚类的缺点,可用于发现数据集中存在的异常数据,其优点是能适用于带空间属性数据的聚类,形成任意形状的密度连通集。

网格聚类方法采用一个多分辨率的网格数据结构,将数据空间划分为有限个单元的网格结构,所有聚类操作都在网格上进行,其优点是适用于任意数据类型,有利于并行处理和增量更新。

模型聚类方法是给每个聚类预先设定一个模型,再寻找数据对给定模型的最佳拟合,其优点在于不需要用户提供类别个数,且可以自动修正划分中类的数目。

根据上述聚类方法的特点和适用场景,可在相应多媒体档案知识发现的不同任务中按需使用。例如,层次聚类方法可用于多媒体档案管理领域的概念发现,密度聚类方法可用于含空间结构的多媒体档案数据的聚类等。但上述方法大多需要事先指定类别的数量、类别间的划分阈值、每个类别的模型假设等,在缺乏相应先验知识的情况下一定程度会降低聚类的质量和准确性。

3. 回归模式

回归模式是指以回归方程的形式描述和反映多媒体档案数据的变化规律,从而准确把握某个变量受其他变量影响的程度,进而为预测提供科学依据。回归模式解决的是几个特定变量之间是否存在、存在怎样相关关系的问题,通过回归分析可以根据若干个变量值预测或控制另一个变量值,同时找出影响该变量值的重要因素。

现有的回归方法包括线性回归方法和非线性回归方法等。两者分析的都是因变量和自变量之间的关系,通过建立回归模型、估计回归系数、校验显著性等流程确认某种回归关系确实存在。

回归模式既可以应用在针对多媒体档案内容的知识发现上,使用户了解档案内容中人物、事件、主题的演化特点和过程,揭示其态势演变规律,预测类似内容的发展方向和热点问题,也可以应用在针对多媒体档案管理的知识发现上,使档案机构能够根据档案网站上的热门搜索条目和关键字、档案服务利用的热门业务预测用户的偏好和下一步资源利用需求,提前制定服务策略、设计服务形式和持续改进服务内容,有目的地建设开发多媒体档案资源,响应用户个性化需求,给用户推荐感兴趣的资源和服务。回归模式建模速度快,模型易于理解,有助于辅助决策分析,但其大多只适用于简单关系,对于非线性数据模型可能出现欠拟合现象,难以很好地表达高度复杂的数据。

4. 语义模式

上述几种模式本质上都属于"数据→模型"的转化,采用这些模式生成的"模型"虽可以看作是新知识,但其知识表示方式并不友好,主要是从便于计算机计算和分析处理角度对知识的符号化、形式化或模型化,理解、解释和应用这些知识还需要相应领域专家结合自身知识进行转化。造成这种问题的主要原因是,上述模式都是在低层数据维度进行知识发现操作,并不涉及高层语义级别的知识表示和发现,人成了低层特征与高层语义之间的连接点。

而多媒体档案资源管理之所以面临的巨大挑战,其根本原因就在于非结构化数据中蕴含的语义没有被真正理解、语义单元之间的关系没有被发现,导致无法从中形成有价值的知识给实体管理提供科学指导,也无法向用户提供精准知识服务。因此,优化上述模式的重要手段之一就是引入语义元素,将概念引入对模式的描述中,定义基于概念约束的模式,在低层数据特征之上形成丰富的概念以及概念的实例,就可以以人可理解甚至是自然语言的方式精准地表示知识,从而增强模式的描述能力。

语义模式的主要实现方法是语义网络,它是以图形化形式通过点和边表达知识的方式。语义网络的基本组成元素是点和边,点可以表示实体、概念和值,边可以表示关系和属性,两者构成的有向图结构可以描述事件、概念、实体、状态、动作等之间的关系。知识图谱就是大规模语义网络的典型代表,旨在从数据中识别、发现和推理事物与概念之间的复杂关系,是事物关系的可计算模型[①]。利用知识图谱作为多媒体档案知识发现的最终表示形式,能够在语义层面对资源进行描述和存储,形成包含知识框架和知识实例两个层次的完整知识系统,是互联网和大数据时代机器理解多媒体档案领域和与人交互的通用"语言"。

运用知识图谱技术解决多媒体档案知识发现问题,一是要构建知识框架,对多媒体档案管理、多媒体档案内容中涉及的基本概念、概念之间的关系以及概念的属性构成等进行描述和定义,形成覆盖档案业务和档案资源的概念层级模型;二是要抽取知识实例,通过实体识别、关系抽取、属性抽取等知识获取方法对多媒体档案中以文本化或自然语言表达的数据进行语义抽取,采用图像识别、语音识别、视频摘要等技术对其

---

① 王昊奋,漆桂林,陈华钧.知识图谱:方法、实践与应用[M].北京:电子工业出版社,2019:2.

他媒体对象进行特征抽取,最终输出整个多媒体档案中包含的所有实体、属性以及实体间的相互关系,形成规范化的网状语义结构;三是对初步构建形成的图谱进行知识加工和验证,实现多源异构知识的融合统一,对图谱中的缺项、错项、陈旧项进行补全、纠正和更新;四是以高质量图谱为管理对象,提供图谱的高效存储、索引和访问,支撑基于图谱的知识服务的实现。

四、多媒体档案知识发现的过程与方法

(一)多媒体档案知识发现的过程

多媒体档案知识发现的基本过程与知识发现的基本过程一致,包括领域理解、数据选择和预处理、模式发现、解释评估和知识应用等步骤,这些步骤同样是交互迭代的,如图2-16所示。

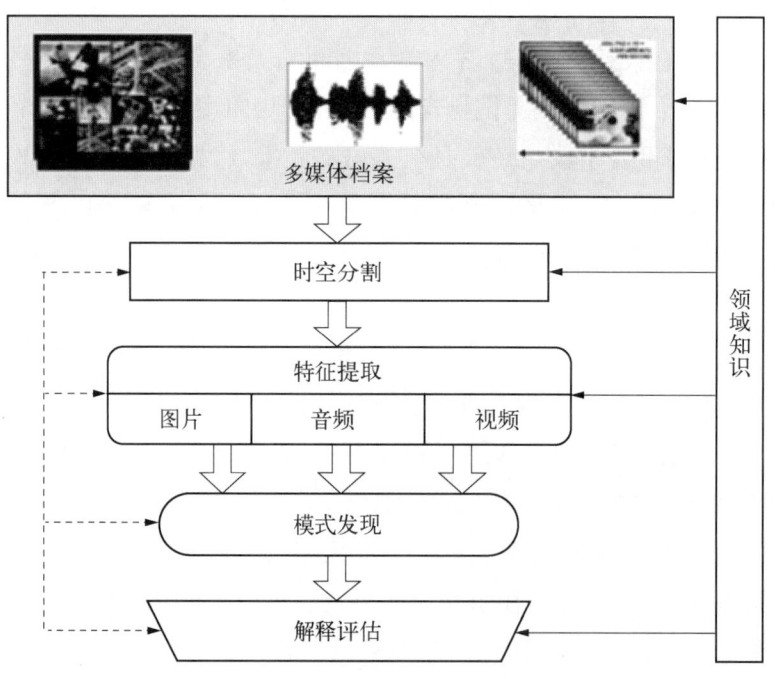

图2-16 多媒体档案知识发现基本过程

1. 领域理解

领域理解是在知识发现之前收集所有相关的先验知识,如多媒体档案数据资源的质量、结构化程度、可用性,多媒体档案知识应用的需求和复杂性,多媒体档案管理相关知识资源储备等。

这些知识将转化为领域知识并贯穿于整个知识发现过程,从而避免盲目应用知识发现技术导致发现不相关或无意义的模式。

2. 数据选择和预处理

数据选择和预处理是选取满足最终知识应用需求的特定多媒体档案数据源,并根据数据特点进行清洗、转换、整合,形成高质量的数据池。

考虑到多媒体档案数据的非结构化特性,数据的预处理就显得极为重要。通常应先对多媒体档案数据进行时空分割,将其分解为不同部分,例如将图像分割为固定大小的区域,将音频按音素或单词粒度分割为固定大小的时序窗口,将视频分解为连续的帧集合等;再对分割后的各个部分进行特征提取,包括低层的数据特征(如颜色、纹理、音色、旋律、位置、轨迹等)和高层的语义特征(如逻辑架构、布局架构、呈现架构、用户交互信息等)。

3. 模式发现

模式发现是多媒体档案数据中隐藏的模式被实际挖掘出来的阶段,是整个知识发现过程的核心。

在这一步中,既可以使用关联、分类、聚类、回归、时序分析、可视化等经典数据挖掘方法,也可以采用概念挖掘、自动标引、事件发现等多媒体数据挖掘方法。每种方法都可以通过统计数据分析、机器学习、神经网络、模式识别等具体技术实现,具体采用哪种方法和技术取决于知识发现的目标和应用需求以及相关数据资源、知识资源的准备情况。

4. 解释评估

解释评估是评价新模式的质量以及是否满足应用需求。

由于知识发现最终是面向用户的,因此当发现得到的某种模式不满足实际需求时,整个过程就退回到原点或上述某一阶段重新开始。

5. 知识应用

知识应用是利用发现的新知识生成新的多媒体档案知识服务策略、模式、行动和产品等。

(二)多媒体档案知识发现的方法

多媒体档案数据具有容量大、非结构化、内容多义性等不易处理的特点,这就要求多媒体档案知识发现的结果必须能反映数据特征与语义描述,并能弥合计算机处理与人类理解之间的鸿沟。

从多媒体档案知识发现的模式可以看出,语义模式是满足上述要求的最佳可选项,构建知识图谱本身就是一种知识发现的方法,以图谱作为新发现知识的表示形式,其优点不仅在于表达能力强,能够将任意类型或任意粒度的数据以语义单元形式进行存储关联,还能够提供用于描述实体关系或概念层级的语义模型,而且拥有高效计算的数据结构并能够提供支持机器推理的模型与方法,同时其最终形态接近于人的认知,是人可理解的机器语言。

可以说,知识图谱的出现给多媒体档案知识发现提供了全新的方法和思路,下文我们将借鉴知识图谱构建的基本方法来阐述以语义模式实现多媒体档案知识发现的一般方法。

1. 实现策略

知识图谱的构建通常采取自顶向下或自底向上的方法而展开。自顶向下的方法是指首先定义好知识框架,再将知识实例按照知识框架的约束匹配并充实到知识框架中,适用于知识体系完备性欠缺的领域;自底向上的方法是指首先从高质量的数据源中抽取置信度高的知识实例,再对知识实例中存在的概念进行抽象化表达,形成知识框架。

相比之下,自顶向下的方法虽然前期所消耗的人工工作量较大,需要领域专家大量参与搭建知识框架,但是专家指导下形成的框架科学合理,能很好地体现领域内的概念层级关系,对后续知识实例抽取的质量有很大帮助;自底向上的方法后期所需的人工工作量较大,通过数据驱动方式形成的知识实例准确性不高,增加了概念抽取和知识融合的难度,需要预设规则或人工进行校验。

对于多媒体档案知识发现来说,由于档案行业内有固定的知识体系,可根据国家和档案行业标准,由档案领域专家梳理后形成知识框架,而"互联网+"背景下多媒体档案资源规模大、信息量多、内容内涵和外延丰富,使得仅依赖人工抽取匹配框架的知识实例需要花费大量时间和精力,因此应采取自顶向下和自底向上相结合的方法来展开,自顶向下的方法用于知识框架的构建,自底向上的方法用于知识实例的抽取和填充。

2. 实现方法

(1) 知识框架构建

在知识框架构建方面,应形成覆盖多媒体档案内容、结构、业务的统一概念层级模型。

在内容方面,知识框架应能体现多媒体档案中包含的媒体对象类型,描述其中涉及的概念以及概念之间的联系。图2-17给出了组成多媒体档案内容要素的基本概念及其相互关系,例如文本、图片、音频、视频是多媒体档案的"子类",短语词汇、子图区域、音频片段、视频片段都是上一级概念的"子类"。为了便于计算机理解多媒体档案的组成要素,可以进一步抽象出"片段"的概念,将短语词汇、子图区域、音频片段、视频片段等归属在"片段"概念之下,有利于从微观层面对多媒体档案进行分解。

在结构方面,由于多媒体信息具有多媒体类型和时空特性,多媒体档案可以划分为多种媒体对象并根据不同媒体对象的特点进一步将其划分到多个空间、时间或时空区域,例如图片中不同空间区域、音频中的不同音轨、视频中的运动轨迹等,从而更好地描述多媒体档案的技术结构,体现多媒体档案的技术结构,时空属性对应逻辑架构,空间属性对应布局架构,时间属性对应呈现架构,如图2-18所示。

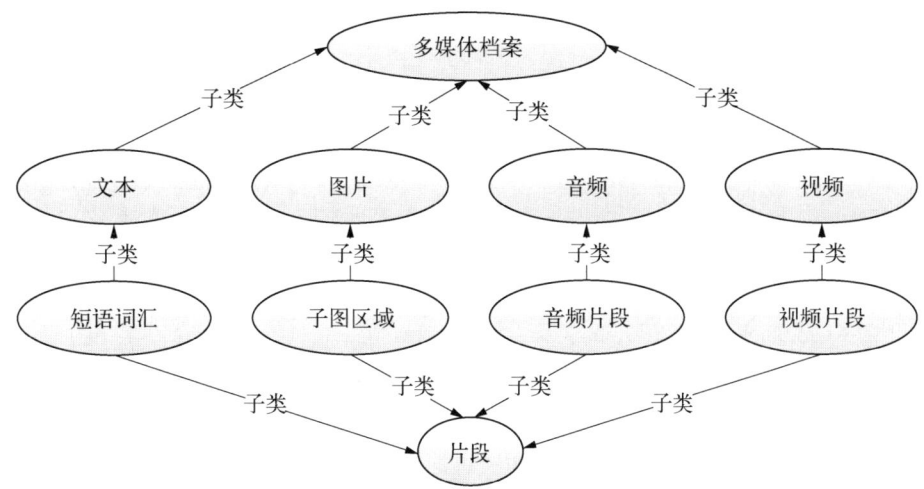

图 2-17　多媒体档案内容组成要素知识框架

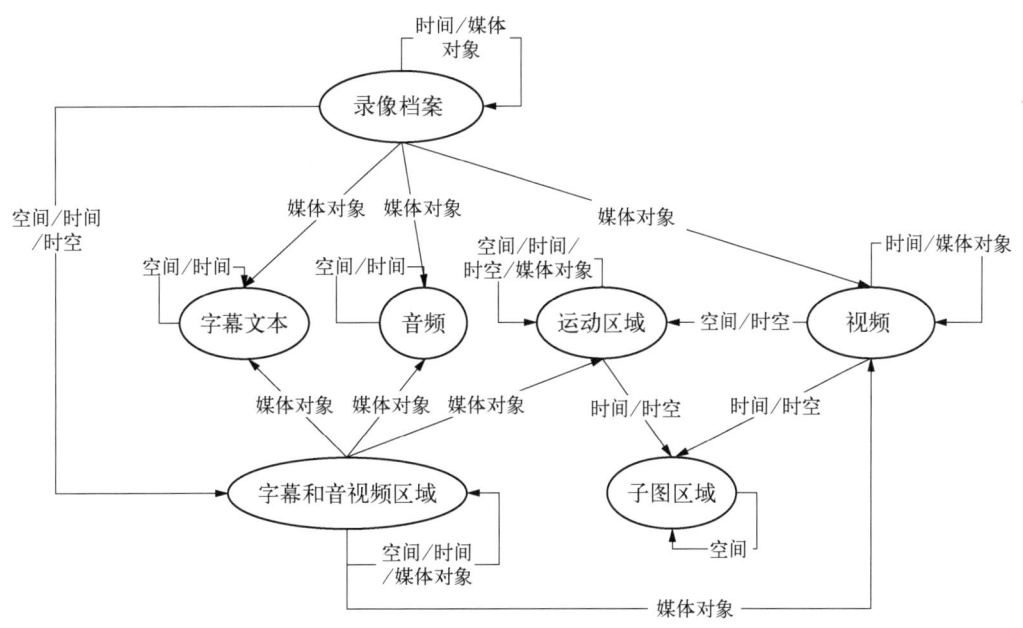

图 2-18　多媒体档案技术结构知识框架

在业务方面，对管理层面涉及的概念以及相互关系进行描述，如图 2-19 所示。

2. 知识实例抽取和填充

在知识实例抽取方面，应当按照先易后难、先简单后复杂、先领域内后领域外的思路展开。

先易后难是指先选择经过长期维护整理、结构化程度较高、质量较好的数据源作为实例抽取对象，后处理尚未经过系统整理、元数据缺失、格式特殊的数据源；先选择

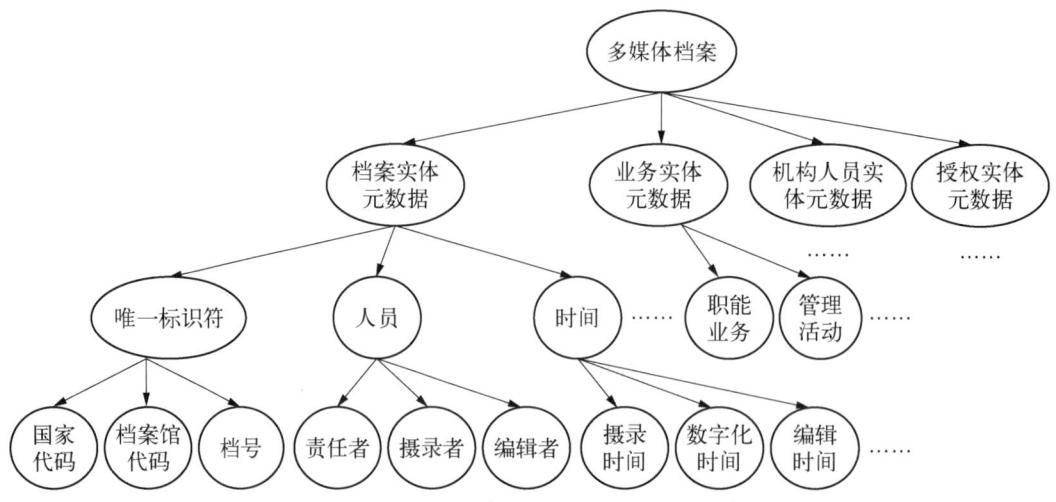

图 2-19　多媒体档案业务知识框架

文本格式（含图片）的数据进行实例抽取，从中获取领域语言知识，后处理音视频等复杂格式的数据，获取语音、人脸等特征知识；先从法规标准、元数据中获取业务知识，后从档案内容中获取世界知识。

先简单后复杂是指在进行知识实例抽取时，应通过区分简单知识和复杂知识来确定抽取的先后顺序，例如应先抽取词汇知识再抽取语法语义知识，先抽取语言知识后抽取业务知识和决策知识，先抽取静态关联知识再抽取动态过程知识等。

先领域内后领域外是指应先针对多媒体档案业务领域内的知识进行抽取，利用本领域清晰的工作目标和方法规则，确保领域内知识体系封闭、知识类型简单，易于实现。在此基础上，再对档案内容中涉及的领域外知识进行抽取，扩展知识实例范围，补充完善知识框架。

第三章

多媒体档案知识发现的需求分析

当前,档案工作仍存在档案资源的粒度与集成不足、档案开发利用模式单一、深度知识服务能力欠缺、决策支撑应用场景较少等问题,但档案领域的知识体系和资源基础正适合知识发现的价值发挥和优势展现,是破解当前矛盾的最佳方案之一。对于多媒体档案知识发现而言,用户需求是起始点和立足点,必须以需求为牵引,最终落脚点是在其管理和利用服务上。因此,有必要弄清楚多媒体档案知识发现的需求是什么,才能有针对性地选择档案资源的建设和开发范畴,科学地选择知识发现的技术和工具,并设计符合用户需求的知识应用场景,为用户提供智能化、精细化、便捷化的知识服务。本章基于档案服务的视角,通过探讨多媒体档案知识发现的产生根源、内涵特点、主要类型,并梳理多媒体档案知识发现的技术需求、期望设想、应用场景等,为后续多媒体档案的知识资源建设和开发利用提供认知框架。

第一节 多媒体档案知识发现需求产生的根源

档案领域专门探索用户需求的成果很少,主要研究的视角包括:一是定义演绎,如将档案利用需求看作是用户的一种心理现象,并演绎了"档案需求—利用动机—利用目标—利用行为—需求满足—新的需求"逻辑链路[1]。这种观点有效阐释了被意识到的需求所呈现出的反应状态,但无法揭示未意识到的需求和意识到但未表达出来的需求。二是社会调查,即通过问卷调研的方式了解用户对档案利用的需求,通常探索档案用户对档案利用的认知度、满意度、影响因素等,如调研发现当前档案利用呈现出渠道网络化、内容数字化、目的多样化等特点[2]。这种方法具有典型性,问卷调研过程也可视为档案宣传的过程,但需要把握统计样本的科学合理性。三是利用统计,档案机构通过分析档案利用的情况来了解用户的类型、需求、目的等,如通过分析云南省档案馆 5 年的档案利用数据,发现利用需求主要为编史修志、工作查考、学术研究、经济建设和民生查考[3]。这种方法思路为"内窥",无法揭示和拓展外在的、潜在的用户需求。四是理论引入,如引入马斯洛需求层次理论来探索智慧城市建设视角下数字档案

---

[1] 丁海斌.论档案用户的利用需求[J].辽宁大学学报(哲学社会科学版),1989(6):98-99.
[2] 闫静,朱琳,张臻.档案用户利用需求及对策研究:基于各级国家综合档案馆用户利用需求问卷调查[J].档案管理,2022(2):93-97.
[3] 孙笠雯.档案信息用户需求研究[J].云南档案,2022(3):54-57.

馆的信息服务需求①。目前多媒体档案管理领域鲜有对引入需求理论的研究成果，值得进一步借鉴。

《中华人民共和国档案法》提出"创新服务形式，强化服务功能，提高服务水平，积极为档案的利用创造条件"是档案工作的一项基本任务，而多媒体档案信息资源开发的最终目的是向用户提供服务。换言之，用户在整个链条和环境中始终处于中心位置，用户的需求决定多媒体档案服务的内容与方式，也决定多媒体档案资源的组织模式与管理机制。理解多媒体档案知识发现需求的内涵，需把握需求的来源、含义、类型等，并探索构建多媒体档案知识发现的需求模型。

实践哲学观指出"人类的最终实在、本体、事实都是人类物质生产的社会实践活动"②。档案不同于自然物，源于人类物质生产和社会精神层面的实践活动。1976 年，美国学者 Brenda Dervin 提出了著名的意义构建理论（Sense Making），并成为信息需求研究从"以系统为中心"向"以用户为中心"的基石。Brenda Dervin 认为：世界不断存在鸿沟，因此人类需要搜索信息，这是永恒的困境③。2007 年，Pirolli 提出的信息觅食理论（Information Foraging Theory），也指出搜集信息是人类适应世界的方法，人类必须"摄入负熵，消耗信息，身体才能得以存活"④。后来，还有学者将信息需求适应机制划分为知觉认知层级、自我定位层级和物种生存层级。虽然信息、知识、需求等看似虚无缥缈、抽象无形，但上述理论都具有很强的唯物主义色彩，它们揭示了需求的本质来源——人⑤。恰是"人"在实践活动中为解决各种实际问题而对"信息"的不满足感和必要感便产生了需求⑥，值得说明的是，本节的"信息"是宽泛的概念，可以指数据、信息、知识、服务等，"信息需求"亦可指"数据需求""知识需求"等。

在档案利用服务的整个链路中，涉及两种角色的"人"，即"档案利用者"和"档案服务提供者"，多媒体档案知识发现的需求便源于这两种角色。

一、档案利用者

利用服务链路中的"客体（Whom）"，代表各层级、各类型的档案用户。为理解档案用户需求的来源，我们综合吸收经典的 Kochen 信息需要状态层次模型⑦、Taylor 信

---

① 周枫，杨智勇.面向智慧城市的数字档案馆信息服务需求分析：以需求层次理论为视角[J]. 档案学研究，2016（4）：103-106.
② 李泽厚.批判哲学的批判：康德述评（修订本）[M]. 北京：人民出版社，1984：76.
③ Dervin B. Chaos, Order, and Sense-Making. A proposed theory for information design[J]. Information Design, 1999：35-57.
④ Pirolli P L. Information foraging theory: a daptive interaction with information[M]. Oxford University Press, 2007.
⑤ 宋朋.检索中的信息需求理论：将信息与知识建立联系[J]. 情报学报，2015，34（3）：227-235.
⑥ 马费成，宋恩梅，赵一鸣.信息管理学基础[M]. 3 版.武汉：武汉大学出版社，2018：280-281.
⑦ Kochen M. Information for action: from knowledge to wisdom[M]. New York: Academic Press, 1975.

息需求模型①和 Brookes 信息方程②,改进优化后构建如图 3-1 所示的多媒体档案用户需求模型。

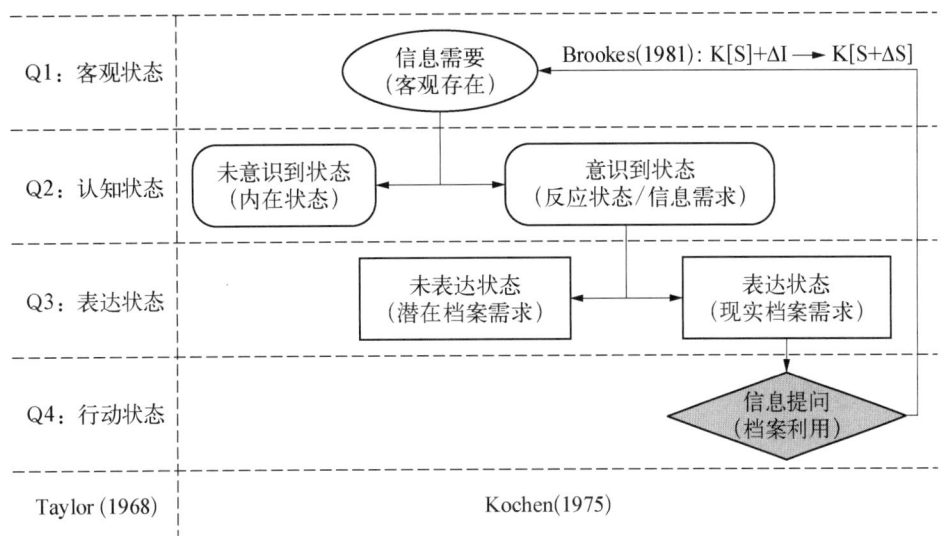

图 3-1 多媒体档案用户需求模型

图中左边为 Taylor 提出的信息需求实现 Q1—Q4 的四种需求状态/阶段,右边为 Kochen 提出的信息需要层次结构。

第一层(Q1)表示用户的信息需求是客观存在的,是人作为物种生存的必需品,这也意味着人人皆有可能成为多媒体档案用户。

第二层(Q2)表示大脑对需求的认知描述,未被意识到的不满足感和必要感仍处于内在状态,而被意识到的信息需要便是"信息需求",这种"意会"状态会根据用户本身的性格特征、知识能力、社会环境等因素决定是否进入第三层。

第三层(Q3)是对信息需求的一种形式化表达,意识到但未表达出来的成为潜在的多媒体档案需求,意识到且表达出来的便是现实档案需求,但表达出来的档案需求受客观环境、便捷程度、信息素养等诸多因素的影响,才能决定其是否可进入第四层。

第四层(Q4)即需求实现的行动状态,也是用户向档案机构提出书面/口头的具体请求。完成档案利用后,依据 Brookes 方程可知,新信息的输入会改变用户的知识结构,进而形成新的多媒体档案需求。

分析模型可知,受诸多因素影响,信息需要、信息需求、需求表达、信息提问之间尚

---

① Taylor R S. Question-negotiation and information seeking in libraries[J]. College & Research Libraries, 1968, 29(3): 178-194.
② Brookes B C. The foundations of information science: part IV. Information science: the changing paradigm [J]. Journal of Information Science, 1981 (1): 3-12.

存在很大的鸿沟,研究表明"信息提问只不过是信息需要冰山那露出水面微乎其微的尖顶"[①]。因此,调研时有必要考虑以下五个要点。

一是多媒体档案的潜在用户很多,用户本人、曾在某单位工作的人员、书面委托人员、直系亲属等,需求调研时应考虑周全。

二是用户能否意识到自身的多媒体档案需求受诸多因素影响,调研时应该提供选择式引导。

三是用户能否准确表达多媒体档案需求需要专业素养,调研时应展示多媒体档案服务的成果类型和模式。

四是用户是否付诸多媒体档案利用行动与个人性格、信息便捷等程度有关,应注重了解面临的问题、满意程度等。

五是多媒体档案利用后会启发和促进用户新需求的产生,这与知识发现启发式、关联式影响用户认知有类似原理,可调研用户对知识服务、新技术应用的意愿态度。

二、档案服务提供者

利用服务链路中的"主体(Who)"代表档案部门和工作人员。Wilson 认为工作环境、工作角色、文化环境等都会影响用户的信息需求[②],档案工作人员作为一种工作角色,从多媒体档案知识发现需求的视角看,可以进一步细分为三个方面的需求。

(一)作为多媒体档案服务提供者的需求

Belkin 的知识非常态理论(Anomalous State of Knowledge,简称 ASK)认为信息需求本质上是一种矛盾,即预期与现实之间的矛盾[③]。这种矛盾被称为"知识非常态",可通俗地表述为"用户既不知道如何描述自己的需求,也不知道去何处寻找答案"。

在这种状态下,相比 Taylor 所提出 Q1 状态的"无知者无畏无惧",知识非常态下的用户处于 Q2 和 Q3 阶段,面临"意识到了需求但无法表达也无法行动"的极度痛苦中。而作为多媒体档案服务的提供者,档案工作人员在直面用户时有与用户开展沟通、了解用户所想、理解用户需求的意图背景、协助用户表达需求、帮助用户档案利用等职责,因此调研过程中应注重了解"提供者"视角下的用户多媒体档案利用情况、诉求等。

(二)作为多媒体档案管理者的需求

多媒体档案工作是一种具有独特功能、结构的管理系统,其管理对象是多媒体档案,需要把握多媒体档案形成系统的多样性、信息类型的多元化、媒体之间的关联性、

---

① 马费成,宋恩梅,赵一鸣.信息管理学基础[M]. 3版.武汉:武汉大学出版社,2018:281-283.
② Wilson T D. On user studies and information needs[J]. Journal of Documentation, 2006 (6): 658-670.
③ Belkin N J. ASK for information retrieval: background and theory[J]. Journal of Documentation, 1982(2): 61-71.

语义的复杂性等特点,也需要解决多媒体档案数据量大、类型复杂、组织困难、遗留问题多等诸多矛盾,还需要着力聚焦"为民服务"的职责使命。

因此调研过程中应注重了解"管理者"视角下多媒体档案资源的建设现状、开发情况、面临困难、技术需求以及知识发现在改进多媒体档案业务工作的可能应用场景等。

(三)作为多媒体档案利用者的需求

档案工作人员需要利用、开发多媒体档案为用户提供服务,同时还要开展多媒体档案检索、档案编研、档案统计等工作,这意味着档案工作人员本身就是多媒体档案的利用者。

Bates 提出的浆果采摘信息利用模型揭示了信息需求(Q3)到信息提问(Q4)转换的原理,并指出:用户在某一阶段不断地、反复地尝试搜集很多信息并对其进行整理和关联,以完成需求的实现[①]。Bates 的浆果采摘信息利用模型与档案工作人员利用多媒体档案的过程十分相似,分析该理论可知,"利用者"视角下档案工作人员在多媒体档案检索、编研等业务工作中,存在档案需求表述的概念碎片性、档案信息查询行为反复性、档案信息整理关联复杂性、档案利用过程中新需求干扰性等诸多困难,应注重调研知识发现在解决这些困难的技术优势、应用场景、档案工作人员的态度需求等。

第二节 多媒体档案知识发现需求的内涵外延

一、多媒体档案知识发现需求的内涵

依据前文所提及的"档案利用者"和"档案服务提供者"两个维度对需求来源的理论分析,多媒体档案知识发现需求可定义为:档案用户和档案机构工作人员在推进国家治理体系和治理能力现代化、为中国特色社会主义事业服务等活动中对现阶段多媒体档案资源管理、开发和利用感到不满足和不确定,从而提出利用知识发现模式来破解矛盾、消除鸿沟、弥补缺失的一种心理诉求。

随着现代信息技术的发展,这种诉求也愈发强烈,具体表现包括以下几个方面。

一是互联网带来了大规模、开放性资源和应用场景,而档案机构提供的信息虽然权威且具有凭证性,但维度过于单一,用户渴望使用集成、便捷的档案信息检索平台和获取完整、全貌的历史记录。

二是元宇宙、数字人文等技术推动信息的可视化、主体的互动化、场景的游戏化,

---

① 国佳,李建华,李贺.从信息到知识:信息需求理论研究[J].情报理论与实践,2012(6):16-20,15.

而档案宣传、展览等形式过于传统,用户渴望体验活泼的、酷炫的、美观的、沉浸的档案利用活动。

三是人工智能等技术掀起了知识的智能生成,如近期火爆的 GPT-4 已在自动编程、辅助办公、数据分析、咨询报告撰写等有重大突破,而档案机构开展的学术研究、决策咨询服务等方面存在不足,用户渴望档案机构在服务中心大局、资政参考、公共服务和文化教育等领域提供权威的、智能的知识性服务。

综上,可从以下四个方面理解多媒体档案知识发现需求的特点。

一是需求主体多样化。前文提及了包括"服务主体"的档案机构工作人员,"服务客体"的单位、用户本人、曾在某单位工作的人员、书面委托人员、直系亲属等多类型档案用户。特别是随着新档案法颁布施行,个人查档、地方用户将越来越多,需求的类型也愈发多样,知识发现能提高多媒体档案业务、资源整合与开发利用的效能,是应对主体多样化需求的可靠方案。

二是实现方式网络化。一方面指用户可通过网络方式便捷利用数字化、集成化的多媒体档案资源,这与档案信息化建设息息相关。目前,"互联网+"档案数字治理模式、档案记忆项目、档案专题目录和数据库建设、数字档案馆(室)、档案查询利用服务平台正努力实现该愿景,这也为多媒体档案知识发现的推广、拓展提供了基础。另一方面也指用户面对多媒体档案信息检索利用,能实现知识、概念、主题的关联网络化和可视化,提升档案信息检索的效能,更便于不同知识能力用户的使用。特别是知识图谱作用概念的语义网络,可建立多维、立体、关联、交互的知识体系。

三是服务内容知识化。信息需求高度依赖于用户的认知能力,有学者认为用户需具备行业知识、专业知识和信息资源知识才能将信息需求实现从客观到主观的转化[①]。而伴随前文提及的信息集成、人工智能等信息技术的发展,用户依靠互联网得到信息需求满足的同时,也触发产生了 Brookes 方程揭示的新认知能力,从而对权威的、专业的多媒体档案知识服务充满期待,知识图谱作为互联网背景下大规模知识发现的关键技术,可实现智能服务、知识服务、精准服务等需求。

四是交互探索自主化。"可近性选择""穆尔斯定律(Mooers)"等用户信息行为规律告诉我们,档案用户实施利用行为与需求问题重要性、需求信息价值大小、档案可获得便捷程度、非正规渠道能否解决等因素关系密切。现实中,档案机构往往是用户最后的、不得已的选择,用户也倾向于寻找他们认为档案机构能够提供的信息,而非自己实际需要的信息。这意味着"用户对自主探索"有强烈的需求,这与新时代价值观念多元、自主意识强烈、网络印记显著、追求时尚新潮等特点也高度符合。知识发现可将赋

---

① 张晓林.走向知识服务:21 世纪中国学术信息服务的挑战与发展[M].成都:四川大学出版社,2001:13—51.

能多媒体档案资源融入数字人文可视化、交互式、游戏化的项目开发理念中。

二、多媒体档案知识发现需求的主要类型

人是需求的来源,但多媒体档案价值是多媒体档案和多媒体档案工作存在的依据。通过前文对多媒体档案知识发现需求的来源和内涵分析可知,"需求类型"既是概念从理论到实践的一种具象外化,也是多媒体档案价值实现的表现形式和方法途径,其根源还是回答"人希望得到何种具体的多媒体档案服务"这一命题。换言之,这也是多媒体档案知识发现应用场景设计的指引。对于以下几方面内容的关注有助于理解多媒体档案知识发现需求的类型。

(一)需求的发展演进

1. 原始档案需求阶段

在多媒体档案未开放及开放初期,对其有深入了解的用户相对较少,多媒体档案利用需求多是由档案自身的记录功能和原始凭证价值而直接产生的,它来源于对生存安全和记录历史的考虑。这一时期多媒体档案利用模式多为直接查阅。

2. 数字档案需求阶段

随着新一代信息技术的发展、档案资源的开放和用户信息素养的提高,人们愈发认识到多媒体档案信息的价值,此时对多媒体档案信息的需求呈现出普遍性和数字化特征。普遍性表现为大量组织、个人同多媒体档案信息资源产生紧密的需求联系,潜在档案用户转化为现实档案用户;数字化表现为用户在多媒体档案利用过程中无论是咨询、查阅、利用等,都更倾向于接触数字化的多媒体档案服务与信息。

3. 智慧档案需求阶段

"省力法则"促使用户对多媒体档案利用工作提出主动高效、感知互联、协同智能等要求,而大数据、人工智能等技术正助力智慧档案、知识服务等成为可能。尽管目前智慧档案的需求还处于蓬勃发展阶段,但已成了必然趋势。知识发现是实现智慧型多媒体档案信息服务的关键技术,它值得深入探索研究。

(二)需求的主要类型

1988年吴宝康先生指出,档案的基本作用包括:机关工作的查考凭据、生产建设的参考依据、政治斗争的有力工具、科学研究的可靠资料、宣传教育的生动素材[1]。这是20世纪80年代中国档案界的共识。谢伦伯格提出档案具有"运行证据"和"情报资料"的作用[2],即"凭证价值"和"参考价值"得到广泛认可。此外,还有学者认为还应该

---

[1] 吴宝康.档案学概论[M].北京:中国人民大学出版社,1988.
[2] 谢伦伯格. 现代档案:原则与技术[M]. 黄坤坊,等译.北京:档案出版社,1983.

加上"情感价值"①。价值对应着需求,结合多媒体档案利用服务的现状,根据多媒体档案知识发现可能的需求实现场景,将其主要分为四种类型。

1. 档案凭证需求

所谓的"第一价值",这是档案的原始性决定的,也是档案最为突出的作用。在多媒体档案利用服务活动中,如提取和总结重大历史事件档案中的经验和教训、红色档案资源的宣传教育、巡视纪检审计等都需要发挥多媒体档案的凭证价值,具有其他类型信息资源不可替代的作用。多媒体档案知识发现可以建立档案原件与检索概念之间的关联,实现对多媒体档案原件的高效查找。

2. 工作查考需求

人类的经验通过记忆性经验和记录性经验得到传承,但记忆性经验的传承具有很大的不确定性,因此记录性经验承载着人类文明继往开来的重要使命。多媒体档案作为智慧城市背景下记录性经验的重要载体,是对实践活动及其经验的原始记录,是解决具体工作问题的参考资料。在多媒体档案利用服务活动中,如音视频资料参考、纪念馆和荣誉馆以及史馆建设、资政决策需求等都属于"参考价值(第二价值)"的发挥。这是多媒体档案作为案例的经验价值表现,通过利用知识发现的关联分析和推理对同类、相关的工作开展案例式研究,分析总结普遍性规律、手段和方案,从而提高各级机关、各个单位的工作效率。

3. 学习研究需求

辩证唯物主义认为实践经验是一切科学知识的基础和直接来源,而档案作为人类实践的原始记录,具有实践性、零散性、实用性等诸多特点,是知识的重要源泉。一方面,有关科技、专门档案等档案记录的研究数据、过程、成果是学习研究的基石;另一方面,档案材料也为研究党史、军史、重大历史事件等提供了可靠的、立体的论证素材。伴随多媒体档案数字化和数据化程度的提高,人工智能、知识图谱等新技术的融合应用,开辟了参考咨询、知识发现、深度研究的新领域。

4. 文化教育需求

档案具有"情感价值",从形成者看,档案是实践经历和真情实感的寄托;从利用者看,档案的形态、内容会引发利用者的情感共鸣②。习近平总书记曾动情地说:"看着一幅幅图片,一件件实物,一封封电报,一个个故事,我的思想又受到一次深刻教育"③、"我们的初心、真理就蕴含在这些档案之中"④。在多媒体档案利用服务活动中,用户常

---

① 丁海斌.档案学概论[M]. 2版.北京:科学出版社,2022:168.
② 丁海斌.档案学概论[M]. 2版.北京:科学出版社,2022:209-210.
③ 习近平.以史为镜、以史明志 知史爱党、知史爱国[J].求是,2021(12):3.
④ 陆国强.为新时代档案事业高质量发展提供坚强法治保障[N].人民日报,2020-06-24(10).

以兴趣猎奇、随意阅览、红色文化等方式体现,并广泛融入档案宣传、档案展览、红色基因传承等活动中。知识发现,特别是知识图谱作为数字人文项目开发的关键技术,可助力实现多媒体档案内容的体系化关联、信息的可视化展示、用户的交互式探索等,增强多媒体档案的人文价值。

第三节 多媒体档案知识发现需求的调研

一、多媒体档案知识发现需求的调研模型

多媒体档案资源的开发利用是多媒体档案知识发现的核心目标,而多媒体档案资源管理和开发的最终落脚点仍是"利用服务"。多媒体档案的利用服务本质上可视为一种信息检索行为,即通过查找档案机构中的多媒体档案信息以满足用户的信息需求。因此,可将档案机构视为一个检索系统的模型,用户的多媒体档案利用行为是检索需求的表达与实现,检索系统内部(档案机构平台)包括多媒体档案资源的管理、组织、开发和利用。

一方面,从档案用户与档案工作人员的信息交互看,可理解为经典的 Shannon 通信模型[1]。用户(信源)通过档案机构/平台(信道/解码器)发送需求(信息)给工作人员(信宿),得到响应后,工作人员(信源)通过档案机构/平台(信道/解码器)提供服务(信息)给用户(信宿),模型中的"噪声"主要为图 3-1 所示中用户需求的"编码(表达)"与档案机构工作人员的"解码(理解)"不对称问题。因此,可从 Shannon 通信模型中分解出档案用户、工作人员、档案服务平台、用户需求与服务提供预期实现等调研要素。

另一方面,从信息查找与服务提供模式看,Belkin 在知识非常态理论中提出,用户表达需求问题后,检索系统会将需求分解成一个概念地图、概念架构、概念关系,并依据概念词与概念簇间的关系强度构建需求答案的链接评级地图,同时反馈答案[2]。因此,可从该模型中进一步分解出档案用户、信息需求、档案资源、系统平台、反馈交互等调研要素。

综合前文对需求来源、定义特点、演进发展、主要类型和理论模型的阐释,可设计

---

[1] Shannon C E, Weaver W. The mathematical theory of communication[J]. Philosophical Review, 1951(3): 398-400.
[2] Belkin N J. Anomalous states of knowledge as a basis for information retrieval[J]. Canadian Journal of Information and Library Science, 2014(5): 133-143.

需求调研模型,如图3-2所示。多媒体档案知识发现需求调研需重点围绕以下几个维度展开。

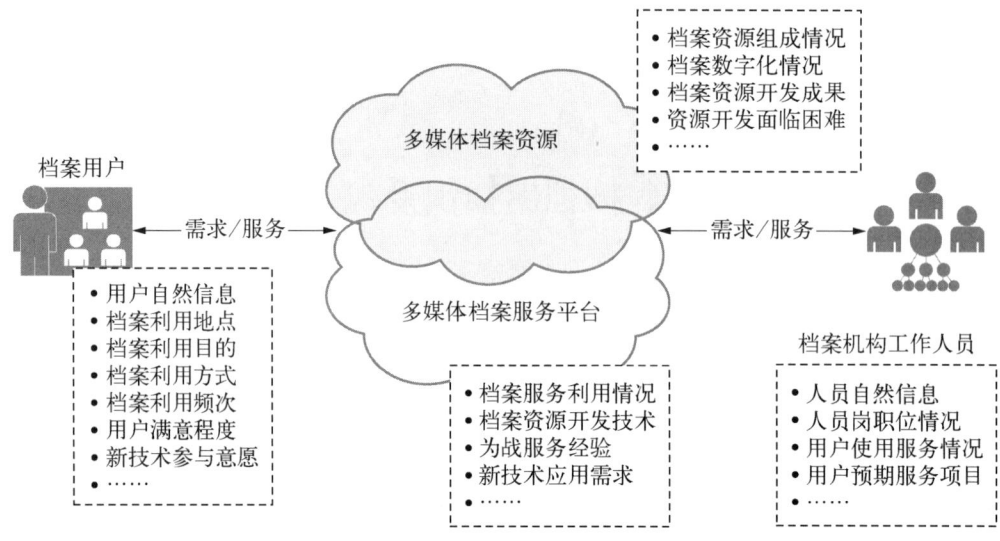

图3-2 多媒体档案知识发现需求的调研模型

（一）档案用户

Nicholas认为用户信息需求的调查应将性别、年龄、工作等纳入分析指标[①]。因此,需调研多媒体档案用户的自然信息和工作岗位情况、档案利用情况（包括是否利用过多媒体档案、利用方式、利用目的、利用频次、满意程度）、多媒体档案需求情况（包括希望开设的服务内容、参与新技术开发的意愿、知识服务成果利用需求等）。

（二）档案机构工作人员

主要了解档案机构工作人员性别、年龄、学历等自然信息；隶属单位、职级、从事档案工作年限、历任岗位等工作情况；从多媒体档案服务提供者的观察视角看用户最常使用的服务项目、用户满意度、用户希望开设的服务项目、资源开发与利用服务中遇到的困难、对新技术的了解与需求、对新技术嵌入多媒体档案业务管理可能的应用场景等。

（三）多媒体档案资源

一方面是档案馆（室）的档案资源构成情况,包括从来源/主题/类型等多个维度了解多媒体档案资源的基本构成、特色馆藏资源、永久档案/定期档案/相关资料的数字化情况等；另一方面是多媒体档案资源的开发情况,包括目前开发的主要成果、亮点项

---

① Nicholas D. Assessing information needs: tools, techniques and concepts for the internet age [M]. Aslib Information Management, 2000.

目、面临的现实困难等。

（四）多媒体档案服务平台

包括档案机构关于多媒体档案资源开发的主要成果以及向用户提供的服务内容、档案利用率等知识服务开展经验、多媒体档案资源开发技术、多媒体档案利用服务平台系统的现实问题、新技术嵌入档案管理与服务体系的需求与可行性等。

二、多媒体档案知识发现需求的调研分析

依据图3-2所示多媒体档案知识发现需求调研模型，本研究的调研思路主要如下。

一是针对档案用户，主要以问卷调查为主、现场访谈为辅，先后在北京、广东、江苏、上海等档案馆（室）、机关、基层单位、培训学员班等场所现场发放问卷、线上发放问卷和访谈档案部分用户，问卷题目包括单选题、多选题、量表题等类型。

二是针对档案机构工作人员，主要以问卷调查为主，针对各单位、各级档案馆（室）的档案管理人员等线上和线下发放问卷同时展开，问卷题目包括单选题、多选题、开放性问题等类型。

三是针对档案专家，主要以现场访谈、电话访谈、书面访谈为主，共6道问答题。

整个调研时间为2022年11月至2023年3月，共回收713份问卷，剔除无效问卷5份，最终获得问卷708份，访谈记录6份。而后，利用SPSS软件对问卷进行进一步清洗、编码和量化统计分析。

（一）档案用户调研分析

主要调研了档案用户基本情况、多媒体档案利用情况和多媒体档案利用需求情况。

档案用户基本情况的调研结果，反映了问卷样本对性别、学历、年龄、地域等影响因素综合考虑，覆盖面较广，具备调研的科学性和合理性。

多媒体档案利用情况的调研结果反映了多媒体档案目前仍以"上门利用"为主，线上利用还比较欠缺，用户对开展"网络/线上多媒体档案服务"的呼声比较强烈。不同用户类型的多媒体档案利用目的不同，目前用户仍以"凭证价值"和"工作参考价值"为主，"参考价值""知识价值""文化价值"等尚有很大的提升空间，可依据其利用目的进行针对性的资源开发以拓展潜在用户群体。同时，用户接触到的多为传统多媒体档案的成果类型，以多媒体档案为核心的编研成果、专题特色数据库等知识服务型产品有待提高利用率。在此过程中，用户利用多媒体档案的频次偏低，利用不满意度较高的原因主要包括手续烦琐、资源分散且无法跨馆室查询、资源目录不齐全、著录项目少且过于简单不便于查询、照片或音视频中的人物身份标识不全、部分音视频被剪辑编辑、

个别音视频质量不高等。

多媒体档案利用需求情况的调研结果反映了用户对多媒体档案网络服务、知识服务、智能服务、档案宣传、文化教育等方面具有比较强烈的需求,表明新技术有十分广阔的应用空间,揭示了新技术应用的推进需要挖掘新的潜在档案用户群体。

(二)档案机构工作人员调研分析

档案机构工作人员的调研主要调研了档案机构工作人员基本情况、多媒体档案资源建设情况、多媒体档案资源利用情况。

档案机构工作人员基本情况的调研结果反映了档案工作人员整体的知识储备水平尚可,为知识发现技术应用营造了较好的外部环境。同时,揭示了档案室中工作年限长、高职级的工作人员占比可观,表明档案体制机制重视各级各类档案室的人才建设和职业规划,为档案事业的发展提供了有力保障。

多媒体档案资源建设情况的调研结果反映了各单位永久档案数字化程度整体较好,具备利用知识发现技术开发的基本条件。同时,各单位普遍运用电子档案管理的思路来推动纸质档案管理、实现纸质档案与电子档案融合管理,因此还会在档案数字复制件上新增电子印章、电子签名章、电子档号章、数字档案馆(室)专用印章等要素,呈现出多媒体特性;在资源开发成果方面,多媒体形式的"档案数据库""档案信息参考资料报送"等成果开发还比较欠缺,表明档案机构工作人员在应对档案数据集成、非结构化档案信息、档案知识服务等方面仍有较大提升潜力,这为知识发现技术的应用提供了机遇。在开发过程中主要采用的是"数字扫描技术""OCR文字识别技术""数据库开发技术""多媒体处理技术"等相对传统的技术,人工智能、知识图谱、云计算等新兴技术的应用空间较大。

多媒体档案资源利用情况的调研结果反映了档案馆(室)目前仍以"上门查档、用档"的服务模式为主,在线上服务、知识服务等方面还比较欠缺。用户希望开设的服务项目主要包括建设跨馆(室)的档案网站、实现档案资源集成服务、开展智能化档案知识服务、推进档案开放利用等,这些需求可以认为既是档案用户的需求,亦是档案机构工作人员的需求,它们仍可为知识发现的应用场景提供方向。多媒体档案资源开发利用面临的困难主要是资源量大且复杂,缺乏深度开发的研究和技术能力。这表明当前档案机构工作人员面对数量日益增长、类型愈发复杂的多媒体档案资源,有依靠技术破解困境的强烈需求。

(三)档案专家调研分析

档案专家长期扎根于档案领域,参与档案工作相关法规标准建设、重难点课题研究、各级档案工作指导等,对档案事业的整体情况了然于心。通过对档案专家的针对性采访,一方面可以管中窥豹,了解档案工作、资源建设、利用服务等方面的基本情况;

另一方面，可以避免书面问卷调查的局限性，通过交流汲取专家智慧和经验。

专家们对新技术的敏感性较强，对知识发现有关技术应用于档案领域也抱有十分乐观的态度，不少专家畅谈了应用设想，包括：以人力资源档案、重大活动档案、党史军史类档案为对象进行知识发现，这类资源通常涉及文本、图像、音视频等多种类型。传统管理方式不完全适用导致管理利用有难度，可通过知识发现形成知识图谱类型的知识资源，从而提高档案检索利用效率，丰富档案资源开发成果并用以辅助决策。另外，还可以有针对性地选择代表性方向构建领域知识图谱，并逐步推广，形成规范体系的构建路径，实现用户语义检索、档案智能编研、馆藏数质量的深度分析等。

（四）调研分析结论

回到图3-2所示多媒体档案知识发现需求调研模型中"档案用户—档案机构工作人员—多媒体档案资源—多媒体档案服务平台"四个维度，进一步总结调研分析结果，可得以下结论。

1. 基于"档案用户"维度分析

一是新技术是吸引新用户的新思路。分析发现，未利用过多媒体档案的人员占多数，但这部分群体参与档案机构开展新技术应用的意愿程度却明显较高，知识发现特别是知识图谱作为新技术的融入，有望助力拓展新的潜在用户群体。

二是优化当前多媒体档案利用中存在的不足。当前档案利用的主要目的是"工作查考"和"档案凭证"，但"档案不全、资源分散、检索不便"等不足已成为影响用户满意度的主要因素之一，知识图谱是实现资源融汇、智能检索的最佳途径之一，未来多媒体档案资源实现网络互联，知识图谱还可进一步赋能资源的跨域关联。

三是满足用户对知识服务的期许。调查结果显示，无论是基于档案用户视角，还是基于档案机构工作人员视角，用户对知识服务、智能服务、文化教育服务等都提出了明确的希望，知识图谱在知识组织、语义搜索、智能问答等领域优势显著、应用成熟，可实现用户对多媒体档案资源开发成果的期望。

2. 基于"档案机构工作人员"维度分析

调查结果显示，面对类型愈发多样、结构趋于复杂、增长更加迅速的多媒体档案资源，档案机构工作人员正面临着如下诸多困境。

一是档案信息资源组织问题，具体包括同一专题的档案资源存在分散和无法有效组织问题、电子档案和实体档案如何高效关联和管理等。

二是档案编研工作值得引入新技术，助力档案查询检索、关联组织、文本识别、智能汇编等，从而提高工作效率。

三是档案展览活动整体比较欠缺，展陈的成果越来越难以满足用户对酷炫新奇、视听效果、自主探索等模式的需求。

四是档案资源开发成果与用户期许存在落差,一方面是利用率高的服务仍以传统的"室内查档""档案外借""档案证明"为主,其他类型的开发成果利用率不高;另一方面,用户期许的知识服务、智能服务、决策咨询等档案部门无法提供。

针对上述问题,知识图谱技术在解决信息资源关联管理、智能检索、知识服务等方面独具优势,同时可在档案展览、档案宣传等领域进一步融入数字人文的思路和方法,让多媒体档案知识发现形成的开发成果更新颖、更接地气。

3. 基于"多媒体档案资源"维度分析

一是档案数字化程度整体较高。目前永久档案的数字化程度整体较高,为基于这类资源的知识发现提供了充分的数据基础。

二是现有专题档案库丰富,可为知识发现提供支撑。各馆(室)针对经常利用的档案大多建有各类专题档案数据库,档案馆还建有数量可喜、容量可观的特色专题档案资源数据库,这些数据库资源储备丰富、数据结构化程度高、主题特色鲜明,适合具体主题、特定领域知识发现的应用。

三是编研成果丰硕,可利用知识发现实现二次开发。调研显示"档案目录""大事记""组织沿革"成果占比很高,档案馆更是有不少战史战例、专题文件等编研成果,这些成果主题明确、格式规范、体例稳定,可利用知识发现有关技术对其进行二次开发,将"文字版"成果升级为"语义版"成果,更便于用户的利用。

4. 基于"多媒体档案服务平台"维度分析

一是服务平台构建环境"人和"。档案高素质人才储备充足,调研数据中本科以上学历工作人员已超过8成,档案室中高职级、长年限的工作人员占比可观,档案事业人才职业发展路径比较清晰和稳定。

二是知识发现技术需求较高。一方面档案系统技术创新应用的环境较好,多个档案馆都有开展技术创新研发项目;另一方面,档案机构工作人员表示面临的主要困难为"缺乏深度开发的研究和技术能力",对知识发现等新技术的应用态度积极、意愿强烈。

三是知识发现融入潜力较大。不少专家和档案工作人员提及了档案工作的转型发展路径,并指出知识发现特别是知识图谱对档案数据化建设、网络化关联、智能化服务等方面具有重要的技术价值,未来融入数字档案馆(室)系统和档案资源共享平台也有很大的潜力。

三、多媒体档案知识发现的总体需求

综上所述,未来档案工作是以大数据、人工智能等新一代信息技术为支撑,以数据治理为核心,通过数据挖掘、分析和运营等方式驱动档案管理、业务和组织架构的革新,是一种"用数据说话、用数据决策、用数据管理、用数据创新"的新型现代化档案建设模式。这一模式既是"网络+档案信息服务"深度发展的结果,也是大数据时代各级各类档案机构自身优化的必然选择。在此环境下,档案数据的流通与共享更加高效,档案数据的价值变现难题得以破解,档案数据化资源生成档案知识产品的壁垒得以打通,能够有效促进档案信息服务的业务重组与流程再造。

在各级各类档案机构的大力推动下,多媒体档案资源在规模、类型、质量上取得了长足的进步,但现有的管理模式还是在一定程度上制约了多媒体档案资源的服务利用,亟须引入新的管理理念和技术,具体需求表现在以下几个方面。

(一)档案数据碎片化导致"信息孤岛"现象严重

进入大数据时代以来,档案机构通过统筹档案信息化建设,从基础设施建设、资源建设和应用系统建设入手实施了资源共享平台、数字档案馆(室)系统、档案数字化等系列工程,但档案信息化建设中的条块分割和信息孤岛问题依旧突出。

一方面,现有档案信息资源大部分已完成数字化转换,但资源粒度多停留在文件级,档案内容中蕴含的大量信息未被抽取、组织;同时档案系统与办公系统、业务系统耦合程度不高、数据格式不统一、数据处理技术各异、数据库接口不互通,造成档案信息资源未能及时互动和共享,没有形成整体性的资源治理能力,从而导致档案数据碎片化以及信息孤岛的产生。

另一方面,传统"人工化、扁平化"的档案管理模式、"区域化、垂直化"的档案实体管理机制使得档案信息资源集中在相应档案管理机构内部,呈现典型的"烟囱"模式,缺乏多源档案数据集成交换的有效手段,难以打破不同档案机构间的数据壁垒和信息垄断的格局,实现信息的平等共享。

(二)档案信息开发模式单一,影响档案价值有效发挥

当前档案数据的应用多是简单的检索、查询与分析,缺乏精准化、精细化数据分析、智慧搜索、自动问答、个性化推荐、深层关系发现与推理等智能化应用,对海量数据之间存在的隐式关系挖掘不足,限制了档案数据价值的深层次开发,无法满足档案工作为建设改革等方面提供服务保障的应用需要。

在党史军史研究方面,目前应用缺乏以档案史料为核心资源的知识库,缺乏基于档案史料内容深度挖掘的知识产品,无法有效实现档案资源在党史军史研究过程中的全维度、全场景支撑作用。

在单位建设、改革的各项工作活动中,目前应用缺乏领域适用性强、专业特色鲜明、业务支撑有力的辅助决策系统,缺乏融入工作活动全程、体现领域专家智慧的解决方案,难以为各项工作科学决策和快速反应提供高质量的咨询参考和决策依据。

(三)档案知识服务能力不足,难以彰显档案资源优势

只有将档案资源优势转化为服务优势,才能有效彰显档案资源的特色优势。当前

档案建设中，存在档案数据"拥而难用、汇而不慧"的现象，距离"用数据说话、用数据决策、用数据管理、用数据创新"的要求还有显著差距。

尽管资源共享平台和数字档案馆（室）等跨部门档案服务共享渠道已逐步建立，但仍未突破传统档案服务方式，海量档案数据缺乏有效整合分析，难以转化为可供满足利用需求的知识和智慧。档案利用方式多停留在被动的"馆员主导型"，缺乏合理的知识内容组织方式，缺乏全过程、多维度的档案知识服务匹配机制，缺乏智能化、交互式、全景式的档案知识服务平台，难以保障不同层级、不同类型、不同流程的利用需求，亟须提升面向需求、用户主导的服务能力。

第四章

多媒体档案知识发现的体系框架

实现多媒体档案知识发现依靠的不仅仅是单一的信息技术,它是一种典型的大规模系统知识工程,涉及数据、算法、技术、系统、管理等多个要素。因此,多媒体档案知识发现的建设与实施需要谨慎论证、详尽规划、有序推进、运维保障、评估完善、持续推广等,而在其应用落地的整个过程中,最为重要的环节并非是实现,而是论证与设计[①],必须跳出纯工程思维的枷锁,探索其体系化和标准化路径。因此,基于规划和设计的出发点,立足体系的视角来理解多媒体档案知识发现的思路并设计合理的框架路径,能避免陷入单纯的"技术流"泥潭,也能避免实施过程中的诸多软性的管理问题。本章试图从理论视角出发,系统分析多媒体档案知识发现涉及的指导思想、原则要求、生态环境、风险管理等,并在此基础上以知识图谱为核心来设计多媒体档案知识发现的体系框架,厘清框架中各模块的主要功能、建设内容等,以期为后续实现路径、服务应用、保障推广等提供理论指导。

第一节 多媒体档案知识发现的指导思想

正如前文所述,多媒体档案知识发现的最终目标是使计算机具备"理解"和"解释"多媒体档案管理领域知识的能力,能够以"类人"形式应对具有开放式、自主化、解释性等特点的业务任务,实现"人机混合、虚实交互"的多媒体档案智能化管理。而"语义模式"是实现多媒体档案知识发现的最佳选项,它既能使发现结果反映数据特征与语义描述,又能弥合计算机处理与人类理解之间的鸿沟。

基于上述目标和模式所形成的,是多媒体档案业务、内容数据的关联语义网络,是高质量的语义数据及其相互关系沉淀的领域知识体系,这个知识体系是一个"生长的有机体",它需要不断地吸收新数据、产生新链接、转化新知识,即需要不断投入的知识工程。同时,多媒体档案知识发现是一整套模型算法、技术工具、信息系统等多要素的综合集成,其技术路径涉及领域理解、数据选择和预处理、模式发现、解释评估、认知服务、业务应用等多个层面,知识发现的价值也需要多个技术点的叠加交互才能最大限度地得到发挥并实现,因此它是一个需要兼顾技术与管理、理论与应用的知识系统。

由此可见,多媒体档案知识发现应坚持系统观与工程观的思想指导,从而实现体

---

① 肖仰华,徐波,林欣,等.知识图谱:概念与技术[M].北京:电子工业出版社,2020:471.

系中各模块、各环节、各应用的有机衔接。

一、系统观思想

系统观,即系统论的认识观,其认为现实世界中大部分复杂系统是由相互作用、相互依赖的若干组成部分结合而成,并形成具有特定功能的有机整体。系统观的本质是从整体的视角出发去把握其组成要素的结构和功能。

多媒体档案知识发现的系统组件众多,涉及要素多样、人机协作复杂,是由相互作用、相互依赖的若干要素组合而成的具有特定功能的复杂系统,可以从以下两个方面进一步理解多媒体档案知识发现的系统观指导思想。

(一)从系统观的一般性角度理解

1. 整体性

多媒体档案知识发现是一个体系完整的复杂系统,其最终实现的服务和应用是多个要素和模块的功能总和,如多媒体档案智能检索,它是通过知识表示、知识框架构建、智能推理、资源链接等多个模块集成实现的功能,任何单一的流程都无法实现整体的功能。

2. 相关性

多媒体档案知识发现过程中各模块之间是相互联系和相互制约的,如知识框架质量不高,必然影响知识融合、知识应用等效果。

3. 动态性

多媒体档案知识发现是一个"生长的有机体",整个系统在动态发展,其各个功能模块也处于一种动态变化中,因此需要长期且持续地投入、运维、保障和推广,以便形成良性循环。

4. 目的性

多媒体档案知识发现一定基于某种需求牵引,立足解决多媒体档案业务工作中的具体问题,如本项目后续的应用研究旨在利用知识图谱解决多媒体档案资源开发模式单一、利用服务深度不够等问题。

5. 层次性

多媒体档案知识发现是一个具有复杂层次的有机体,如在服务应用方面,它既可以是对多媒体档案传统查询服务的优化,亦可以是深层次的多媒体档案智能检索、档案知识发现、决策咨询服务等。

(二)从知识发现的特殊性角度理解

1. 涌向性

类似于前文提及的"整体性",即多媒体档案知识发现作为一个复杂系统,其整体功能体现出与其各组成结构所不具备的特性,也即 1+1>2 的特性。

一方面,注重从系统视角去理解多媒体档案知识发现的功能,而不是执着于关注某一具体的实现环节。例如概念、实体或关系的抽取,其效果往往取决于一两个关键的算法模型,但作为系统化整体并不因为少量算法模型的简单组合就能实现整体功能,而是需要在复杂策略指导下实现各功能结构的有机组合。

另一方面,注重探索功能的有机组配,进而提高单一结构的效能,系统观思想启发我们可探索利用特定策略、人机协同方法等将各种模型进行有机组合,则有可能达到更严苛的标准。

2. 交互性

多媒体档案知识发现除了具备前文所述的各内部过程模块具有"相关性",其与外部数据和应用之间也存在着复杂的交互性,需要链接和引用诸多百科知识、人名知识库、地名知识库等外部开放数据。

可见,多媒体档案知识发现是一个动态变化、开放生长的系统,内部结构之间、内外系统之间存在持续的交互性。

3. 演化性

类似于上述"动态性"和"目的性",用户需求、服务应用、外部数据等都会随着环境的变化而发生变化,从而要求多媒体档案知识发现也随之做出相应的调整,并伴随技术发展、算法迭代、模型更新等实现动态发展。

二、工程观思想

自然科学以认识世界、发现规律为基本使命,工程学科则以改造世界、应用规律为主要职责。因此,多媒体档案知识发现的工程观思想是指利用数学、计算机科学等原理、规律提出有效方案解决实际问题的思想理念[①],其哲学根基为马克思主义实践观。基于工程观思想,多媒体档案知识发现的过程强调需求导向型、实践检验性、方案最优解、技术迭代化等。

(一)需求导向型

马克思主义实践观认为"全部社会生活在本质上是实践的"[②],实践是人有目的、有意识地改造世界的客观物质活动。因此,从工程观的视角看,人的目的和需求是多媒体档案知识发现的动力源。

综合上一章的需求调研,通过分析发现档案用户对资源集成、研究学习、文化教育

---

① 肖仰华,徐波,林欣,等.知识图谱:概念与技术[M].北京:电子工业出版社,2020:471.
② 中共中央马克思恩格斯列宁斯大林著作编译局.马克思恩格斯选集:第1卷[M].3版.北京:人民出版社,2012:135.

等有知识服务需求,档案机构工作人员对提高档案利用效率、优化电子档案管理、创新资源开发技术等有业务应用需求,围绕需求思考多媒体档案知识发现能解决哪些问题、优化哪些环节、实现哪些应用等,是工程观、实践观思想指导多媒体档案知识发现方案设计的重点。

（二）实践检验性

"理论需要是否会直接成为实践需要呢？光是思想力求成为现实是不够的,现实本身应当力求趋向思想"①,实践观强调"实践是检验真理的唯一标准",即注重从实践应用中总结多媒体档案知识发现的关键问题,以及发展科学的、必要的理论来进一步指导工程的实践,形成理论研究与工程实践相辅相成、知行合一的良性循环。

从这个视角看,工程观主导以"行"促"知",也就是重视在多媒体档案知识发现的具体实践过程中,总结实现路径、关键技术、适用方案、潜在问题等理论成果。

（三）方案最优解

工程实践中,资源制约是一种常态。因此,工程观要求多媒体档案知识发现必须具备优化问题求解的思路,即在需求很丰富、问题很急切的情境下,充分调控和发挥有限的人力、资金、数据、技术、工具等限制,厘清重点实现的目标,建立合理的优化策略,提出廉价的解决方案。以知识图谱构建为例,手动构建知识图谱的每个三元组 RDF 的成本约为 2—6 美元,而自动构建知识图谱的每个三元组 RDF 为 1—15 美分②,可见成本是知识图谱项目实践必须面对的问题。

在多媒体档案知识发现的落地过程中,必须将预期应用所需的知识规模、粒度、精度等纳入优化知识发现目标综合考量的因素,强调满足最重要、最急切、最核心的需求。

（四）技术迭代化

"方案最优化"特点也促使多媒体档案知识发现的各组成要素不断地更新迭代,探索成本最低、效率最高的技术应用。作为大规模知识工程,以大规模、网络化、自动化知识获取为根本立足点,人工智能、自动化、区块链等新兴技术将被探索融入知识获取、知识框架构建、数据处理等环节,但需要高质量的训练数据以及领域专家的干预等。

多媒体档案知识发现一方面需要借助档案专家/工作人员的专业知识,辅助数据的标注、知识框架的构建、知识应用的设计等;另一方面也需要高度关注人工智能等技

---

① 中共中央马克思恩格斯列宁斯大林著作编译局.马克思恩格斯选集：第 1 卷[M]. 3 版.北京：人民出版社,2012：11.
② Paulheim H. How much is a triple? estimating the cost of knowledge graph creation [J/OL]. 17th International Semantic Web Conference (ISWC 2018). https://ceur-ws.org/Vol-2180/ISWC_2018_Outrageous_Ideas_paper_10.pdf.

术突破，探索其在多媒体档案知识发现过程中手写字体识别、数据清洗处理、概念自动著录、语义自动关联、知识框架智能优化等领域的应用，进而实现多媒体档案知识发现从资源、模式、方法上的优化和迭代更新。

第二节　多媒体档案知识发现的原则要求

多媒体档案知识发现实现的过程中涉及诸多具体的技术环节，不同的实现步骤有不同的指导原则和实施要求。下文主要从体系的视角考察多媒体档案知识发现在实现时应把握的基本原则和要求。

一、基本原则

从实践观看，应把握以下通用的基本原则，确保多媒体档案知识发现的体系和路径完整，实施顺利。

（一）合理定位原则

一方面，建设目标要合理，即"精而不泛，逐步发展"，多媒体档案知识发现一开始应瞄准某一领域的具体应用，避免面面俱到却杂而不精。例如，本研究后续聚焦多媒体档案资源的开发和知识服务，后期随着建设的发展，可进一步向通用电子档案管理、跨馆（室）跨网域资源集成等方面拓展。

另一方面，技术方案要合理，不要过分追求最新技术而忽略技术的成熟度、适用性和人本身的智慧，例如当前人工智能技术异常火热，但机器并不能承担所有工作，特别是在数据标注、知识框架构建等方面要充分发挥档案领域专家的智慧。

（二）应用牵引原则

目前知识发现技术、模型、算法尚未发展到普适、通用的阶段，多媒体档案知识发现不同需求、不同应用、不同场景所需的知识表示、知识获取手段、数据资源禀赋均不同，很难用平台化思维进行规模化建设。

因此，多媒体档案知识发现应从应用出发，首先明确技术需求再进行建设，让技术能力适配应用场景。对有争议的问题应当考虑暂且搁置，优先解决能够实现的应用，剩下的需求一般待时机成熟或其他功能模块实现后自然就水到渠成。

（三）循序渐进原则

实现多媒体档案知识发现的模式、模型、算法复杂多样，从实现路径的关键技术看，每个环节的技术成熟度不尽相同，有的已进入实用化阶段，有的仍处于理论研究阶段；从知识发现的理论逻辑看，粒度越细则表达越准确，而知识获取的难度和不确定性也越大。

因此,多媒体档案知识发现应遵循先易后难、由粗到细的思路,先从结构化程度较高的档案专题数据库出发,从合适的知识表示粒度出发,在特定测试样本集上取得一定效果后,再考虑逐步求精、逐步求细,推广到半结构化、非结构化数据集中,总结提取细粒度的业务知识和决策知识。

(四)人机协同原则

多媒体档案知识发现过程中应充分发挥人的主观能动性,应遵循人在环中(Human in the loop)[①]的人工智能发展模式。

一方面,数据驱动的自动化知识获取,目前仍然需要档案领域专家的干预和指导;另一方面,在多媒体档案领域知识框架构建、样本标注等方面,目前的模型和算法尚无法达到十分满意的结果,特别是手写字体的识别、上下文语义的准确理解等,仍需要档案领域专家的样本训练、结果反馈等。

(五)复用吸收原则

档案工作是一个较为成熟的领域,目前拥有成体系的政策法规、标准规范、主题词表、序词表等知识资源。知识资源管理建设的实践证明,从0到1构建的代价和成本要远远高于对不完善知识库的优化。

因此,应该充分吸收并利用现有资源,避免多媒体档案知识发现从零开始。一方面,要注重复用现有的词表、本体、开放百科资源等,这既是对现实工作和实践体系的对接,也能提高多媒体档案知识发现的起点;另一方面,要注重跨领域的迁移,即吸收和复用相近领域的知识,在构建知识框架时可充分吸收文化遗产、博物馆、图书馆等领域的相关本体和标准,该原则除了能提高知识资源利用率外,还能有效促进档案领域与其他相关、相近学科研究领域之间的知识交融,便于多媒体档案知识发现的实现路径进一步推广和深化。

上述原则是多媒体档案知识发现落地见效的通用原则,在"互联网+"背景下,档案工作从面向内部的管理模式转变为面向用户需求的服务模式,其最终目标是实现"智慧型服务",即能动态感知和预测分析用户需求,有针对性地对多媒体档案资源进行挖掘、组织、加工与开发,并将形成的知识产品传递给用户使用。因此,在"互联网+"背景下进行多媒体档案知识发现,应围绕上述目标,贯彻普适融合、共享开放、面向决策、创新应用的原则[②],形成"智慧"的档案信息服务模式,充分依托互联网为知识发现提供动能、发挥效能。

---

① 肖仰华,徐波,林欣,等.知识图谱:概念与技术[M].北京:电子工业出版社,2020:488.
② 杨安莲,程妍妍,陈栩杉,等.新时代军事档案学研究[M].北京:国防工业出版社,2023.

二、基本要求

多媒体档案知识发现在满足具体应用需求之外,它作为一个完整的体系,在规划设计之初,还应考虑以下两个方面的需求。

(一)功能要求

功能要求主要立足场景应用,将多媒体档案知识发现的实现路径、关键技术、模型算法、管理运营等纳入方案设计。具体包括以下几个方面。

1. 支持知识的全流程管理

档案工作包括多个细分领域,不同领域的档案知识也各有特点,且十分丰富。以知识图谱为例,其管理对象的粒度为"实体/概念/知识",因此需支持知识建模、知识获取、知识融合、质量控制、知识推理等全流程的管理活动。

2. 支持算法的管理和应用

多媒体档案知识发现的具体环节中涉及机器学习、人工智能等系列算法的应用,因此需支持线性回归、贝叶斯、随机森林、神经网络等主流机器学习算法的嵌入,并能灵活采用多种管理方式提高算法的鲁棒性和安全性。

3. 支持模型的管理和优化

多媒体档案知识发现需支持相关模型的组合、调参、训练、实验调优等,同时保证模型的可用性,也即无论输入何种档案样本数据,模型反馈的结果具有唯一性或相似性。

4. 支持产品化和系统化的管理模式

从项目视角看,多媒体档案知识发现的成果是一个产品,因此需支持服务应用的跟踪管理、模型训练的迭代、数据传输的不失真、开发框架和模块的安全、权限管理和应用接口的规范、用户反馈的受理等,确保"产品"始终处在系统的管理优化之中。

(二)非功能要求

非功能性要求主要立足多媒体档案知识发现的生态发展和平稳运行,梳理相关指导性的要求。具体包括以下几个方面。

1. 安全性要求

充分考虑档案数据的特殊性和安全保密性,通过相应的管理机制和技术手段,确保档案数据加密传输、安全存储、权限控制等,管理活动可参照《工业自动化和控制系统信息安全 产品安全开发生命周期要求》(GB/T 42457—2023)、《信息安全技术 网络安全等级保护基本要求》(GB/T 22239—2019)、《信息安全技术 个人信息安全规范》(GB/T 35273—2020)等标准。

2. 可靠性要求

一方面,档案数据只能按约定的开发准则进行使用,避免滥用情况发生;另一方面,应提升多媒体档案知识发现体系的容灾备份、自动恢复等能力。若未来构建跨网、跨馆(室)的多媒体档案知识发现系统,可考虑将其纳入档案数据异地灾备体系,确保服务的可靠性。

3. 可扩展性要求

一方面,多媒体档案知识发现的建设过程应遵循国际、国家和行业有关资源描述、组织、系统管理、内容编码、数据通信等方面的标准,确保服务和资源的可扩展和互操作性;另一方面,充分考虑未来应用需求的变化,能灵活适应服务应用需求的扩展和收缩、功能模块的修改和增减、系统硬件架构的调整和扩容等,同时支持横向扩展,为档案用户预留 API 接口。

4. 兼容性要求

一方面,要求多媒体档案知识发现软硬件系统预留好相关接口,方便兼容资源共享平台、数字档案馆(室)等系统,为实现档案资源的拓展、集成做好准备;另一方面,要求在设计平台系统时,应考虑兼容主流的查询语言、图数据库、分析工具、数据接引、主流开源代码等,为新应用的开发预留空间。

5. 易用性要求

需求调研分析显示,不少用户认为档案利用不便,除利用手续烦琐外,还有用户认为档案检索系统使用不方便。因此多媒体档案知识发现支撑的服务必须具备易用性,如智能检索、实体检索、知识问答、可视化展示等,在提高多媒体档案查询的检全率和检准率的同时提升 UI 的亲和力和易用性。

第三节 多媒体档案知识发现的生态环境

从系统观视角看,作为一类大规模复杂系统,多媒体档案知识发现是档案领域信息系统或智能系统的重要组成部分,对于当前资源共享平台、数字档案馆(室)等建设具有支撑、助推与赋能作用,可为档案信息化生态拓展认知能力。将知识发现理念、模式、模型、算法等嵌入现有档案领域信息系统,不是"大破大立"式的"重起炉灶",而是"和风细雨"式的柔性改造与能力升级,并成为整个档案信息化生态体系的核心引擎。理解多媒体档案知识发现的整个生态环境,可参考图 4-1 所示模型,主要包括以下三个方面。

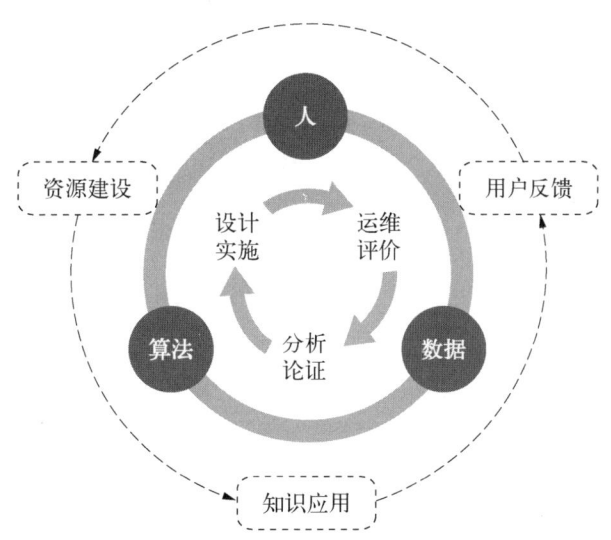

图 4-1 多媒体档案知识发现的生态环境模型

一、过程周期

主要从多媒体档案知识发现的微观层面梳理实施阶段的生态环境,具体包括分析论证、设计实施、运维评价三个要素,如图 4-1 内圈所示。其中每个环节作为后续环节的输入,整个过程周期完成后则继续迭代循环,不断应对用户需求、技术环境、功能结构等变化。

(一)分析论证

该过程的主要目标是分析多媒体档案知识发现的应用价值,论证项目投入的必要性和可行性,明确知识发现的应用目标,包括档案用户和档案机构工作人员的需求环境、多媒体档案资源的数据基础环境、多媒体档案知识发现落地的成本和风险管理环境等。

(二)设计实施

一方面,从多媒体档案知识发现的实现路径来看,主要围绕知识加工流程展开,包括知识表示、知识获取、知识管理、知识应用等环节;另一方面,从实现整个系统的设计来看,需要确定数据库、数据流程、系统架构、算法模型、系统选型等,通过制定细致且可执行的方案,并进行代码开发,以此来实现相关的应用场景。

(三)运维评价

多媒体档案知识发现是一个完整的体系结构,也是一种典型的智能化工程,需要历经持续的、多轮次的优化。因此,一方面需要加强运营和维护,确保基于知识发现的各项应用能正常地开展用户服务,确保用户与系统之间的生态和谐平稳;另一方面,需要不断地收集用户使用日志、评价反馈、意见建议等,这些反馈都将成为下一轮建设、更新和优化的输入,成为持续推动多媒体档案知识发现生态体系完善的内生动力。

二、关键要素

从生态环境的中观层面看,多媒体档案知识发现的关键要素包括人、算法与数据,如图4-1中圈所示。"算法"需要"人"定义特征和选择模型,也需要"数据"支撑标注和训练;"数据"来源于"人"的控制活动,同时助力"算法"的优化和运算,并形成科学的结论反哺"人"的行为和决策。三者相互影响、密不可分,共同构成多媒体档案知识发现的生态基础。

(一)"人"

"人"是指多媒体档案知识发现整个流程体系中各种角色,不同过程周期涉及的角色各有差异。

在分析论证阶段,主要包括档案领域专家、数据治理工程师、档案机构工作人员、档案用户、需求分析师、项目管理人员、法规标准专家、数据分析师、算法工程师、软件测试工程师、系统架构师、供应商数据调研人员、外包活动评审专家等,他们共同完成多媒体档案知识发现全流程的建设需求、必要性和可行性的分析和论证工作。

在设计实施阶段,主要由档案专家、系统架构师、研发工程师、数据工程师、算法工程师、UI设计师、运维工程师、标注工程师、测试工程师等参与多媒体档案知识发现的方案设计;由档案机构工作人员、系统架构师、数据工程师、标注工程师、算法工程师、开发工程师、质量工程师、测试工程师等完成知识发现模型的构建工作。

在运维评价阶段,主要由评估专家、测试工程师、运维工程师、需求分析师、项目负责人员、安全管理人员、档案机构工作人员、档案用户等共同完成对多媒体档案知识发现生态环境的长期运维和评价反馈。

(二)"数据"

"数据"是指多媒体档案知识发现生态体系中的知识来源数据。

按多媒体档案文件的构成分析,主要包括档案元数据和档案内容数据;按模态可分为关系数据、文本数据、多媒体数据等;按档案业务类型可分为人力资源档案数据、工程档案数据、装备档案数据等;按业务知识来源可分为内部数据和外部数据,其中内部数据包括档案领域本体、叙词表、主题词表等,外部数据包括链接和复用的互联网开放百科数据、博物馆开放资源、图书馆知识资源、展览馆/纪念馆的实物档案资源等。

总之,多媒体档案知识发现生态体系中的"数据"是一个融入互联网开放数据大环境中的小生态,需要遵循前文所述的循序渐进原则和复用吸收原则,确保多媒体档案知识发现的兼容性和可扩展性。

(三)"算法"

"算法"是指多媒体档案知识发现的整个生命周期内涉及的自动化计算过程、模型、策略的总称。

知识发现的"算法"是一个集成、关联的生态系统。一方面,在知识发现模型构建的具体环节,往往采用集成的思路,将算法、模型、方法进行组合,形成解决问题的工具集;另一方面,各具体任务中虽然涉及的算法和模型并不相同,但其数理基础、解决思路、训练样本等又有密切的关联性。

多媒体档案知识发现的"算法",从构建环节看,涉及档案知识获取模型、知识融合策略、知识验证机制以及知识质量评估方法等;从管理环节看,涉及档案知识的存储模型、组织方法、索引方式、查询模型、检索方法等;从应用环节看,涉及基于知识发现的语言理解模型、语义搜索模型、智能推荐模型、自然语言问答模型、推理机制与解释方法等。

三、演进路径

探索知识发现的演进路径能帮助明确智能化发展的生态环境,定位智能化升级的关键阶段[1]。演进路径主要从宏观视角出发,将多媒体档案知识发现置于档案智能化发展的生态系统之中,如图4-1的外圈所示。

(一)资源建设与知识应用迭代式演进

多媒体档案资源建设主要包括档案数据建设、知识表示、知识获取、知识融合、知识更新等;多媒体档案知识应用,主要体现为知识发现赋能实现的档案检索、人机交互、智能推荐、辅助决策、知识问答等。

迭代式演进过程中,用户处在"决策"的生态位,即优先选择用户反馈较好、预期更高的知识应用来建设和开发相应的档案资源,并进一步根据工作人员和用户的评价,完善相应的知识应用和资源建设,如此反复,迭代演进。

(二)应用场景逐步拓展生态圈

一方面,在特定知识应用初见成效后,进而结合用户需求考虑将应用场景逐步拓展,并带动建设和开发更多的档案资源;另一方面,应用拓展的过程,即打破原有的用户、技术、资源等生态圈,如挖掘和启发用户新需求、算法模型迭代优化、新开发本体等领域的资源。

---

[1] 肖仰华,徐波,林欣,等.知识图谱:概念与技术[M].北京:电子工业出版社,2020:474.

(三)"由点及面"持续演进

随着技术的日新月异,多媒体档案知识发现的生态环境也迅速发生变化。

一方面,知识资源建设是一个长期而艰巨、复杂而细致的工程,很难一蹴而就。因此,知识库、知识框架、档案数据粒度等都需要经历细水长流的持续建设和管理过程,需要遵循适度原则,由点及面地逐步铺开,其中"适"指资源基础与应用场景的适配,"度"指知识边界和体量的合理控制。

另一方面,兵无常势、水无常形,应用场景、档案领域知识、用户利用需求等一直处在快速变化的环境之中,档案作为历史凭证,其优势在于历史经验积累丰厚,知识发现应形成关联化、体系化、集成化的资源生态,以点破面,方可彰显知识发现的技术优势和档案资源的重要价值。

第四节　多媒体档案知识发现的风险管理

从工程观和实践论的视角看,多媒体档案知识发现具有浓厚的项目化特点,而风险管理是项目运作和实施时必须考虑的因素。多媒体档案知识发现的风险及主要规避策略可以关注以下几个方面。

一、自主可控替代风险

档案具有政治敏锐性、信息机密性等特点,因此其对环境建设具有非常高的要求,比如信息保密、通信安全、数据完整等是项目实施不可突破的"底线"。同时,按照国家自主可控替代政策的要求,项目建设需实现软硬件设备的国产自主可控。目前的调研情况显示,自主可控设备与知识发现软硬件集成的经验非常少,设备配合及维持运行稳定性需要花费大量资源进行测试调整,部分软硬件设备(如档案数据处理、信息可视化、图数据库等)和整体适配调优方面还存在一定差距。

针对上述风险,可考虑采取"试点探索、逐步拓展"的模式,比如依托科研院所的档案信息化实验中心,在原有设施设备的基础上进行部分更新,优先选用满足自主可控要求的相关软硬件设备进行适配验证,同时搭建安全验证环境,组织周密的测试评估,确保在符合保密要求、国产自主可控的软硬件设备下实现知识发现模型构建、服务平台开发、安全可靠应用、稳定高效运行等目标。

二、档案数字资源加工风险

目前,档案馆(室)存储的多媒体档案资源多以传统载体档案的数字复制件为主,

"数字化"版本的档案尽管有少量著录的元数据,但其粒度基本上为"件""页""幅""盘""段落",信息单元粒度比较粗糙,基本上未深入到档案的内容信息层面。但多媒体档案知识发现是以档案内容中的"实体""概念""关系"等为基础,因此还须在"数字化(digitization)"的基础上进一步细粒度的"数据化(datafication)"①处理。比如,对图像格式的档案数字复制件通过 OCR 识别提取文本内容、图像内容,综合运用分词、图像分割等自然语言处理和图像处理手段标注档案内容中的相关概念、利用知识表示方法建立概念间的关联等。实现多媒体档案数据化及其数据质量验证的人、财、物成本较高,而且目前国家、行业尚缺乏档案数据的管理标准、技术标准和资源标准②。

针对上述风险,一方面,需要借鉴当前电子档案、档案数据、数据治理等方面的研究成果加强多媒体档案数据化建设,如《电子档案管理系统通用功能要求》(GB/T 39784—2021)、DGI 数据治理框架(The DGI Data Governance Framework)、《DAMA 数据管理的知识体系和指南》(DAMA-DMBOK)、《数据治理规范》(GB/T 34960.5—2018)、《数据管理能力成熟度评估模型》(GB/T 36073—2018)等,持续推进多媒体档案数据的标准化;另一方面,在多媒体档案资源加工步骤上,可考虑从亟须分析的专题数据库入手,在数据源选取上遵循先易后难、由粗到细的循序渐进原则,按照"结构化数据—半结构化数据—非结构化数据"的顺序实现多媒体档案知识粒度通过"语言知识—业务知识—决策知识"的步骤而逐步求精。

三、档案资源共建共享风险

调研发现,目前档案馆(室)重视本机关、部门的档案信息资源管理,但对档案资源共建共享方面还存在一定的安全保密顾虑,而且缺乏档案信息资源持续建设的积极性。这些现状将削弱多媒体档案知识发现项目的推广应用,弱化档案数据资源的良性拓展,随着时间的推移,将进一步造成知识发现"缺胳膊短腿",而达不到预期的应用效果。

针对上述风险,一方面,在项目建设的同时,应加强配套规章制度的研究,建设成果应优先投入到资源提供方和建设方,从制度和效能两个角度完善评价激励机制,确保档案数据资源建设同步推进;另一方面,项目应架构与其他档案业务系统无缝衔接的安全保密防护体系,确保信息处理、传输和存储的安全性、完整性、可控性和不可抵赖性,实现专题档案数据和信息真实可信、行为可控、资源可管、事件可查和信息安全保密。

---

① Mayer-Schönberger V, Cukier K. Big Data: A revolution that will transform how we live, work, and think[M]. Eamon Dolan/Houghton Mifflin Harcourt, 2013: 1-15.
② 金波,杨鹏,邢慧.大数据时代档案数据共享利用探析[J].情报科学,2023(6):9-16.

四、项目实施和管理风险

多媒体档案知识发现项目实施过程中面临诸多管理风险,主要包括以下几个方面。

一是环境风险。如用户需求、政策制度、标准规范、应用场景等可能会相较于规划之初发生变化,项目实施过程需根据环境的改变而及时调整、新增或删除某些不合趋势的要素,确保多媒体档案知识发现结果的多元适配能力。

二是技术风险。由于人工智能、知识图谱技术目前仍处于技术前沿,相关理论研究、技术手段、工具支撑还在日新月异快速发展阶段,比如近期突然出现的ChatGPT已被认为是通用人工智能技术的"奇点"[①],并开始促进自然语言处理领域的深度变革,这也意味着将深刻影响知识发现的知识加工环节。但技术背后的伦理风险、成熟度风险等仍值得考虑,一般而言,为降低新型智能技术带来的风险,可考虑采取新旧技术共用的方式,并为可能的前沿技术留有扩展模块。

三是进度风险。在项目实施过程中,每个环节都可能会遇到棘手和难以解决的问题,需要更多时间进行研讨和分析,导致任务完成比计划进度落后的风险。针对该问题,主要的策略还是及时沟通和加强监督,对于遇到的难以解决的问题及时请教档案专家、知识发现领域专家等,同时利用项目管理制度加强对项目实施的监督。

四是质量风险。如在数据标注、知识融合、知识纠错等具体环节,为降低人力成本,可以自动化数据获取、标注等方法进行,但该方法的数据质量参差不齐,可考虑采用"人工标注样本+机器学习训练+专家辅助纠错+机器迭代训练"的模式进行风险规避和确保数据质量,进而保证知识发现应用的效果。

五是人员风险。主要针对项目外包环节工作人员的管理和控制问题,包括核心成员的流动给项目造成进度和质量无法保证、团队成员的内部管理、人员的安全保密意识、知识产权纠纷等风险。一方面,要严格遵循档案服务外包规范,不打折扣地落实档案资源保护、安全保密、质量标准等规定;另一方面,档案机构作为甲方,应该积极掌握主动权,在合同中明确知识产权归属,同时加强对项目实施的全流程管理和监督。

第五节 多媒体档案知识发现的框架设计——以领域知识图谱为蓝图

正如前文所述,"语义模式"是实现多媒体档案知识发现的最佳选项,而构建相应

---

① 周鸿祎. ChatGPT是通用人工智能奇点 将产生意识[N/OL]. 新京报,(2023-02-22)[2023-04-02]. https://www.bjnews.com.cn/detail/167706958414043.html.

知识图谱是实现"语义模式"的最佳实现方法。因此，以多媒体档案业务知识、档案内容知识为核心构建知识图谱，不仅能够在语义层面对资源进行描述和存储，形成便于人和机器理解交互的细粒度知识系统，还能以此为基础进一步形成媒体对象之间、媒体内容之间的语义关联网络，支撑具有开放式、自主化、解释性等特点的认知智能型场景和任务需求。

一、领域知识图谱概述

（一）领域知识图谱的概念及内涵

近年来，人工智能技术在电商、社交、物流、金融、医疗、司法、制造等许多领域都取得了很大的进展，这些成功案例本质上受益于机器的计算智能和感知智能。然而要想使机器达到具有认知智能的目标，即能够真正理解人类的自然语言，分辨出语义之间的差别并进行推理，还需要知识的帮助。

知识图谱（Knowledge Graph，KG）是以统一的三元组形式从知识框架和知识实例两个层次对资源进行描述和存储的完整知识系统，是互联网和大数据时代机器理解世界、与人交互的通用"语言"。其中，知识框架就是对知识的描述和定义，知识实例数据只有在满足该框架的约束下运用才能体现为知识[1]。

知识图谱根据领域和用途不同可以大致分为语言知识图谱、常识知识图谱、百科知识图谱和领域知识图谱等几个类别。其中，领域知识图谱（Domain-specific Knowledge Graph，DKG）[2]又称为行业知识图谱或垂直知识图谱，是基于行业数据构建并面向特定领域的知识图谱，对该领域知识的深度和准确性有着更高的要求[3]。与前几类图谱相比，领域知识图谱专门为特定领域服务，具有知识表示层级多、知识概念粒度细、知识质量要求高等特点[4]，为特定行业的数据融合、共享开放以及决策分析提供了丰富可靠、可推理解释的领域知识基础。因此，"领域知识图谱"的概念及内涵必须建立在知识图谱的基础上理解并进行阐述。

1. 领域知识图谱的发展历程

知识图谱源于20世纪70年代的专家系统与知识工程，其目标是使计算机变得更加智能，能完成分析、推理、预测等人所具有高级思维能力。因此，从知识工程提出之日起，研究者就致力于将人类的知识转换成逻辑、规则、框架等形式的数据输入计算机以进行表示和组织，再基于这些知识表示方法构建知识库并设计相应算法完成预测、

---

[1] 赵军,刘康,何世柱,陈玉博.知识图谱[M].北京：高等教育出版社,2019：4.
[2] Mayank K. Domain-specific knowledge graph construction[M]. Switzerland: Springer, 2019: vii.
[3] 王昊奋,漆桂林,陈华钧.知识图谱：方法、实践与应用[M].北京：电子工业出版社,2019：420.
[4] 肖仰华.领域知识图谱落地实践中的问题与对策[EB/OL].(2018-08-09)[2019-12-11].https://www.sohu.com/a/246126161_500659.

推理等操作，整个过程可以看作是"人类/专家知识数据化"的典型代表。尽管以专家系统为代表的传统知识工程解决了计算机系统的自动配置、蛋白质结构的发现、机器数学定理的证明等许多实际问题，但从整体发展情况看，许多大型知识系统或知识库项目最终均以失败告终，其根本原因在于对人的严重依赖。首先，知识库中的"业务知识"依赖于相关领域专家准确充分地表达；其次，领域专家表达的"业务知识"需要知识工程师将其转换为计算机所能够处理的形式和结构；最后，知识库最终的应用效果需要用户的持续反馈，领域专家和知识工程师根据用户反馈对知识库进行完善、修改、更新等操作。可见，以人为主体的知识获取、表示与应用方式极大程度地限制了知识库的规模与质量，造成了在确保知识准确性、一致性、完整性和时效性等诸多方面的困难。

从 20 世纪 90 年代开始，以统计模型和机器学习为代表的人工智能技术逐渐占据核心地位，深度学习、神经网络等数据驱动方式促成了自下而上的知识获取方式，整个过程可以看作是"海量数据知识化"的典型表现。通过积累的海量数据，依托各类机器学习模型，采用大规模自动化的知识获取方式克服了传统知识工程在知识库规模与质量等方面的瓶颈，为知识图谱的蓬勃发展注入了强劲动力。

2012 年，为彻底改变传统搜索引擎基于关键词匹配的信息服务模式，Google 建立了谷歌知识图谱（Google Knowledge Graph），并将其与搜索引擎相结合，旨在将搜索从简单的字符串匹配发展到事物实体、属性和关系推理的搜索，让计算机真正做到理解搜索内容、理解用户需求。内嵌了知识图谱的 Google 搜索引擎提供了更为强大的搜索能力，当用户输入检索词后，它能从非结构化的网页文本内容中提取出语义信息，转换为相互连接的图谱结构，使得整个搜索过程做到"Things, not strings"。例如，Google 上的许多搜索结果都涉及知识面板，如图 4-2 所示。面板内容是网络中以碎片形式存在的、与用户搜索意图相关的信息集合，这与传统以网页列表形式的搜索结果形成了鲜明对比，该列表通常以字符层匹配的相关性进行预测并排序。

随着谷歌知识图谱的成功运用，微软、百度、搜狗等互联网巨头都纷纷建立了自己的知识图谱，知识图谱技术飞速发展，其理论体系日趋完善，应用效果日益明显，已成为下一代人工智能技术的基础设施之一。这一时期的知识图谱应用对象主要面向搜索引擎和智能问答等，由于搜索和问答涉及的知识丰富多元、覆盖面广，此时的知识图谱可以看作是一个通用的百科知识库，被称为"通用知识图谱"（General-purpose Knowledge Graph，GKG），知识的广度（图谱中实体、关系的数量）是其应用性能的重要指标。其中具有代表性的中/外文通用知识图谱，如表 4-1 和表 4-2 所示。

第四章　多媒体档案知识发现的体系框架

图 4-2　Google 搜索知识面板示例

作为支撑知识服务的知识表示和管理新方法,随着知识图谱应用的深入,在其引领和推动下,知识图谱在各行各业垂直领域的应用逐步展开。伴随不同行业的智能化转型升级,金融、医疗、司法、教育、出版等各个行业都探索建立了垂直领域的知识图谱,以行业知识图谱提升本行业业务的智能化水平。因此,当知识图谱的应用对象转向特定领域或行业时,此时的知识图谱被称为"领域知识图谱",与通用知识图谱相比,知识的深度(图谱中概念的层级体系)、粒度(图谱中知识的基本单元)和质量(图谱中知识的准确性)等是其应用性能的重要指标。表 4-3 和表 4-4 给出了具有代表性的中/外文领域知识图谱的简要介绍。

表4-1 具有代表性的中文通用知识图谱

知识图谱	研发机构	研发时间	实体数量/个	关系数量/个	知识源	说明	应用
HowNet	中国科学院计算机语言信息中心	1999	1.1万	—	专家人工构建	人工编辑、小规模、常识知识库	语义倾向计算
THUOCL	清华大学自然语言处理与社会人文计算实验室	2016	15.7万	—	主流网站的社会标签、搜索热词、输入法词库等	开放的中文词库，可供免费使用与下载	文本分类、命名实体识别、自然语言生成
大词林	哈尔滨工业大学	2014	75万	300万	百度百科、同义词词林、Web网页	包含同义、同类、上下位关系的动态层级知识体系，可自动扩充	人机对话、智能推荐
Zhishi.me	上海交通大学	2011	1 000+万	1.25亿	百度百科、互动百科、中文维基百科	中文通用知识图谱	
CN-Probase	复旦大学知识工场实验室	2020	1 700万	3 300万	CN-DBpedia、海量中文网页语料等	大规模中文概念图谱	自然语言问答、实体概念标注、知识库验证码、短文本依存分析
CN-DBpedia	复旦大学知识工场实验室	2015	1 686万	2 228.6万	中文百科类网站的纯文本网页	大规模通用领域百科知识图谱	
PKU-PIE	北京大学计算机科学技术研究所	2019	900万	4 000万	维基百科、德国DBpedia、百度百科	百科类知识库	
搜狗知立方	搜狗	2012	1亿+	10亿+	百科类知识，Web网页		语义搜索
百度知心	百度	2013	50亿+	1 000亿+	百科类知识，Web网页		语义搜索、自动文章生成

表4-2 具有代表性的外文通用知识图谱

知识图谱	研究机构	研发时间	实体数量/个	关系数量/个	知识源	说明	应用
Cyc	美国Cycorp公司	1984	50万	1.5万	专家人工构建	常识知识库	
WordNet	普林斯顿大学	1985	15万	20万	专家人工构建	英文词典、同义词词典	词义消歧,语义搜索
ConceptNet	麻省理工媒体实验室	1999	800万+	2 800万	专家人工构建	在线常识知识库	语音识别,机器翻译,词义消歧
Freebase	谷歌	2005	6 800万	10亿	Wikipedia	大规模开放结构数据集	
Dbpedia	德国莱比锡大学、曼海姆大学	2007	458万	30亿	Wikipedia	大规模跨语言的知识库,支持多达125种语言	语义标注,跨域共享与服务
YAGO	德国马普研究所	2007	1 000万	1.8亿	Wikipedia, WordNet, GeoNames	大规模跨语言的语义知识库	
TextRunner	华盛顿大学图灵中心	2007	780万	27万+	Web网页	从非结构化数据中自动获取知识	
Wolfram Alpha	沃尔夫勒姆研究公司	2009	10万亿	—		基于计算的知识搜索引擎	知识搜索
Probase	微软	2010	265十万	2 075万	Web网页	大规模通用知识库	语义消歧
NELL	卡内基梅隆大学	2010	519万	5亿	Web网页	基于开放文本抽取技术,持续更新	
WikiData	维基	2012	453.6万	—	Wikipedia,用户编辑	开放、多语言、协作、结构化,支持281种语言	语义搜索

续表

知识图谱	研究机构	研发时间	实体数量/个	关系数量/个	知识源	说明	应用
Google Knowledge Vault	谷歌	2012	5亿	180亿	Wikipedia、Freebase	大规模	语义搜索
BabelNet	罗马大学计算机科学语言计算实验室	2014	606十万	19亿	Wikipedia、WordNet	多语言词典词知识库,覆盖50多种语言,1 400万个同义词组合和7.46亿个词义	多语词义消歧,计算语义相关性
Microsoft Concept Graph	微软	2016	1 255万	8 760万	Web网页	以概念层次体系为中心的知识图谱	

表 4 - 3 具有代表性的中文领域知识图谱

知识图谱	研究机构	领域	说　　明
基于 CNSchema 的城市知识图谱	浙江大学	交通	涵盖上海市公交站点、地铁站点的静态数据、事件流动态数据（如公交车进出站、刷卡进出地铁站）
空气质量语义描述		环境	将空气质量数据增加上下文语义描述，外链至气象、相关疾病、健康等数据
SciKG	清华大学	科研	展现计算机科学领域的发展，实现计算机领域专家与论文的搜索与推荐
影视双语知识图谱	清华大学计算机系知识工程实验室	影视	融合 LinkedIMDB、百度百科、豆瓣等数据源
中国旅游景点知识图谱	中国科学院自动化研究所	旅游	包含中国主要旅游景点知识
哺乳动物脑结构公共本体		动物学	在哺乳动物脑结构公共本体基础上，增添中文翻译，为术语分配了 URI 且链接至德国 Dbpedia
上海图书馆名人手稿档案关联开放数据集	上海图书馆	人文	包括上海图书馆馆藏的 24 万余种手稿及档案的元数据
华人家谱关联数据集			从家谱文献档案中串联起多部家谱，梳理出家族迁徙图
有色行业产业链图谱	深圳市爱智慧科技有限公司	产业	展示有色行业内部结构关系与产品上下游关系
中文症状库	华东理工大学	医学	包含症状实体和症状相关三元组的数据集
乳腺癌知识图谱	Vrije University of Amsterdam		集成乳腺癌相关知识，包括临床实验数据、医学指南、电子病历、医学文献等
疾病术语集	开放医疗与健康联盟		包含疾病实体及疾病相关同义词，术语集数据来源于国内权威临床医学术语网站
中医药语义网络	中国中医科学院		以中医药学语言系统为框架，将中医药领域现有术语资源和数据库资源融合起来构成大规模知识图谱
中医药知识图谱			由中医医案知识图谱、中医特色诊疗技术知识图谱、中医美容知识图谱、中医学术传承知识图谱、中医养生知识图谱、中医经方知识图谱、中医特色疗法知识地图和中医药学语言系统组成

表 4-4　具有代表性的外文领域知识图谱

知识图谱	研究机构	领域	说　　明
Linked Life Data	保加利亚 Ontotext 公司	生物医学	超 100 亿三元组,包含基因知识库、蛋白质知识库、疾病知识库
UMLS	美国国家医学图书馆	生物医学	一体化医学语言系统,可一体化检索病案记录、书目数据库、事实数据库以及专家系统中的电子式生物医学情报
Diseasome	法国国家科学研究中心	生物医学	以地图导向方式探索疾病之间的关系
Linked Movie Dataset	多伦多大学	电影	61.5 万三元组数据,描述演员、电影等知识
Bio2RDF	加拿大基因组、魁北克基因组	生命科学	构建生命科学领域数据库的关联数据网络
Gene Ontology	基因本体联盟	生命科学	定义一套结构化的、定义精确度的、通用的受控此表,可用于描述任何有机生物体中的基因和基因产物
FOAF	Libby Miller and Dan Brickley	社交	通过构建一个机器可读的本体,描述了人与人之间的关系

2. 领域知识图谱的概念

领域知识图谱是指知识图谱所包含的知识类型是聚焦在特定领域的,是面向特定领域的大规模语义网络,包含该领域中的实体、概念及相互之间的语义关系。

(1) 语义网络

"语义网络"①是指通过点和边的图形化方式来表达领域知识,其基本组成元素是点和边。点可以表示实体、概念、值,边表示各种语义关系,如图 4-3 所示。其中,概念也可以理解为类别(Type、Category、Class)等,是一类事物本质特点的概括表达,比如档案、档案馆、档案室等;实体是指能够独立存在的、作为一切属性基础的东西,比如某档案馆、某学院等;值可以是数值、日期、文本等多种类型,比如某档案馆占地面积"10 000 平方米"属于数值类型,某学院成立于"2018 年"属于日期类型,某学院的英文名是"Political College of University"属于文本类型;边

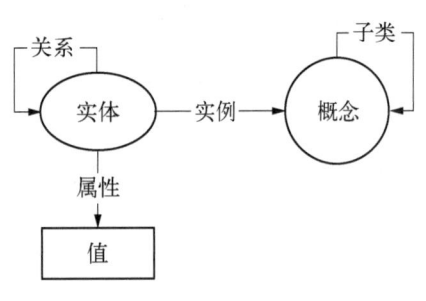

图 4-3　语义网络组成

---

① Sowa F. Principles of semantic networks: explorations in the representation of knowledge [M]. Amsterdam: Elsevier, 1991.

可以认为是属性或关系,当边的两边都是实体或概念时,边就表示关系,概念与概念之间的关系通常为子类(subclassOf)关系,实体与概念之间的关系通常为实例(instanceOf)关系。

与知识图谱类似,领域知识图谱同样是以三元组(h,r,t)作为基本知识单元,其中h表示实体/概念,t表示实体/概念/属性值,r表示两者之间的关系。当三元组表示为(概念1,关系,概念2)时,由其构成的三元组集合形成了领域概念层级体系,即领域的知识框架;当三元组表示为(实体、关系、概念)、(实体1,关系,实体2)、(实体,属性,属性值)时,由其构成的三元组集合形成了领域的知识实例。

(2) 大规模

"大规模"是指领域知识图谱具有巨大的规模,即图谱中概念、实体、关系数量众多。例如,阿里巴巴电商领域知识图谱[①]的规模已达到百亿级别,且与通用知识图谱相比,它的知识框架层级更加复杂,包含更多面向业务管控的规则型知识,对电商领域涉及知识的覆盖面和准确性都有显著提升。Linked Life Data 医疗领域知识图谱中三元组规模超过 100 亿个,覆盖从基因、蛋白质、疾病、化学、神经科学、药物等多个领域知识,中医药领域知识图谱[②]的规模也达到 20 多亿个。

3. 领域知识图谱的特点

知识图谱是领域知识图谱的概念基础,而"领域"特性是领域知识图谱的主要特点,与通用知识图谱相比,这种特点具体表现在知识表示、知识获取、知识应用等方面。

首先,从知识表示层面看,领域知识图谱的知识广度较窄、知识深度更深、知识粒度更细。领域知识图谱针对特定领域,其知识的覆盖程度必然无法与通用知识图谱相比,仅局限于该领域知识体系内部。但是,覆盖面窄换来的是知识深度的加深和知识粒度的细化。知识深度的加深主要体现在领域概念层级体系的深化,例如在通用图谱中实体类型分为人名、机构名、地名、时间、日期、货币、百分比等,但在领域知识图谱中可以将时间细分为摄录时间、编辑时间、数字化时间等,将人员细分为责任者、摄录者、编辑者、著录者等。知识粒度的细化主要体现在知识基本单元的变化,例如在通用级别上的知识管理常以文档为基本单位进行组织,但在领域应用中,知识粒度需进一步细化到以段落、条款、知识点为单位。

其次,从知识获取层面看,领域知识图谱对知识质量的要求更高,也需要更多的人工干预。领域知识图谱的应用场景相较通用知识图谱更为严谨,如医疗领域、金融领域、司法领域、情报领域等,这些领域对知识的准确性、一致性、完整性、时效性有着较

---

① 阿里技术.阿里知识图谱首次曝光:每天千万级拦截量,亿级别全量智能审核[EB/OL].(2017-08-30)[2023-03-28]. http://www.sohu.com/a/168239286_629652.
② 于彤,陈华钧,姜晓红.中医药知识工程[M].北京:科学出版社,2017.

为苛刻的要求,这就需要领域专家在图谱构建的前、中、后期积极介入知识验证过程,允许用户以众包方式参与图谱构建,在保证高质量的同时降低高昂的人工成本。

最后,从知识应用层面看,领域知识图谱的推理能力更强、应用更为复杂。与通用知识图谱相比,领域知识图谱在某一领域的知识覆盖面、层级和粒度上有明显优势。也就是说,图谱中与某一节点相连的边很多,且从该节点到关系路径结束的节点之间存在多步。这表明领域知识图谱上的语义关系链条可以很长,能够支持图谱上的多步遍历以及沿着语义关系的长程推理,经过长程推理后的结果依然是一个有意义的结果,不会出现语义漂移(Semantic Shift)现象。另外,领域知识图谱还支持较为复杂的查询,例如在公共安全领域,通常需要在图谱中查询重点监控人群的稠密子图,而通用知识图谱的查询以1、2步的简单邻居查询为主。表4-5给出了领域知识图谱与通用知识图谱的区别。

表4-5 领域知识图谱与通用知识图谱的区别

比较维度		领域知识图谱	通用知识图谱
知识表示层面	知识广度	窄	宽
	知识深度	深	浅
	知识粒度	细	粗
知识获取层面	知识质量	严格	高
	人工干预	多	少
知识应用层面	推理能力	强	弱
	应用复杂性	复杂	简单

(二)多媒体档案领域知识图谱的概念及价值

1. 多媒体档案领域知识图谱的概念

多媒体档案领域知识图谱是指面向多媒体档案管理领域的知识图谱,其知识类型以多媒体档案管理为对象,涵盖多媒体档案的管理理论、原则、规则、技术、方法以及档案资源本身等方面。

具体来说,多媒体档案领域知识图谱所包含的知识可分为两大类:一类是关于多媒体档案收集、鉴定、整理、保管、利用、编研、统计等工作原理和方法的业务知识;另一类是关于多媒体档案目录信息、全文信息等档案内容的资源知识。从涉及知识的范围不难看出,前者的知识体系更具领域封闭性,且存在较为成熟的管理规范与技术标准;

后者可能会涉及超出档案领域的知识，因此在构建图谱过程中不仅要采纳国家和行业标准、业务流程规范等，还要充分吸收开源知识资源等外部成果。

总体来看，档案机构积累了大量数据质量较好、结构化程度较高的多媒体档案信息资源，以及可用性较强的标准法规、叙词表、元数据方案等知识资源，使得该领域的知识体系较为封闭，知识类型较为简单，较少涉及常识等难以获取和理解的知识，正适合于领域知识图谱的作用发挥。

2. 多媒体档案领域知识图谱的应用价值

构建多媒体档案领域知识图谱是计算机形成和理解多媒体档案管理领域知识的关键性、基础性环节，通过图谱描述档案业务、档案资源中包含的实体、概念以及相互之间的语义关系，使其具备"理解"和"解释"领域知识的能力，为多媒体档案实体、档案资源的知识化组织和智能应用（如智能搜索、知识对话、个性化推荐、档案编研等）提供足够的背景知识，更好地服务于领域内的从业人员、科研机构和决策者。具体来说，领域知识图谱在多媒体档案管理中的应用价值主要体现在以下几个方面。

（1）多媒体档案领域知识图谱的构建有助于提高实体管理效率

多媒体档案属于声像档案，其管理方式也参照声像档案管理，多媒体档案通常保存在计算机硬盘上，目录信息则按照年度管理方式保留在档案管理系统中，同时将上述信息刻录在光盘等存储介质上异质保存，如果是传统载体数字化后形成的多媒体档案，其原始档案实体还需保存在库房中的专用防磁档案柜中。这种管理方式需要档案管理人员投入大量人力和时间来完善基础目录数据和业务元数据信息，且由于多媒体档案数据类型多、采样速率精度不统一，对其存储标准和存储平台环境无标准化要求，仅依赖前期录入的题名、时间、地点、人物等少量信息难以进行后期维护和检索利用。

多媒体档案领域知识图谱的构建有利于协助档案工作者做好多媒体档案的整理工作。首先，自动建立起多媒体档案的有机联系，这种联系可以是同一类型的，也可以跨媒体类型的；其次，自动根据多媒体档案所反映的内容或专题进行分类，使同一内容或同一性质的档案归入同一类；再者，自动提取多媒体档案的内容信息，提取更为详细的文字说明要素；最后，自动交叉比对反映同一或相似内容的档案，为多媒体档案的考证与鉴别提供线索和参考依据。

（2）多媒体档案领域知识图谱的构建有助于满足资源开发需求

随着经济的发展、科技的应用、社会的进步，新媒体不断涌现，现有多媒体档案资源的开发方式、开发质量已无法完全满足档案工作者和用户的实际需求，因此必须要对多媒体档案进行深层次挖掘，获取数据资源中蕴含的隐藏信息，提高资源开发效率。多媒体档案领域知识图谱的构建能够将馆（室）藏的多媒体档案资源进行有序化、条理化、系统化组织，基于图结构的表现形式架起的多媒体档案信息与用户之间沟通的桥梁,既容易被人们所接受,也便于计算机系统存储和检索,从而为满足全面、准确的检索需求提供了保证。

首先,能更为精准地理解用户的检索意图。比如,用户搜索"×单位举办的×学术会议",很明显其意图是要搜索该学术会议的图像或音视频资料,而不是承办这次会议的单位信息,要能分辨出核心词和修饰词,反馈给用户相关资料以供选择。

其次,能合理控制用户的检索粒度。比如,在文本检索方面的知识粒度可以是一个文档或者文档中的段落、法律条款、知识点等,在音视频检索中可以细化到某一个人或者某一句话等。传统多媒体档案检索通常需经过目录查询人物事件、计算机搜索题名档号、人工素材整理等程序,往往一段时长几秒的视频需要花费大量时间进行人工比对、分析查找才能为用户所用。

最后,能满足跨媒体的检索需求。比如,用户搜索"I have a dream",将其关联到"马丁·路德·金"的相应图片或演讲录音、视频是很有意义的,将对同一个搜索对象的不同数据来源关联起来,就能达到皆可搜索、搜索必达的目标。

(3) 多媒体档案领域知识图谱的构建有助于转变利用服务模式

在国家和档案行业信息化发展战略的大背景下,新时期档案信息整合共享程度明显提升,档案利用服务模式不断创新。多媒体档案领域知识图谱作为计算机系统理解多媒体档案信息的重要背景知识和基础资源,为多媒体档案利用服务模式的创新发展提供了依据和动力。

一方面,根据用户的类型和需求,结合以往利用的历史记录,利用图谱中实体(用户或档案)的关系(类型或类别)主动地、有针对性地向用户提供推荐服务,变被动型服务为主动型服务。例如,有用户搜索"鲁迅"时,那么按"知名作家"类别搜索可以推荐"老舍""巴金""冰心"等同类别的作家,按"思想家"类别搜索可以推荐"闻一多""李大钊"等。

另一方面,利用图谱可以描述知识演化过程和发展规律的这一特点,将利用服务模式从"馆员主导型"转变为"用户主导型",把用户所需的档案信息线索整合成档案知识产品,为研究和决策提供准确、可追踪、可解释、可推理的知识数据。例如,作为知识搜索的终极形态,自动问答允许用户通过对话的方式对领域内知识进行问答交互,用户输入"建国大业的导演是谁",自动返回结果"韩三平、黄建新";或者,用户搜索某个歌曲,但记不清歌名,可以哼唱几句记忆的曲调就可以查找到相应的歌曲或相似的歌曲列表。

二、多媒体档案领域知识图谱的构建总体框架

(一) 通用技术架构

国家标准《人工智能 知识图谱技术框架》(GB/T 42131—2022)基于行业应用视角,从知识图谱供应方、集成方、用户、生态系统合作伙伴等四个维度架构知识图谱的

技术体系,其主要包括知识图谱构建、知识图谱产品/服务开发、知识图谱使用、知识图谱开发和使用支撑四大模块,如图4-4所示。

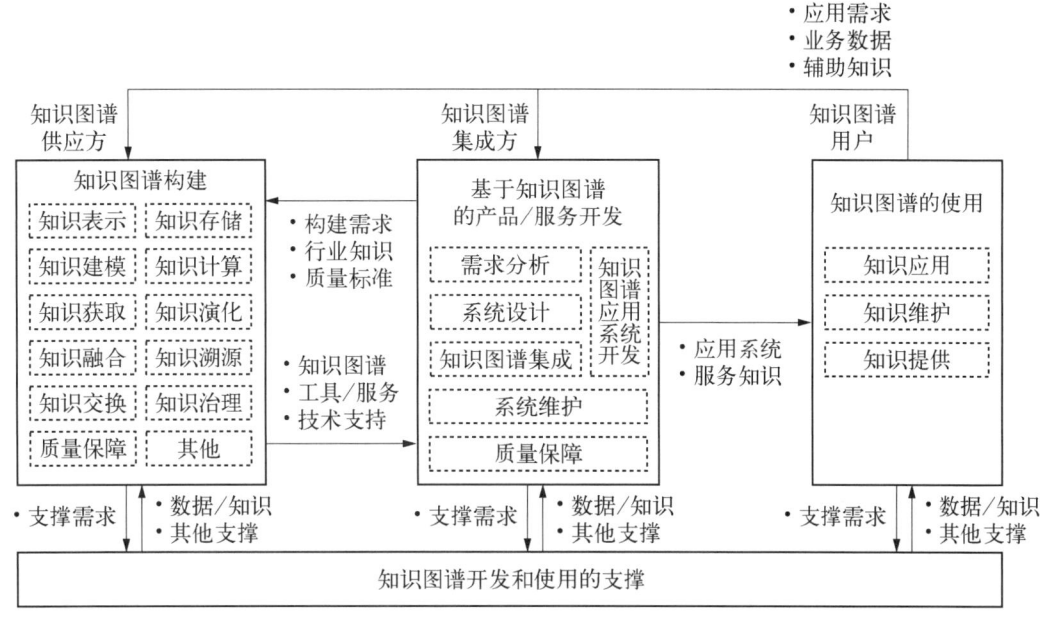

图4-4 知识图谱的技术架构

该技术架构对以知识图谱为蓝图实现多媒体档案知识发现具有很强的指导意义,揭示了知识图谱构建的一般性技术要素,但其没有将用户需求摆在重要位置,无法凸显多媒体档案知识发现应以用户需求为牵引、以知识服务为应用落脚点的特征。

（二）多媒体档案领域知识图谱的构建框架

本研究在国家标准《人工智能 知识图谱技术框架》(GB/T 42131—2022)描述的技术架构基础上,综合吸收多学科领域的理论,设计如图4-5所示多媒体档案领域知识图谱构建的逻辑框架,包括用户需求、图谱构建、认知服务、支撑保障四大模块。

具体而言,上述框架的设计借鉴了以下理论成果。

PDCA循环理论。PDCA循环是一种著名的质量管理方法,最早由美国质量管理专家W. A. Shewhart提出,而后被知名管理学家W. E. Deming采纳并推广,因此也常被称为戴明环(Deming Cycle)[①]。PDCA由Plan(规划、设计)—Do(执行、实施)—Check(检查、评估)—Act/Action(处理、改进)组成,其最大特点就是四个环节的首尾相连、环状循环。上述框架遵循这种循环的底层思想,基本上形成"用户需求—图谱构

---

① Deming W E. Statistical quality control handbook [M]. New York: D. Van Nostrand Company, 1950: 1-53.

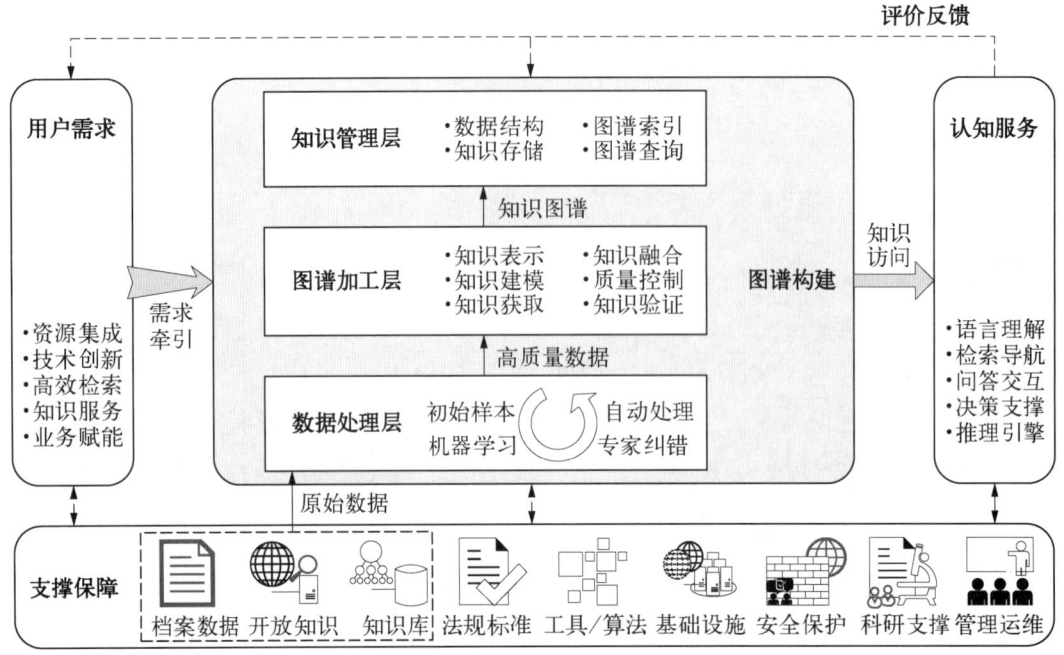

图 4-5　多媒体档案领域知识图谱的构建框架

建—认知服务—评价反馈"的逻辑链路,促进图谱在规划设计的基础上循环迭代。

OODA 模型。OODA 最早由美国空军上校 John Boyd 提出,用于应对军事领域的情报信息、战场环境、敌我态势快速变化的情境[①]。OODA 由 Observation(观察)—Orientation(调整)—Decision(决策)—Action(行动)组成,它同 PDCA 一样,四个要素依次连接、循环迭代。PDCA 立足"P(规划)",类似于系统研发的瀑布模型,适用于宏观层面和外部环境相对稳定的情况;OODA 聚焦"O(观察)",类似于系统研发的原型法,适用于微观层面和环境快速变化的情况。上述框架中的数据处理、知识获取等环节,采用"初始样本—机器学习—专家纠错—自动处理"的工作方法,确保档案数据抽取的质量和高效。

文件管理体系。文件管理一直是档案学研究的重要领域,诸多国家的最佳实践表明构建文件管理体系(Management System for Records,简称 MSR)具有重要的意义。为此,国际标准 ISO 30301 从输入、控制、输出三个模块构建 MSR,其中"输入模块"主要指文件管理需求,"输出模块"包括权威记录和政策服务,"控制模块"吸收了 PDCA 模型对文件管理的领导、计划、支撑、运维、评估、提升等要素进行设计[②]。上述框架整体上吸收了 MSR 的设计思想,"输入"即为"用户需求模块","控制"为"图谱构建模

---

① Boyd J R. The essence of winning and losing[M]. New York: Harper Collins, 1996: 1-5.
② ISO. Information and documentation—management systems for records—requirements (ISO 30301) [S]. 2019.

块","输出"为认知服务模块,并在此基础上增加了"支撑保障模块"。

系统科学理论。综合系统论、控制论和协同论的思想,既从整体视角关注图谱构建的体系性,又注重从局部运行视角关注模块的功能性和协同性。具体表现为:一是借鉴系统论中相互关联、动态平衡的理念,从系统的视角按照项目运作、信息流、图谱生命周期等的时空顺序,设计一体化的图谱构建方案;二是借鉴控制论的核心思想反馈机制,四个功能模块相互关联、反馈和调节,形成一个闭合的回路,动态地调节各模块的平衡,以更好地满足用户的应用需求;三是借鉴协同论中子系统如何协作产生宏观的时间结构、空间结构和功能结构的理论,在图谱构建模块探索各实现路径间的微观协作,以便实现"实体档案—电子档案—档案信息/数据—语义网络—档案知识—档案服务"的关联和转化,全流程还原知识图谱技术实现多媒体档案知识发现的模式和方法。

三、多媒体档案领域知识图谱构建框架——用户需求模块

用户需求模块是整个框架的起点,是"种子和根脉",对应着 PDCA 理论的"Plan(规划、设计)"、MSR 模型中的"输入模块"、项目系统运作的前端。该模块在支撑保障模块的理解框架内,一方面将具体的需求输出至图谱构建模块,完成需求的处理和实现;另一方面也接收认知服务模块的评价反馈,形成新的需求。多媒体档案领域知识图谱与档案工作的融合必须以问题为驱动、以需求为牵引,针对多媒体档案业务工作中遇到的复杂现实问题,在一定资源规模范围内做好研究工作后,再有序拓展推广;第三方面,需要探索利用知识图谱技术将用户的需求落地实现,提高多媒体档案资源的开发效能和利用价值,让用户享受更加优质、更有深度、更为便捷的多媒体档案服务。

总之,需求是知识图谱构建的前提和牵引。根据不同的需求,知识图谱构建所需要的原始信息资源、数据处理粒度、知识推理复杂度、应用场景设计等有很大差异。否则,知识图谱将可能陷入"既想面面俱到,却又泛而不精"的困境,丧失资源、功能、技术等特点,最终失去用户,沦为一潭死水。从前文的需求调研结论可知,多媒体档案领域知识图谱构建的需求主要包括资源集成、技术创新、高效检索、知识服务、业务赋能等五个方面,而本研究主要聚焦多媒体档案资源的深度开发和知识服务需求,探索知识图谱技术的创新应用。

(一)资源集成

虽然"工作查考"和"档案凭证"是当前档案利用的主要目的,但"档案不全、资源分散"等不足已成为影响用户满意度的主要因素。用户对跨馆(室)查档、网络服务等需求较大。知识图谱可帮助有效解决资源集成问题,本研究的主要目标并不是探索跨馆(室)多媒体档案资源的关联和组织问题,但在实践落地的过程中,可吸收、集成、链接

了相关的开放知识库、百科知识、纪念馆档案等信息资源。

（二）技术创新

新技术可成为拓展潜在档案新用户的重要方法和思路。一方面,可通过新技术的应用,激发用户的猎奇心理,吸引用户参与到档案机构的新技术探索中;另一方面,利用新技术创新档案编研、档案展览、档案宣传等服务,让档案文化更接地气地融入红色血脉传承。

（三）高效检索

当前的多媒体档案利用模式主要为：一是用户提出档案利用需求,工作人员为其检索并提供服务;二是用户利用馆（室）设备进行查询,查询结果多为档案目录和少量的能阅览原文。目前的检索方式多以题名、作者等字段进行"字符匹配",检全率一般。知识图谱以"概念匹配"为检索思路,可提供推理检索、可视化导航、智能推荐、知识发现等更为自主、高效、易用的方式。

（四）知识服务

当前"档案目录""大事记""组织沿革"等在档案资源开发成果形式中占比较高,但党史军史、档案汇编、档案报送、决策咨询等深度编研的知识性成果相对较少且利用率不高。主要原因为：一是用户对于这部分成果不是从未了解,就是难以触及;二是成果多以文字型、纸质版为主,尽管生动形象且图文并茂但知识关联等方面却比较欠缺。

（五）业务赋能

利用知识图谱技术提升多媒体档案业务工作效率的需求源于档案机构工作人员,具体原因包括：同一专题的多媒体档案资源存在分散、缺乏有效组织的问题,造成档案编研等业务环节的检索利用不便;原生、再生形式的多媒体档案与实体档案、存储设备等缺乏有效的关联,造成管理上的不托底、不放心。本书并非聚焦知识图谱如何赋能多媒体档案的全流程业务环节,但主要针对多媒体档案利用工作中的资源开发、知识服务等进行了应用尝试。

四、多媒体档案领域知识图谱构建框架——图谱构建模块

图谱构建模块是整个框架的核心,如同"树干和枝叶",它们对应着 PDCA 理论的"Do（执行、实施）"和"Act/Action（处理、改进）"、OODA 模型中的"Orientation（调整）"和"Action（行动）"、MSR 模型中的"控制模块",并基于图谱构建的生命周期、控制论和协同论等思想,设计数据处理、图谱加工、知识管理三个层级,实现 DIKW 理论所阐释的"数据（D）—信息（I）—知识（K）"[①]转化。该模块通过调用支撑保障模块提供的相关

---

① Lichfield J W, Rosenheim R R. The anatomy of information system[M]. New York: Wiley, 1969: 5-31.

资源,对用户需求模块输入的需求按照知识图谱的实现路径进行处理,并将实现的具体成果输入到认知服务模块来开展应用,同时接收用户反馈的意见,以便对一些具体的功能进行修正和优化。

(一)数据处理层

多媒体档案业务数据、开放知识、知识库等多源异构的原始数据输入到数据处理层,由其完成对数据的处理工作,以便形成高质量的数据供图谱加工层实现多媒体档案领域知识图谱的构建。具体而言,数据处理层需要关注以下三个方面内容。

1. 步骤内容

目的是通过系列化的处理流程,明确建立多媒体档案领域知识图谱的数据来源,对不规范、不同形式的数据进行统一与规范化处理,并在数据层面实现融合。主要步骤包括以下几个方面。

(1)数据甄别。旨在明晰图谱构建的数据来源并分类管理,从而探索如何实现资源的组织和融合。例如为实现图谱的丰富性、立体性和拓展性,涉及的数据来源既有档案馆(室)藏的历史档案,也爬取和链接了开放通用百科知识、专业知识库成果、学术专著、纪念馆网络档案资源等。正因为不同来源数据的复杂性,需要进一步处理,方可实现知识的关联。

(2)数据清洗。旨在利用人机协同方式对数据中存在的错误、虚假信息进行去噪,依据各类标准对数据集成时产生的冗余、冲突、不一致等数据值进行统一和规范化处理,对缺值数据进行推导计算,消除矛盾和重复记录。例如对互联网信息中的错误和虚假信息进行纠正、对尚存争议的信息进行删除、对手写文字以及图像和声音等自动识别结果进行校正、对不规范的数据进行格式统一和规范化处理等,确保数据不存在低级错误。

(3)数据转换。指根据各类标准将不同形式、不同格式的数据类型转换成统一的表达形式。必要时,还需进行数据的降维转换,即从初始数据中选择真正所需的特征,进而减少后期数据处理时的计算开销。例如将结构化、半结构化数据、非结构化数据类型转化为统一的表达形式。

(4)数据融合。旨在针对不同来源的数据在数据层面进行融合,该步骤与后续的知识融合有一定的相似之处。不同点在于,数据融合是字段、元组等要素的融合,数据和信息尚未融汇到实体上;而知识融合是在实体识别、属性识别等知识要素完成后的处理环节。

2. 方法思路

多媒体档案领域知识图谱构建需要处理的数据具有体量较大、类型多样、结构复杂、来源不一等特点,因此,通常采用的方法思路为:机器自动处理为主、人工手动处理为辅,其实质是借助人工智能技术辅助批量处理数据。但目前尚无专门针对多媒体档案数据处理的模型,一般利用通用的机器学习算法,采取半监督学习或无监督学习的模式开展数据处理。具体模式包括以下两种。

一是以无监督机器学习为起点。首先选择少量数据样本,并利用 K-means 聚类、主成分分析、潜在语义分析等经典无监督机器学习方法进行处理,而后由专家人工介入纠正无监督处理结果,并对纠正后新的样本进行训练。该方法比较适用于对互联网获取开放知识的处理,为确保自动处理的质量,整个样本训练可能需要经过多次专家介入和过程循环,方可达到满意的数据处理质量。

二是以半监督机器学习为起点。该方法比较适用于对档案原始数据的处理,首先依靠专家处理少量档案数据样本(如概念抽取),然后将该样本作为机器学习的数据集进行训练,训练后的数据集再请专家进行纠错反馈和质量检验,经过多个轮次的循环迭代,最终形成自动批量处理的模型。

综上所述,上述两种模式需要把握"人工介入""循环迭代"两个关键点,要充分利用档案领域专家的智慧,多次循环迭代优化训练算法模型。同时,伴随人工智能的不断发展,数据处理的效率和质量也越来越高,需要密切跟踪相关技术研究成果。

3. 数据质量

尽管知识图谱的主要关键技术已经十分成熟,且应用于数字人文、图书情报、军事等领域,但目前尚无法指望完成全自动构建,特别是领域知识图谱,仍需要依靠大量的专家智慧来确保数据质量。为此,多媒体档案领域知识图谱构建需要关注以下三个方面。

(1) 数据资源质量

若无高质量的档案数据资源,就会给知识图谱构建带来巨大的障碍,可从多媒体档案数据资源的"完整性""正确性""可用性"三个方面进行综合考量。

"完整性"衡量数据资源的规模能否支撑知识图谱的构建,评判标准包括数据存储量、潜在数据存量、现有数据记录完整性、每条数据记录的列/属性是否填充到预期规模、同一数据在不同数据源中的表达是否相符等。

"正确性"衡量数据的正确描述程度和数据值与定义值域范围(如数据类型、格式、精度等)的一致程度,图谱构建前应对数据源的准确性和有效性进行验证。

"可用性"衡量数据的新颖度、可理解、可访问、安全度等达到的水平,评判标准包括数据时效性、是否为最新版本、结构化程度、数据化粒度、是否存在敏感信息等。

(2) 知识资源质量

相关知识资源积累越丰富,多媒体档案领域知识图谱构建的可行性就越高,可从"可复用知识框架""领域叙词表""领域词典"等方面综合考量。

"可复用知识框架"考虑的是知识框架具有抽象性和概括性,从头开始构建的成本极高且质量难以保证,正如前文所述的"复用吸收原则",若能对已有知识框架进行复用迁移和扩展完善,将提高图谱构建的效能。因此,在规划阶段需广泛调研现有知识框架,尽可能借鉴成熟研究成果。

"领域叙词表"考虑的是该成果为本领域专家的智慧结晶,能反映本领域词汇的特定结构和关系,对知识框架构建有很高的参考价值。多媒体档案领域知识图谱构建需充分吸收各类主题词表等成果,降低梳理领域基本概念及其相互关系的人工代价。

"领域词典"考虑的是该成果由相关领域专家人工编撰,是领域中相关概念的权威解释,对知识框架构建亦有很高的参考价值。图谱构建时可充分吸收百科、国家标准、行业标准等成果,以形成对概念和术语的规范定义。

(3) 知识复杂度

知识复杂度能否满足多媒体档案领域知识图谱应用场景的实现,可以从"知识本身的复杂度"和"使用知识的复杂度"等角度综合考量。

"知识本身的复杂度"常用人类学习知识所需的时间进行评估,一般而言,静态知识比动态知识更简单,词汇知识比语法、语义知识更简单,语言知识比业务知识更简单。因此,图谱构建应遵循前文所述的"循序渐进原则",数据源选取上按照"结构化数据—半结构化数据—非结构化数据"顺序,领域知识粒度上按照"语言知识—业务知识—决策知识"的步骤,先易后难地进行。

"使用知识的复杂度"可用某一应用所需的知识规模、知识类型等进行评判,一个应用需要用到的知识越多、涉及规则越烦琐、推理步数越多,说明该应用的复杂程度越高。同时,由于复杂应用所需的知识易超出图谱构建时预设的知识边界,还会产生机器难以建模、难以获取常识知识等困境,从而增加图谱构建难度。

因此,多媒体档案领域知识图谱构建应先以简单、封闭性应用为主,如数据分析、智能检索、个性化推荐等,尔后再依据数据质量和建设情况进一步向自动问答、决策咨询等复杂应用逐步扩展。

(二) 图谱加工层

图谱加工层是多媒体档案领域知识图谱构建模块的内核,该结构的功能是将数据处理层输出的高质量数据实现为知识图谱。图谱加工层主要包括知识表示、知识获取与知识验证三个步骤(图中实线框所示),如图4-6所示。其中,知识表示旨在明确应用所需的知识表示形式,知识获取指在知识表示的框架下获取相应的档案知识实例,知识验证旨在对知识的质量进行验证和评估。当存在多个数据来源时,通常还需要通过知识融合对不同来源获取的知识进行融合;此外,质量提升可作为单独环节,也可融入知识获取的应用实现中,如图中虚线框所示。

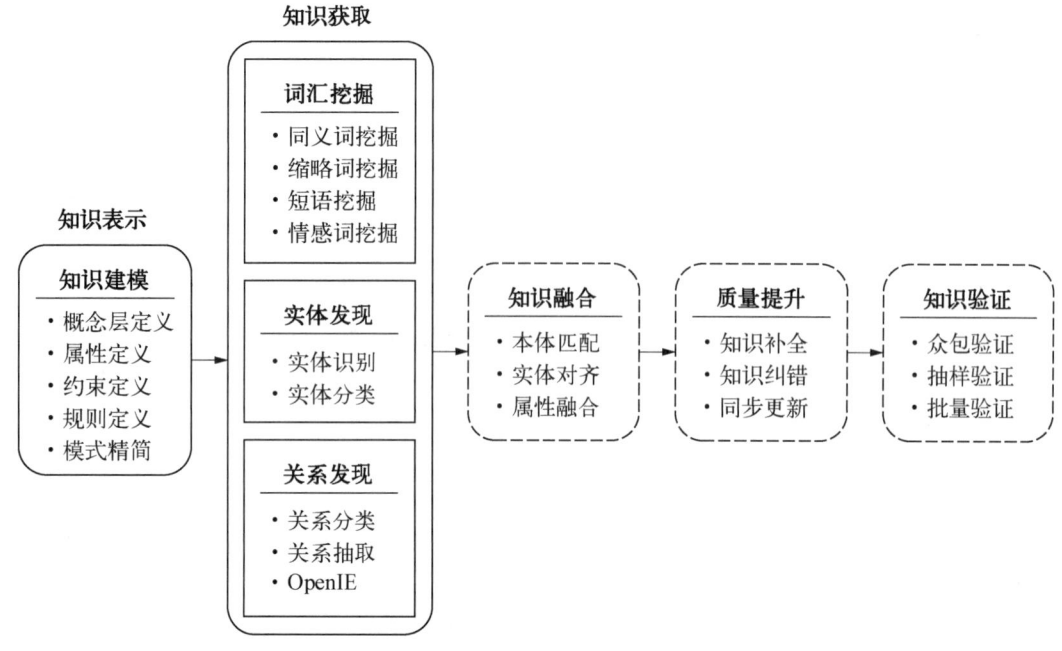

图 4-6 图谱加工层的主要流程与核心内容

1. 知识建模

知识建模也常表述为：知识框架构建、模式设计、本体构建等。多媒体档案领域知识图谱构建中，知识建模具体表现为多媒体档案领域本体的设计。知识建模的目标是把认知领域的基本框架赋予机器，内容包括领域的基本概念，概念之间的子类关系，明确领域的基本属性、属性的适用概念和属性值的类别或范围。

2. 词汇挖掘

虽然多媒体档案领域知识图谱中包含的是多媒体档案管理业务知识和档案内容知识，涉及多种媒体对象，但具体的语义知识还是需要通过文本形式来进行描述的，无论是法规标准、叙词表，还是管理过程中的元数据信息以及档案内容等信息，都是以人所理解的文本形式呈现的。

因此，对领域内专业语言的理解必须依托于对领域内词汇理解的基础上完成。多媒体档案领域的术语和概念是图谱构建的重要知识资源，正如前文所述，档案工作基本术语、档案常用主题词表等成果涵盖了档案领域大部分核心概念以及词汇之间的基本语义关联。可通过获取这些知识，帮助挖掘和识别本领域内高质量短语、同义词、缩略词、情感词等。

3. 实体发现

多媒体档案领域词汇只是被识别出的重要短语和词汇，它们未必是一个领域实体。因此,还需要进一步地识别实体,并将实体进行归类。把实体归到相应的类别,相当于将某个实体与档案领域的类别或概念进行关联,有助于加深对实体的理解。同时,还可以将多媒体档案实体信息、原生多媒体档案的计算机文件、多媒体档案数字复制件、存储设备信息等纳入实体范畴,使得最终形成的图谱涵盖实体管理和信息管理两个维度的知识。

4. 关系发现

关系发现也可称为关系实例填充,是多媒体档案领域知识图谱构建的核心环节。基于不同问题模型主要包括:一是关系分类,即把特定实体归类到具体已知的关系中;二是关系抽取,指从文本中抽取某个实体对之间的关系;三是开放关系抽取,指从文本中抽取出实体对之间的关系描述。

一般可综合使用上述三种模型,如根据开放关系抽取得到的关系描述,可将相应实体对分类到知识库的已知关系中。

5. 知识融合

针对多媒体档案数据中不同知识来源中存在的不统一问题展开的规范化处理。具体包括:一是实体对齐,指区分不同来源的同一实体;二是属性融合,指区分同一属性的不同描述;三是值规范化,用于处理不同来源导致的不同格式、单位、形式的数据值。

6. 质量提升

数据驱动是知识图谱的重要特点,而语料偏见(Bias)、机器自动化处理等不可避免地会造成知识图谱的质量问题,但质量高低事关多媒体档案领域知识图谱应用实现效果的好坏。因此,需要借助人工干预、专家智慧等开展知识补全、知识纠错、知识更新等处理。

7. 知识验证

知识验证是对多媒体档案领域知识图谱质量的最后把关,目前仍需要人工来完成这一环节的工作。对数以亿计的大规模知识图谱而言,通常采用抽样验证、众包验证等模式。本研究主要通过档案机构工作人员和档案专家来完成此项工作。

在实际应用中,各环节会产生诸多反馈以帮助优化流程和质量并形成小范围的闭环。后文还将进一步围绕多媒体档案领域知识图谱构建的生命周期,详细介绍图谱构建实现路径的主要任务、技术要求、关键技术、发展趋势等。

(三)知识管理层

图谱加工层完成多媒体档案领域知识图谱构建和输出后,知识管理层需对图谱数据进行有效管理和高效访问,其主要流程和功能如图4-7所示,主要包括数据结构、知识存储、图谱索引、图谱查询四个方面。

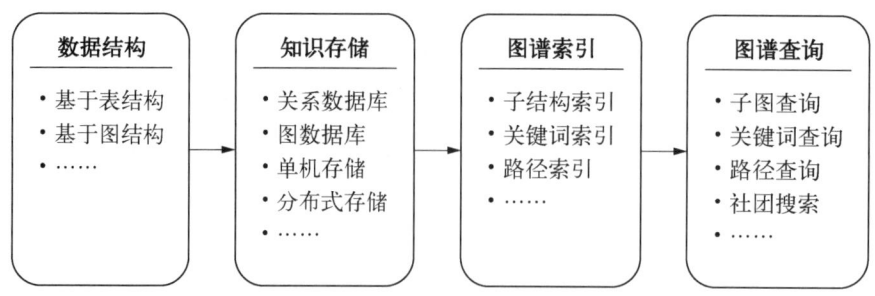

图 4-7 知识管理层的主要流程和功能

1. 数据结构

明确多媒体档案领域知识图谱的数据结构,其常见的存储结构主要有以下两种。

第一种是基于表结构的存储,即运用二维数据表存储知识图谱数据,根据不同设计原则,可采用不同的表结构,如三元组表、邻接表、邻接矩阵、类型表、关系数据库等。

第二种是基于图结构的存储,即使用图模型描述和存储知识图谱数据,该存储方式能直接反映图谱结构,有利于知识查询,同时可结合图计算开展知识挖掘与概念推理。行业内常用的图模型包括属性图(Property Graph)、资源描述框架(RDF)、三元组超图(Hyper Graph)等[①]。

2. 知识存储

多媒体档案领域知识图谱构建完成后,存储在硬盘或者分布式环境下。知识存储一般不依赖特定的底层结构,常见做法是根据"数据"和"应用需求"分别采取不同的底层存储模式。

一方面,从存储工具层面看,基于表结构的数据类型,通常可采用关系型数据库,以行和列的方式存储数据;基于图结构的数据类型,通常可采用图数据库,以"节点"和"边"的方式存储数据。

另一方面,从存储硬件层面看,数据量不大、调用处理要求不高的可采用单机存储。

本书研究中的实证环节是采用单机存储的方式,数据量大、并发程度高、数据关联多的图谱一般可采用分布式存储方式以提高知识的管理效率。

3. 图谱索引

为了加快多媒体档案领域知识图谱的查询速度,一般需要建立相应的索引结构,

---

① 中国电子技术标准化研究院.知识图谱标准化白皮书(2019版)[R/OL].(2019-09-11)[2023-04-05]. http://www.cesi.cn/201909/5589.html.

主要包括以下几种。

一是子结构索引。一般基于图模型,通过建立节点和边的索引,来实现子图的快速查询[①]。

二是关键词索引。一般将知识图谱节点和边的信息作为文本数据,通过建立倒排索引(Inverted Index)来实现关键词与节点和边的映射,进而实现关键词查询[②]。

三是路径索引。一般采用预计算和在线计算两种方法进行实现[③],其中预计算方法指在构建图谱时预先计算出所有可能的路径并对其建立索引;在线计算方法指查询过程中实时计算满足检索条件的路径。两种计算方法通常采用深度优先遍历、广度优先遍历等方式进行图谱的路径遍历。

4. 图谱查询

基于前文构建的索引方式实现各类查询,包括以下几种。

一是子图查询。如可用邻接表形式存储节点和边,通过遍历邻接表实现子图的匹配检索,此外图查询语言亦可进行高效的子图查询。

二是关键词查询。除了前文所述倒排索引查询,还可使用文本检索方法,如近似匹配、通配符匹配、正则表达式等方法。

三是路径查询。通常采用图遍历的原理实现,应用中常采用深度限制搜索(Depth-Limited Search,简称 DLS)、双向搜索(Bidirectional Search)等算法提高路径查询的准确率和效率。

后文还将进一步详细介绍知识管理涉及的主要任务、技术要求、关键技术、发展趋势等,本部分不再赘述。

五、多媒体档案领域知识图谱构建框架——认知服务模块

认知关乎人的思维,关乎人类底层的价值观、世界观和人生观,具有高度的复杂性和灵活性。认知的高度决定了价值创造的高度,而为了提升认知,有学者提出通过构建知识图谱来实现认知智能的应用[④]。认知服务模块是整个框架的终点,如同"花和果实",它对应着 MSR 模型中的"输出模块",也呼应着用户需求模块提出的建设目标。同时,该模块直接面向用户,负责收集用户的使用评价和意见建议,并将其反馈给用户需求模块和图谱构建模块,实现"输入—控制—输出—反馈"的闭环。

---

① Robinson I, Webber J, Eifrem, E. Graph databases [M]. 2nd ed. O'Reilly Media, 2015: 25-64.
② Chaudhary A, Xu W. Keyword search in graph-oriented databases [M]//Large-Scale Distributed Systems for Information Retrieval. Springer, 2010: 71-87.
③ Chein M, Mugnier M-L. Graph-based knowledge representation: computational foundations of conceptual graphs [M]. Springer, 2008: 153-196.
④ 吴睿. 知识图谱与认知智能:基本原理、关键技术、应用场景与解决方案[M]. 北京:电子工业出版社,2022:1.

认知服务模块旨在基于多媒体档案领域知识图谱向各种应用提供认知能力，其典型架构如图4-8所示，主要包括语言理解、认知服务两个层级的基本能力以及推理引擎这一关键支撑。

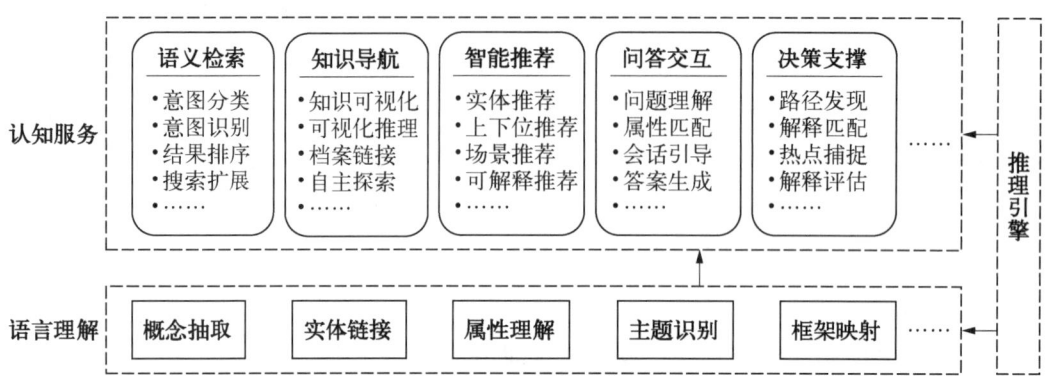

图4-8 认知服务模块的典型架构

（一）语言理解

语言理解旨在将自然语言转化为计算机可理解的结构化数据，提供从自然语言到多媒体档案领域知识图谱中知识要素的映射，助力机器更好地理解人类语言，提高人机交互及其他认知服务应用的准确性。主要包括以下几种。

一是概念抽取，即概念理解、概念识别，如利用自然语言处理技术识别多媒体档案业务和内容信息中的概念，并将其与多媒体档案领域本体中预定义的概念进行对应标识，从而达到概念抽取和分类的目的。

二是实体链接，即实体理解，例如将多媒体档案业务和内容信息中具体的人名、地名、机构名称等与本体构建的人员、地点、单位等实体进行对应，达到语义理解和实体关系的分析。

三是属性理解。识别多媒体档案业务和内容信息中与实体和概念相关的属性，例如"单位"类下面的数据属性"单位名称""隶属的上级单位""领导的下级部门"等，也包括属性之间的关系。

四是主题识别，即主题理解，通过分析多媒体档案业务和内容信息中的关键词，进而通过聚类分析、词频分析等方法推断出档案的核心主题。

五是框架映射。有些应用还需将自然语言映射到事件的描述框架，以便开展事件检索、多模态数据融合、语义理解等任务。

（二）认知服务

多媒体档案领域知识图谱基于语言理解可形成系列认知服务，主要包括以下几种。

入和系统优化,保证知识图谱的可维护性和易用性;另一方面则是对应用系统的日常运行维护,如部署环境状态检测、用户访问应用维护、系统运行状态检测、系统关键性能指标监测、故障预警和排查等。

(五)安全保护

对多媒体档案领域知识图谱的数据来源、实现路径、服务平台等进行全面的安全管理。具体包括以下几种。

一是用户管理。如用户分类管理、账号分配、权限控制、隐私保护等。

二是系统安全。包括网络安全、运行安全、日志监控、系统漏洞修补、数据加密、传输控制等。

三是容灾备份。系统设置和档案数据的备份级别、备份形式、备份地点、备份周期、备份系统等与一般数据的备份策略基本一致,值得一提的是"知识容灾备份"[①],一般综合采用数据同步、作业/建模流程/元数据同步、模型/数据同步、镜像/持久化数据同步等策略,确保知识图谱的数据在意外来临之时不至于完全丢失。

(六)生态合作伙伴

生态合作伙伴的主要角色包括基础设施提供方、数据供应方、数据治理服务方、咨询服务提供方、知识图谱安全服务方、知识图谱评估认知服务方等。涉及的内容包括支撑多媒体档案领域知识图谱构建和集成的相关基础设施、图数据库、数据资源、技术服务、解决方案、评估咨询报告等[②]。

---

① 中国电子技术标准化研究院.知识图谱标准化白皮书(2019版)[R/OL].(2019-09-11)[2023-04-05]. http://www.cesi.cn/201909/5589.html.
② 国家市场监督管理总局,国家标准化管理委员会.人工智能 知识图谱技术框架(GB/T 42131-2022)[S].2022.

第五章

多媒体档案知识发现的实现路径

多媒体档案领域知识图谱构建的实现路径,对应本书上一章中所阐释整体框架中的"图谱构建模块",旨在实现多媒体档案数据资源到多媒体档案知识产品的转化。知识图谱构建主要包括自顶向下和自底向上两种思路①,其中自顶向下指利用现有的知识框架/本体、结构化知识库等直接转化成知识图谱,适用于现有数据基础牢固、知识框架稳定、功能应用成熟、智能转化容易的领域;自底向上一般需要吸收新的数据源,并通过知识表示、建模、获取、加工等技术方法实现特定领域、目标、需求的知识图谱。

目前,学界和业界多以自底向上的视角理解知识图谱的实现路径,并主要从工程观的技术维度探索图谱构建的流程。但实际上知识图谱并非单一的技术②,而是一个方法、技术、工具、管理等深度融合的体系。本书的研究吸收了自底向上和自顶向下构建技术的思想,围绕多媒体档案领域知识图谱实现路径的生命周期,梳理分析数据准备、知识表示、知识建模、知识获取、知识融合、知识推理、图谱存储、图谱查询等流程的任务目标、质量要求、方法技术、发展趋势等,以形成多媒体档案领域知识图谱构建的技术方案,为后期应用提供理论指导。

第一节 多媒体档案领域知识图谱构建的总体思路

围绕深化多媒体档案资源开发和为用户提供知识服务的核心目标,多媒体档案领域知识图谱构建的总体思路可从宏观、中观、微观三个层面进行理解。特别是在"互联网+"背景下,智慧型多媒体档案信息服务的目标是能自主感知用户需求,有针对性地对多媒体档案进行数据整合、信息关联、知识发现,并向用户提供精准知识服务。可见,档案价值的实现是支撑智慧型档案信息服务的资源保证,而在"互联网+"、大数据等时代背景下,知识图谱是完成从档案数据资源到档案知识产品转换的关键技术。

一、宏观层面

从宏观层面的目标需求看,多媒体档案领域知识图谱的功能定位应遵循《中华人民共和国档案法》的总体要求和《"十四五"全国档案事业发展规划》的具体部署。《中

---

① 闫树,魏凯,洪万福,等.知识图谱技术与应用[M].北京:人民邮电出版社,2019:31-32.
② 邵浩,张凯,李方圆,等.从零构建知识图谱:技术、方法与案例[M].北京:机械工业出版社,2021:19.

华人民共和国档案法》明确提出要创新服务形式,强化服务功能,提高服务水平,推动档案数字资源跨区域、跨部门共享利用。《"十四五"全国档案事业发展规划》也提出推动档案工作与新技术深度融合,信息化与档案事业各项工作深度融合,加快全面数字化转型和智能升级。

因此,通过建构多媒体档案领域知识图谱,筑牢档案事业建设发展的理论科技支撑,开辟档案资源由"数字化"向"知识化"发展的新路径,推动档案利用由信息查询向知识管理和知识服务转型升级,是提升档案管理数字化、智能化水平的现实需求。因此,在多媒体档案领域知识图谱构建的实现路径中,应围绕上述目标,探索全局化数据融合、精细化信息管理、智能化知识服务等的理论与应用问题,努力解决多媒体档案资源共享壁垒多、融合能力弱、服务层次低等档案价值未能充分实现的困境,推进多媒体档案资源开发与利用的服务模式向认知智能转型。

二、中观层面

从中观层面的实现路径看,多媒体档案领域知识图谱的构建方式应遵循知识图谱生命周期[①]的主要环节,各环节彼此构成相邻环节的输入与输出,如图5-1所示。

第一,应充分调研多媒体档案领域知识图谱构建的需求,以此厘清建设目标,选择合理的应用场景。正如前文图4-5中的"用户需求模块"所示,对图谱构建的具体步骤而言,主要是以需求和目标为牵引,明晰档案数据来源、知识表示形式、应用边界范围等。

第二,根据应用场景的具体需求和知识表示的理论基础进行知识建模,即定义领域本体并明确该领域的概念层级体系。

第三,在领域本体的基础上,利用知识获取从档案著录信息、档案内容信息等数据源中得到知识实例,形成初步图谱。

第四,对初步形成的图谱进行知识融合、推理等加工处理,对加工后的知识图谱进行存储并构建索引,以便为各类上层应用和认知服务提供高效的知识访问方式。

三、微观层面

从微观层面的知识组织看,知识图谱在技术本质上是一种知识的表示和组织方法,目前在应对海量、复杂数据方面仍面临的诸多挑战,而解决该问题的主要思路便是构建合适的本体/知识框架。

多媒体档案领域知识图谱的构建也无法回避该问题,因此,立足多媒体档案资源

---

① Xing M, Yang C H, Jin L Y, et al. Research on the construction and application of knowledge graph in military domain[C]//International Conference on AI and Big Data Application (AIBDA 2019), 2019: 1-4.

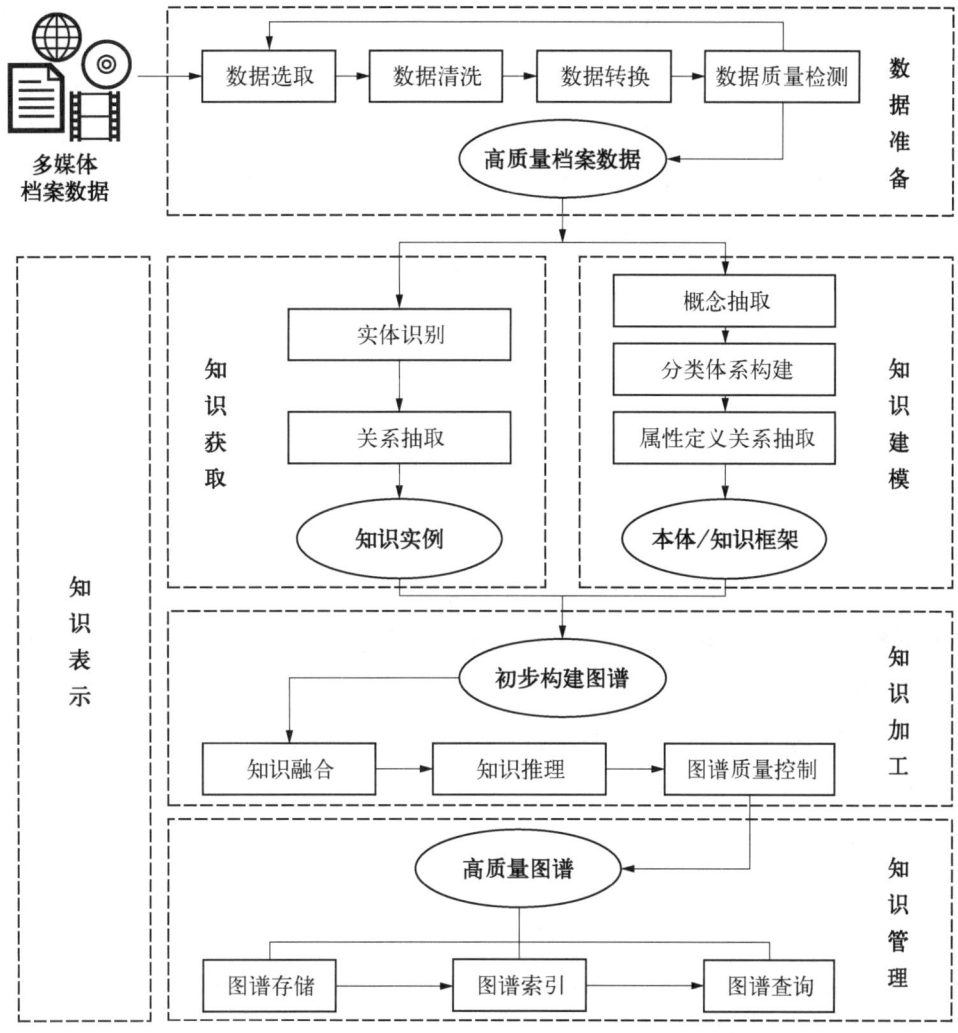

图 5-1 多媒体档案领域知识图谱实现路径生命周期

深度开发和知识服务的建设目标,结合多媒体档案数据来源多样、类型丰富、容量巨大、结构复杂、内容多义等特点,进一步从知识组织层面厘清知识图谱构建的方法思路,是一项重要的前端设计基础工作。如图 5-2 所示,多媒体档案领域知识图谱主要涵盖知识框架和知识实例两个层面,其中知识实例在本体的约束下形成档案领域知识,而不断抽取出的知识实例也能进一步完善本体。

(一)知识框架层面

在知识框架层面,主要利用相关知识资源、国家档案行业标准、开源知识资源等对多媒体档案管理涉及的概念以及概念之间的联系进行描述和定义,形成覆盖多媒体档案业务和档案资源的知识框架——全局统一、高质量、标准化的概念层级模型。例如,通过《电子档案管理基本术语》(DA/T 58—2014)、《照片类电子档案元数据方案》(DA/T 54—

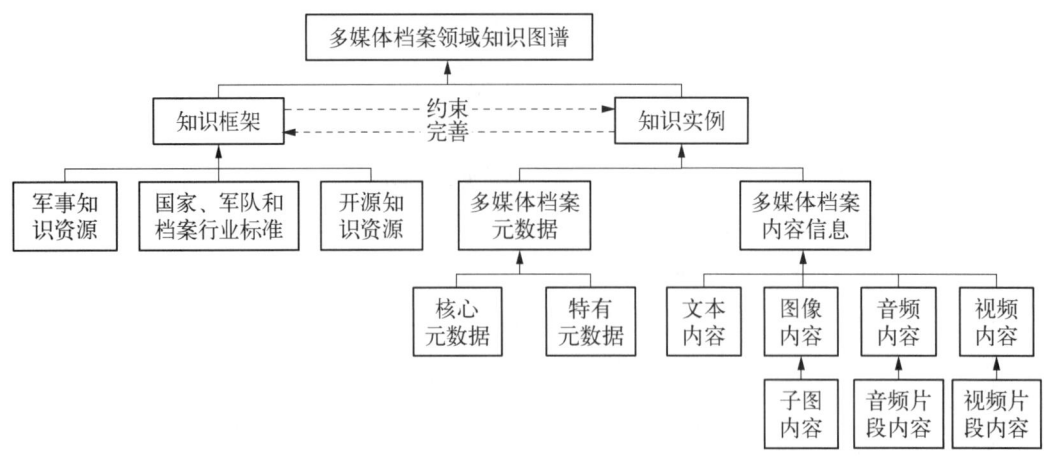

图 5-2 多媒体档案领域知识图谱的总体构建思路

2014)、《录音录像类电子档案元数据方案》(DA/T 63—2017)等标准确定档案工作、电子档案管理、各类元数据的基本概念及相互联系;基于档案主题词表、通用知识图谱、网络百科等对多媒体档案内容信息中涉及的相关概念及其相互联系进行规范描述。

(二) 知识实例层面

在知识实例层面,应从元数据和内容信息两个角度分别抽取多媒体档案中蕴含的知识实例。

1. 从元数据中抽取知识实例

按照核心元数据和特有元数据的分类分别抽取实例数据。

核心元数据是指用于描述多媒体档案背景、内容、结构及其管理过程的通用元数据,从核心元数据中抽取的实例数据可以转化为各类多媒体档案的共有属性,通过其可以实现对所有多媒体档案的统一管理。

特有元数据中抽取的实例数据可以转化为一类多媒体档案的特有属性,体现出每一类多媒体档案都有区别于其他多媒体档案的特征。例如,"图像参数"是一个描述照片类电子档案的必备属性,"总帧数"是一个描述录像类电子档案的必备属性。

2. 从内容信息中抽取知识实例

对多媒体档案内容中所包含实例数据进行抽取。由于领域知识图谱对知识的深度和粒度要求更高,应将档案中的内容根据不同形式进行拆分(如文本内容、图像内容、音频内容和视频内容等),甚至在此基础上进一步提取子图内容、音频片段内容和视频片段内容(如合影照中每个人的人脸信息、音频中不同人或音乐的声音信息、视频中的不同场景信息等)后,再逐一抽取实例数据。这种方式不仅在多个粒度上获取了实例数据并最大程度挖掘了档案价值,也给上层的多媒体档案知识服务提供了多层级、多粒度的知识资源。

以一个录像类电子档案片段为例,该片段记录的是第二届中国国际进口博览会召开中外媒体吹风会的情况,这一片段中既包含了现场的录音录像,也包含了后期编辑增加的字幕。因此该片段的内容信息可以在多个粒度层面上进行拆分,首先分成字幕内容、音频内容和视频内容,还可以进一步划分为发言人的音频、视频场景和记者的音频、视频场景,如图 5-3 所示。

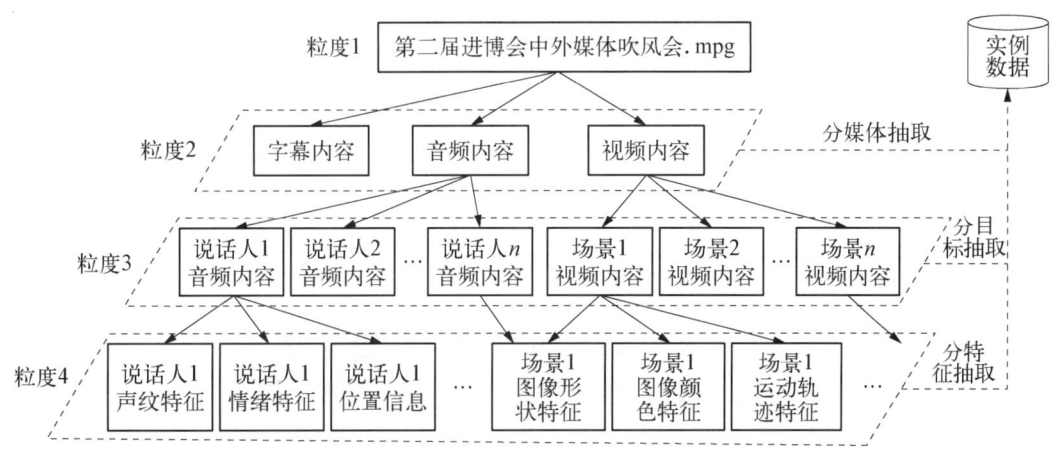

图 5-3 从录像类电子档案内容信息中抽取知识实例示例

综上所述,在研究建构多媒体档案领域知识图谱过程中,要按照应用导向,由易到难、由粗到细的思路稳步推进,同时要重点关注以下几个方面的发展趋势。

第一,创新知识图谱形态,构建多模态知识图谱。单模态交互技术是弱人工智能时代典型的代表特征,而个体从感知到认知外界进而形成知识的过程,通常需要多种感官同时对信息进行处理和融合。当前知识图谱技术已经被广泛应用于处理结构化数据和文本数据,但从视觉、听觉数据中抽取知识的有效技术手段还较为缺乏。多模态知识图谱为每种模态构建了一个特征表示,将不同模态的嵌入映射到同一个空间,使多模态化的认知体验与相应的符号关联,构建图像、语音、视频等多种模态下的实体、实体间的语义关系,在刻画多模态数据关联、融合多模态知识表示上具备较强优势,符合多媒体档案领域知识图谱的构建要求。

第二,面向应用场景痛点,合理确立人机协作机制。与相对通用的知识图谱相比,知识图谱的垂直领域解决方案面临更为专业的应用场景,呈现出鲜明的业务特性,其中蕴含的深度知识(尤其是业务知识)仅靠简单的数据堆砌和数据驱动统计模型难以解决。因此要通过长期深耕用户需求来准确理解痛点难点并合理划分人机边界。多媒体档案领域知识图谱的构建要善于利用档案领域专家赋能细化知识表示粒度,解决实际应用中样本稀疏、场景多样、知识表示复杂等壁垒;善于利用本体自动构建、图表示推理等技术降低图谱在构建和落地过程中对人工的依赖程度,实现自动化、大规模、高质量的领域知识图谱构建。

第三,加强交叉研究,与其他人工智能技术融合发展。知识图谱构建主要包括知识表示、知识抽取、知识融合、知识推理、知识存储等技术流程,各个流程中的关键技术虽已成熟,但仍处于快速演进之中。例如,跨语言、跨媒体的知识抽取、融合时空维度的知识表示、基于 RDF 知识表示的分布式存储等研究和应用正在成为未来的方向。在多媒体档案领域知识图谱构建过程中,应深度融合自然语言处理、深度学习等技术,将语音识别、人脸识别等结果嵌入图谱中,进一步使得图谱的知识规模达到实用的程度,从而提升机器在图谱构建和应用过程中的角色地位,以达到支撑多媒体档案领域知识图谱在相关领域更广泛地推广与应用的目标。

第二节 多媒体档案领域知识图谱构建的基本流程

从建设方式和总体构建思路可以看出,多媒体档案领域知识图谱的构建不是简单的技术应用,而是组件众多、要素多样、人机协同的系统工程,因此明确系统的组成以及各部分之间的相互关系显得尤为重要。从系统观角度,多媒体档案领域知识图谱的基本流程如图 5-4 所示,即接收外部档案数据作为输入,历经领域数据准备、领域知识框架构建、领域知识获取、领域知识加工、领域知识管理等 5 个模块,为智慧型档案信息服务提供认知服务能力。

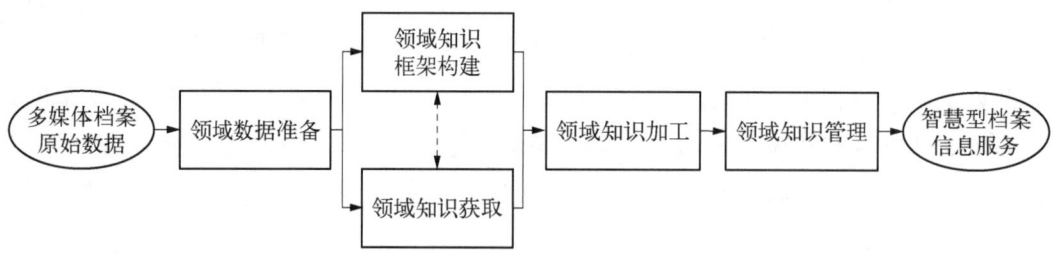

图 5-4 多媒体档案领域知识图谱构建的基本流程

一、领域数据准备

领域数据准备是指根据应用需求,从原始多媒体档案数据库中选取一组或多组备选数据,并将其处理成高质量的多媒体档案数据,为领域知识框架构建和领域知识获取提供高质量的数据来源。它与图 4-5 中"图谱构建模块"的"数据处理层"功能基本一致,具体流程包括数据选取、数据清洗、数据转换、数据融合、数据质量检测等,如图5-5所示。

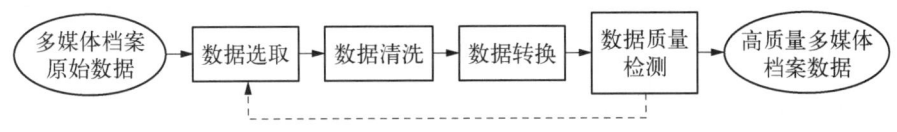

图 5-5 领域数据准备主要流程

(一)数据选取

数据选取是指明确多媒体档案领域知识图谱的数据来源。

根据总体思路,图谱构建的数据来源应以档案馆内部多媒体档案资源、国家和档案行业标准、相关知识资源等为主体,以档案领域叙词表和在线知识库(如百度百科、维基百科)等为辅助数据源,这些数据源经过长期的维护整理,结构化程度较高、质量较好,可以为图谱构建提供高质量的候选数据和交叉比对标准,降低获取领域知识的人力物力成本和时间成本。

W3C制定了标准化语言R2RML,可实现将关系数据库中的结构化档案数据映射到RDF数据集,相关的开源工具如D2RMAP、D2QR等。

(二)数据清洗

数据清洗是指利用人机协同方式对数据中存在的错误信息、虚假信息进行去噪,根据各类标准对数据集成时产生的冗余、冲突、不一致数据值进行统一和规范化,对缺值数据进行推导计算,消除矛盾、重复记录。

(三)数据转换

数据转换是指根据各类标准将不同形式、不同格式的数据类型转换成统一的表达形式。必要时,还需进行数据降维转换,即从初始数据中选择真正所需的特征以减少后期数据处理时的计算开销。

(四)数据质量检测

数据质量检测是指从准确性、完备性、一致性、合理性、唯一性等维度对经过处理的档案数据进行质量检测,确保提供满足图谱构建的高质量数据需求。

值得一提的是,数据质量的控制遵循前文提及的OODA模型,是一个循环往复的过程,当数据质量经过用户或机器评估不满足要求时,整个数据准备过程退回到起点,重新选取数据进行上述数据预处理流程。

二、领域知识框架构建

在具体构建过程中,领域知识框架构建和领域知识获取应是同步进行且相互影响的。知识框架的构建有利于形成自顶向下、结构良好的概念层级体系,便于知识获取的实体、关系、属性等直接对应到概念中;知识获取的实体、关系、属性等能够自底向上地完善知识框架,便于形成新的概念,纠正过期的、错误的概念。下面首先介绍领域知识框架构建的主要流程。

领域知识框架构建是指以高质量的多媒体档案数据为输入,获取领域中的基本概念、概念之间的关系以及概念的属性构成等,输出领域知识框架,与获取的知识实例一同组成领域知识图谱。主要流程包括领域概念抽取、分类体系构建、属性定义与关系抽取等,如图5-6所示。

图5-6 领域知识框架构建主要流程

(一)领域概念抽取

领域概念抽取是指从国家和档案行业标准、相关知识资源等中抽取知识框架构建所需的领域术语,即实体类型名、属性名、关系名等关键要素。

首先,利用自然语言处理工具对上述标准、资源中的文本进行分析,抽取候选术语;其次,利用术语的统计特征,对其中质量较低的术语进行过滤;最后,对经过筛选的术语进行合并,将表达概念相同的术语聚合转换为概念。

(二)分类体系构建

分类体系构建是指利用叙词表等辅助工具获取不同概念之间的上下位关系。

在条件允许的情况下,还可以参考MPEG-7[①]、MPEG-21[②]等多媒体内容描述标准,针对档案内容信息增加面向多媒体特征的知识框架。

(三)属性定义与关系抽取

属性定义与关系抽取是指对上述概念的属性和关系进行抽取,抽取方式类似于领域概念抽取,首先获取候选属性和关系集合,再评估过滤掉低质量的属性和关系,最后对表达同含义的属性和关系进行聚合转换为领域概念的属性和关系。

在必要的情况下,还需对属性和关系定义一些规则或约束。例如,属性的多值约束("发文机关"作为属性是可以有多个取值的)、多个属性之间的联系(发文机关的"联系人"属性与联系人所在的"责任者"或"组织机构"属性是一对互逆属性)等,这些规则或约束可以用于领域知识消歧,从而提升图谱质量。

---

① Manjunath B S, Salembier P, Sikora T, et al. Introduction to MPEG-7: multimedia content description interface [M]. New York: Wiley, 2002.
② Bormans J, GeLissen J Perkis A. MPEG-21: the 21st century multimedia framework[J]. IEEE Signal Processing Magazine, 20(2): 53-62.

图 5-7 是按照《录音录像类电子档案元数据方案》(DA/T 63—2017)和 MPEG-7 等标准生成的领域知识框架示例,图中每一行的开头是实体类型,方括号中是实体属性,缩进表示实体类型之间的上下位关系。

```
录像类电子档案档案实体元数据[编号、名称]
    唯一标识符[国家代码、档案馆代码、全宗号、档案门类代码、形成年度、顺序号]
    人员[责任者、摄录者、编辑者、著录者]
        责任者[姓名、职务、单位名称、机关团体名称]
    时间[摄录时间、编辑时间、数字化时间、时间长度、总帧数]
    主题[内容描述、内容起始时间、内容结束时间]
    捕获设备[设备类型、设备制造商、设备型号、软件信息]
    音频参数[音频编码标准、音频比特率、音频采样率、音频量化位数、声道]
录像类电子档案业务实体元数据[编号、名称]
    职能业务[业务类型、业务名称、业务开始时间、业务结束时间、业务描述]
        业务描述[日期、业务活动名称、地点、主要人物、主要议程、结果、起源、背景]
    管理活动[管理活动标识符、管理行为、管理时间、管理活动描述、关联实体标识符]
录像类电子档案内容描述[文本、图像、音频、视频]
    图像[形状、大小、颜色、纹理、位置]
    音频[音色、旋律、节奏、情绪、位置]
    视频[目标、场景、区域、运动轨迹]
```

图 5-7 领域知识框架示例

三、领域知识获取

领域知识获取是指从多媒体档案元数据和档案内容中抽取知识实例的过程,具体包括领域实体识别和领域关系抽取等流程,如图 5-8 所示。

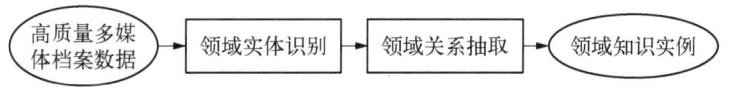

图 5-8 领域知识获取主要流程

(一)领域实体识别

领域实体识别是指从待处理文本中识别出实体的指称项,得到知识图谱的"节点"。

例如,一个录像档案的业务描述为"[2012 年 9 月 4 日][江西省档案局][局长][汪晓勇]陪同[石家庄陆军指挥学院][副院长][刘英][少将]参观[省档案馆]陈列的[《国家领导人在江西》]等图片展"[1],方括号中的内容都属于领域实体识别的目标和任务。

---

[1] 全国档案工作标准化技术委员会.录音录像类电子档案元数据方案:DA/T 63—2017[S].北京:中国标准出版社,2018:168.

传统实体识别将实体类型分为三大类(实体类、时间类、数字类)、七小类(人名、机构名、地名、时间、日期、货币、百分比),但领域知识图谱对知识深度要求更高,需要加入更加细粒度的实体类别。例如,时间可以细分为摄录时间、编辑时间、数字化时间等,人员可以细分为责任者、摄录者、编辑者、著录者等。

(二)领域关系抽取

领域关系抽取是指将实体与实体相互关联起来,并将实体与知识框架中的概念关联起来,得到知识图谱节点之间的"边"。

实体与实体之间的关系较为多样化,例如汪晓勇是江西省档案局的"局长",刘英是石家庄陆军指挥学院的"副院长",他们之间的联系是"陪同参观"。而实体与概念之间的关系通常是实例关系,例如将江西省档案局归入"档案行政管理部门",省档案馆归入"综合档案馆"。

值得关注的是,除了对多媒体档案中的文本数据、元数据著录内容等文本信息进行知识获取外,有条件的情况下还应按照图5-3的粒度划分方式,从档案的图像、音视频信息中抽取知识实例。例如,一张照片档案的人物说明为"左一:肖雅瑜,湖南省人大常委会副主任;左二:孙在田,湖南省人大常委会秘书长"[①],可以利用图像识别技术将在照片中相应位置的人物信息分别提取出来,并与对应的人物实体关联起来。同样地,如果一个录像档案中存在多个主要人物,那么可以利用音频和视频摘要技术提取每个人物的音频和视频信息并分别存储和关联。

经过领域知识框架构建和领域知识获取,分别得到领域知识框架和领域知识实例,即将图5-6和图5-8的流程相结合,构建形成一个初步的多媒体档案领域知识图谱,如图5-9所示。

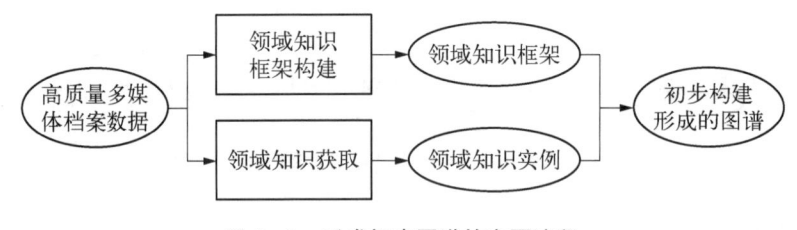

图5-9 形成初步图谱的主要流程

四、领域知识加工

领域知识加工是指对初步构建形成的图谱中包含的知识进行融合和验证,主要流

---

① 全国档案工作标准化技术委员会.照片类电子档案元数据方案:DA/T 54—2014[S].北京:中国标准出版社,2015:144.

程包括领域知识融合和图谱质量控制等,如图5-10所示。

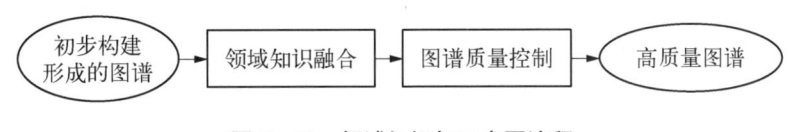

图 5-10 领域知识加工主要流程

（一）领域知识融合

领域知识融合是将初步构建得到的图谱进行多层次和多角度融合统一的过程,在此过程中,需注意以下问题。

首先是实体对齐的问题,即某些实体虽然字符不一样,但是指向的是同一个实体,需要合并处理来减少实体的种类,降低图谱的稀疏度,比如上海交通大学、上交大、Shanghai Jiao Tong University 指的是同一个学校。

其次是值域的融合问题,由于不同来源的数据具有不同的描述形式,各个单位在执行标准时也有各自的做法和习惯。例如,根据《录音录像类电子档案元数据方案》(DA/T 63—2017),录像档案的唯一标识符有两种编制规则,一种是按档案馆代码+"·"+档号,另一种是国家代码+档案馆代码+全宗号+档案门类代码+形成年度+顺序号。编制规则的差异给多媒体档案整理工作带来了一定程度的不便,需要进行规范化的融合。

（二）图谱质量控制

图谱质量控制是持续利用外部知识,对图谱中的缺项、错项、陈旧项进行补全、纠正和更新等验证工作。这些外部知识可以是档案领域的专家知识,也可以是档案管理系统设计人员的知识或者是新出现、新形成、新发现的知识。图谱的质量和可靠性是提高多媒体档案管理各环节质量的直接原始资料和依据,对档案服务利用水平的高低起着不可忽视的作用。

补全可以通过预定义的规则进行自动的推理。例如,已知一张照片的题名是"××领导出席××市地铁3号线工程开工奠基仪式",那么可以推断出这张照片的主要人物是×领导,业务类型为活动;当一件录像档案的摄录者是××省档案馆陈××时,那么可以推断出这件档案版权信息版权归属为××省档案馆。

同样地,也可以通过一定规则对图谱中的错项进行纠错。例如,多媒体档案的"数字化时间"不应早于"摄影时间"或"摄录时间","业务开始/结束时间"应与"内容起始/结束时间"相对应,如果出现与之不符的情况,就可以推断大概率出现了错误。

图谱中的知识是不断变化的,不及时更新就无法及时获取变化的、新出现的知识,造成图谱中包含过时的,甚至是错误的知识,从而对多媒体档案信息资源的开发利用产生不良的影响。图谱的更新主要包括领域知识框架的更新和领域知识实例的更新。知识框架更新主要针对图谱构建完成之后出现的新概念。例如,编制体制的调整、档案门类设置的变化、档案馆(室)职能职责的转变等,为确保"撤、并、转"单位档案资料的真实与完整,需要对图谱的框架进行相应调整,添加或修改新的概念和分类。一般来说,这类更新规模较小,频率较低,多采用领域专家人工定义和维护。而知识实例更新的规模和频率要远高于此,采用人工更新维护代价过高,因此一般利用获取到的热门实体(如档案网站上的热门搜索条目、关键字、档案服务利用的热门业务等)作为初始的种子实体,再利用种子实体进行自动扩展得到更多的实体,实现知识实例的更新。

五、领域知识管理

领域知识管理是指以高质量图谱为管理对象,提供图谱的高效存储、索引和访问,支撑基于图谱的知识服务的实现,主要流程包括图谱存储、图谱索引、图谱查询等,如图 5-11 所示。

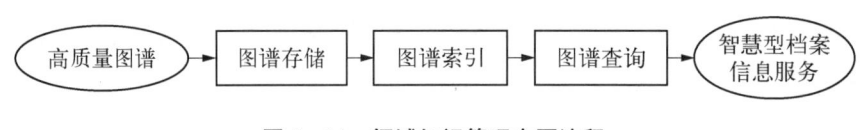

图 5-11 领域知识管理主要流程

(一) 图谱存储

图谱存储是指明确图谱的底层存储方式,完成图谱中各类知识(包括知识框架和知识实例)在硬盘或分布式环境下的存储。

由于图谱中的知识都是以三元组结构表示,因此采用基于图的存储方式能够更加直接、准确地反映图谱的内部结构,不仅有利于领域知识的增、删、改、查等操作,也便于对领域知识的深度挖掘和推理。

目前常用的图数据库是 Neo4j①,这是一种基于 Java 开发的图数据库系统,因其开源、高性能、轻量级等优势,受到广泛关注和使用。

(二) 图谱索引

图谱索引是指在一定的索引策略指导下,建立图谱的各类子图索引,包括子结构索引、路径索引、关键词索引等,根据索引能够在查询时快速得到满足条件的候选子图,避免在整个图谱上进行搜索。

---

① Neo4j Inc. Introducing the neo4j graph platform[EB/OL]. https://neo4j.com/.

（三）图谱查询

图谱查询是指利用标准化查询语言实现图谱的子图查询、路径查询、关键词查询等各类查询。SPARQL[①]是由 W3C 为 RDF 数据开发的一种查询语言,是图数据库广泛支持的查询语言。

综上所述,多媒体档案领域知识图谱的构建是一个多方共同努力的过程,要转变思路,将图谱构建方式从服务提供方的被动构建过渡到用户需求方的主动构建,充分考虑用户的需求和实际应用中的反馈,允许用户(众包方式)对图谱中的缺项、错项和陈旧项进行添加、编辑和修改,并将这些作为输入进一步指导和完善图谱的构建流程,形成不断更新发展的闭环系统。

第三节 多媒体档案领域知识图谱构建的实现方式

一、可行性分析

尽管知识图谱主要关键技术已十分成熟,且在数字人文、图书情报、电子商务、企业商业、医疗卫生、金融证券等多个领域中得到广泛应用,档案界也先后开展了面向数字人文的档案资源整合、数字资源构建等研究项目,在档案文化内涵与展示、艺术设计与创新、虚拟体验与互动等方面进行了成功探索,这些成果和经验都具有较好的借鉴意义和应用价值。但不容忽视的是,知识图谱技术仍是一种快速发展的技术,对其抱有过高的期望是脱离实际的,试图通过全自动化技术实现构建的整个流程,并达到能完全替代人工的效果,也是不切实际的。特别是对于落地应用来说,更应优先进行可行性论证,避免盲目投入带来的资源和人力浪费。

具体来说,多媒体档案领域知识图谱构建应考虑的可行性要素包括数据资源质量、知识资源质量、智慧型服务所需的知识复杂度等。

（一）数据资源质量

多媒体档案数据资源是构建图谱的重要基础,没有好的数据资源质量,就会给图谱构建带来巨大障碍。数据资源质量可以从数据完整性、数据正确性、数据可用性等角度来判断。

数据完整性考虑是否有足够的数据资源,或者说数据资源规模是否足以支撑图谱

---

① World Wide Web Consortium. Sqarql 1.1 query language[DB]. https://www.w3.org/TR/sparql11-query/.

的构建。除了用存储数据量与潜在数据量的百分比来衡量之外,已存储数据中各项记录是否完整、每一条记录的列/属性是否填充到预期的规模、同一数据在不同数据源中的表达是否相符等都是需要关注的对象。

数据正确性考虑数据正确描述或表示真实实体的程度,且数据值应与定义的值域范围(如数据类型、格式、精度等)保持一致。图谱构建前,应对数据源的准确性和有效性进行验证。

数据可用性考虑数据是否最新、可理解、可访问、安全,且达到所需的精度水平。要通过检查数据的时效性来判断数据值是否及时更新为最新版本信息;检查数据的结构化程度,例如多媒体档案是否已被数据化、图片形式是否需要 OCR 处理、音视频数据是否添加了结构化标注、标注的粒度是否满足档案利用需求等;检查数据中是否存在国家、行业机密或个人隐私等,由于图谱具有较强的推理和关联分析能力,因此数据层面的脱密和隐私保护处理是保证数据安全使用的前提。

(二)知识资源质量

多媒体档案知识资源质量是判断图谱构建可行性的一个重要维度,相关知识资源积累越丰富,图谱构建就越有利。知识资源质量可以从是否存在可复用知识框架、领域叙词表、领域词典等角度来判断。

可复用的知识框架考虑的是知识框架具有很强的抽象性和概括性,从头开始构建要负担高昂的成本,且质量难以保证,相较于在一个已有的知识框架进行扩展完善,其代价要大大低于从零起步的构建,因此跨领域的框架复用或迁移是图谱构建的重要策略。在构建图谱之前,应广泛调研已有的知识框架,尽可能借鉴现有的研究成果,例如通用知识资源可以参考开源知识图谱(CN-DBpedia、CN-Probase、百度知心等),领域知识框架可以参考图情领域知识框架等。

领域叙词表考虑的是叙词表是由本领域专家人工制定的,反映了本领域词汇的特定结构排列方式,能显示出词汇之间的关系,对知识框架构建具有很高的参考价值。在构建图谱之前,应充分吸收《中国档案主题词表》等的内容,提取出领域词汇中的上下位关系,降低梳理领域基本概念及其相互关系的人工代价。

领域词典考虑的是领域词典是由相关领域专家人工编撰的,是相关领域概念的权威解释,同样对知识框架构建具有很高的参考价值。然而多媒体档案包含的不仅是档案领域内部的知识,其内容中还会涵盖大量其他领域的知识,因此要将百科等纳入知识框架中,以便于从档案内容信息中获取领域知识。另外,在国家和档案行业相关标准中,通常都含有"术语和定义"一节,其中的名词解释也可看作是领域词典的重要组成部分,应纳入知识框架的构建范围。

(三)智慧型服务所需的知识复杂度

从图谱的建设方式可以看出,其构建的起点和终点都是知识应用,因此图谱能否满足应用需求取决于智慧型档案信息服务所需的知识复杂度。知识复杂度可以从知识本身的复杂程度和使用知识的复杂程度等角度来分析。

知识本身的复杂程度可以用人们学习该类知识所需的时间来进行评估,相对而言,静态知识肯定比动态知识更简单,词汇知识比语法、语义知识更简单,语言知识比业务知识更简单。因此,在图谱构建过程中,应遵循先易后难的原则,在数据源选取上按照"结构化数据—半结构化数据—非结构化数据"的顺序,在领域知识粒度上按照"语言知识—业务知识—决策知识"的步骤循序渐进。

使用知识的复杂程度可以用某一应用所需的知识规模、知识类型等来衡量,一个应用需要用到的知识越多、涉及的规则越烦琐、推理的步数越多,就说明该应用的复杂程度越高。同时,复杂应用所需的知识很易超出图谱构建时预设的知识边界,还会产生机器难以建模、难以获取的常识知识,增加了图谱构建难度。

因此,在设计图谱应用时,应先以简单、封闭性应用作为智慧型档案信息服务的应用模式,例如数据分析、智能检索、个性化推荐等,当这些应用成熟之后再逐步扩展到复杂、开放性应用,例如自动问答、辅助决策等。

二、数据资源建设

相较于纸质档案来说,多媒体档案在收集、整理、利用等方面的要求更为复杂,其管理对象仅停留在目录级层面是远远不够的,需要投入更多的人力进行数字化转换、著录、标注等资源建设工作。

具体来说,数据资源建设应包含以下几个方面。

(一)健全多媒体档案收集机制

规范多媒体档案资源流向,理顺多媒体档案(包括数字化副本和电子档案等)从"档案形成单位—档案室—档案馆"的资源收集链条,建立健全多媒体电子文件归档管理机制。

为了更好地描述和管理,无论是原生的多媒体电子档案,还是经数字化转换形成的数字化副本,都应设计或补充完善相应的元数据方案,以便图谱构建时各类知识单元(包括概念、实体、关系、属性等)的捕获和形成,依托信息化技术辅助人工实现多媒体档案"应收必收、应收尽收"。

(二)做好传统载体档案的数字化转换工作

传统载体声像档案、纸质档案(包含文字、图片等)应按照要求组织并开展档案资源数据化处理,为图谱构建、大数据处理、人工智能分析等奠定数据资源基础。

首先,应按照档案数字化相关标准对传统载体档案资源进行数字化,形成以件为粒度单元的档案资源数字复制件。在此基础上,以载体类型为依据分别进行数据化处理,形成以字符、人物、场景、镜头等为粒度单元的档案资源数字复制件。例如,对于纸质档案,先采用文档分割技术,将页面中的文本、批注、图片、装饰等要素分离开。针对文本,可参照《纸质档案数字复制件光学字符识别(OCR)工作规范》(DA/T 77—2019),对文本进行识别处理,识别后的成果可保存为纯文本或双层 PDF/OFD 形式提供利用。

(三)做好多媒体档案的信息标注工作

在上述数字化转换的过程中,传统档案资源已被切分成以字符、人物、场景、镜头等为粒度单元的管理对象,在此基础上还需对这些对象进行适当的人工标注,例如这张脸是××的脸、这个声音是××的声音等,相当于给该粒度下的各种要素打上了标签,既便于用户直接对其进行检索利用,也给后续自动化标注提供了高质量的训练样本。

总体来看,多媒体档案数字资源在数据格式、数据来源、数据库类型、数据真实完整性等方面较为统一,数据质量较好,但绝大部分管理粒度仍处于案卷级、文件级粒度,未下沉到档案内容或特征层面的属性描述,无论是文本还是图片、音视频都缺乏结构化的标记,且部分档案出于行业壁垒或国家安全与个人隐私的顾虑,无法共享共用,这些都给档案数据治理和知识获取提出了巨大的挑战。为应对上述资源可用性较低问题,应以"存量"和"增量"为标准进行区分并做好档案数据化工作。

对于"增量"档案,主要应依托电子文件管理系统进行前端控制,在多媒体文件形成阶段就将档案智能化管理可能需要的结构化标记信息以元数据、图像特征、音视频流特征等形式提取和保存起来。

对于"存量"档案,仅依靠档案管理人员无法承担数量如此庞大的结构化标记任务,必须借助外部力量才能得以实施。在人工智能领域有一项"土耳其机器人(Mechanical Turk)"服务,能以极低的成本购买数据标注服务,用于创建各式各样的训练数据集,这项服务被人工智能研究者称为"天赐之物",许多人工智能领域的学术资助提案都会包含一个土耳其机器人的专属条目[1][2]。这种方式本质上就是采用众包技术获取标注样本,作为档案机构同样也可以将已开放档案数据的结构化标记任务外包给大众志愿者,通过互联网集成大众的知识和智慧来解决存量大、人力少、耗时长、成

---

[1] Amazon Mechanical Turk. About Amazon mechanical turk[EB/OL]. (2005-06-20)[2021-11-23]. https://www.mturk.com/help.
[2] Deng J, Dong W, Socher R, et al. Imagenet: a large-scale hierarchical image database[A]. IEEE Computer Vision and Pattern Recognition[C]. Miami, IEEE, 2009: 248-255.

本高等问题,实现档案知识的规模化获取和验证,从而提升多媒体档案数字资源的可用性。

三、设计领域知识框架

多媒体档案领域知识框架面向领域知识概念共享,基于档案主题词表、档案行业标准、百科、档案编研成果、图情档博行业标准等知识资源进行设计,包含多媒体档案业务知识框架和内容知识框架,是实现多媒体档案资源智能化组织的高级语义知识组织工具。

多媒体档案领域知识框架设计应遵循综合性档案标准(例如 ISO 30300 系列、ISO 16175 等)、档案资源组织的相关标准(例如 ISAD(G)、ISAAR(CPF)、ISDF、ISDIAH、ISO 23081、METS 等)、多媒体内容描述标准(MPEG-7、MPEG-21 等),对多媒体档案业务和资源实体及其属性(内容与形式特征)进行语义描述。

(一)设计原则

在设计领域知识框架时,最具影响力的五条标准是清晰性、完整性、一致性、可扩展性和最小约束性[1]。现实情况中一般多灵活选择,有专家建议档案领域可采用 ISO 21127 提出的单调(推理)性、(本体)最小化、(属性)简便性、(类)不相交性、类型关联性、动态扩展性、内容完整性等建模原则,并指出可重点侧重完整性、精准性、灵活性、同其他本体协同性等四个原则[2]。

多媒体档案领域知识框架设计需要确保多媒体档案资源智能化组织的实现,因此在具体设计过程中应遵循以下原则。

一是完整性。领域知识框架应涵盖真实多媒体档案领域的所有概念/实体,包括高层级的抽象概念等。

二是精准性。准确定义类及其属性、属性的域与值域,特别关注多媒体档案的概念与特征。例如,定义职能与业务实体、文件集实体、实体历史、来源及管理事件等。

三是灵活性。允许使用领域知识框架的全部或部分,简单和复杂的关系表达形式均能满足,具备可扩展性、动态发展性和开放性等。

四是同其他知识框架的协同性。通过知识框架的映射,能够将可复用、可借鉴的其他知识框架中的概念、类或属性进行匹配,实现知识框架的匹配与对齐,使其能够联合使用不同知识框架下的领域知识。可供协同和映射的知识框架包括通用框架、档案

---

[1] Gruber T R. Towards principles for the design of ontologies used for knowledge sharing[J]. International Journal of Human-Computer Studies,1995(5-6):907-928.
[2] 段荣婷,马寅源,李真.档案著录本体标准化构建研究[J].档案学研究,2018(2):63-71.

相关实体或事件框架、其他文化遗产领域框架等。

(二)设计思路

多媒体档案领域知识框架设计是一个体系完整的活动,必须遵循系统论的方法论,重点关注系统输入、输出、控制及反馈等[①]。

就系统输入与输出而言,领域知识框架设计应涵盖完整的定义及其形式化要素,包括类、对象属性、数据属性、类或属性级次关系、类和属性控制与使用规则等。

就系统控制而言,领域知识框架设计应采用模块化同步与迭代推进的方法,调研相关技术标准规范、形式化概念、构建工具与方法、设计模式、最佳实践等,分析现有框架模型,选用适用的软件创建知识框架文档并进行测试。

就系统反馈而言,领域知识框架设计是概念层级模型构建与优化的良性互动过程,如图5-12右侧虚线框所示"概念建模",应建立讨论与协作的反馈机制。

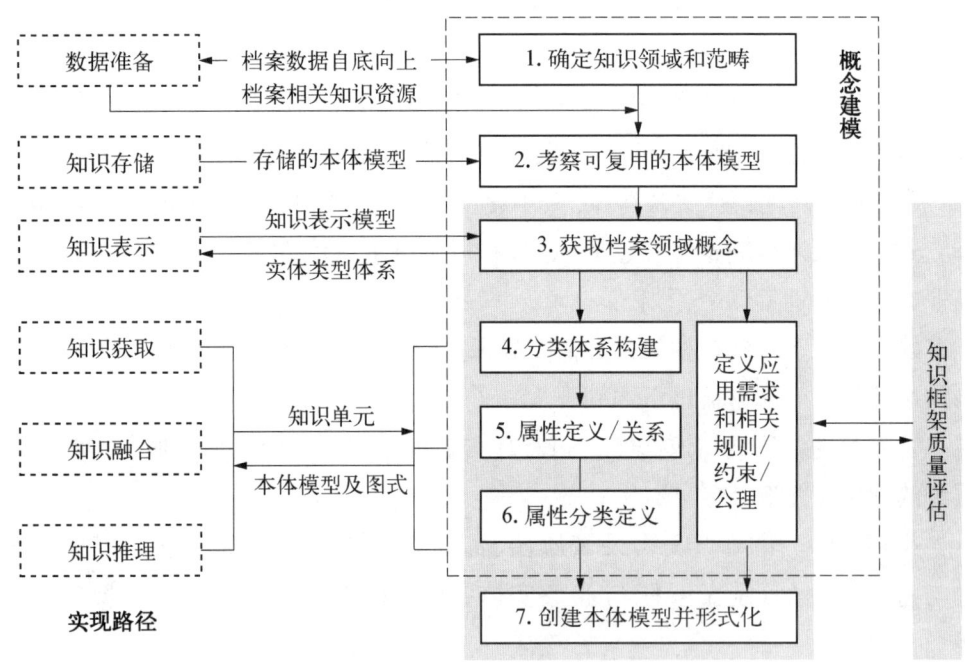

图5-12 领域知识框架设计思路

(三)设计方法

知识框架构建并无完全成熟的方法体系,常用的方法包括 TOVE 法、METHONTOLOGY法、骨架法、DEFS法、KACTUS法、SENSUS法、IDEF5法、七步法等。不同方法各有优劣,实际应用中多依据具体项目、领域特点等进行选择。

---

① 段荣婷,马寅源,李真.国际文件/档案著录标准化前沿与趋势展望:基于国际最新著录标准 ICA RiC 的研究[J].档案管理,2018(1):28-35.

多媒体档案领域知识框架可采用简约知识工程七步法①进行设计,包括概念建模及其形式化。其中,前六个步骤侧重概念建模,最后一个步骤侧重概念层级模型的形式化,如图5-13所示。

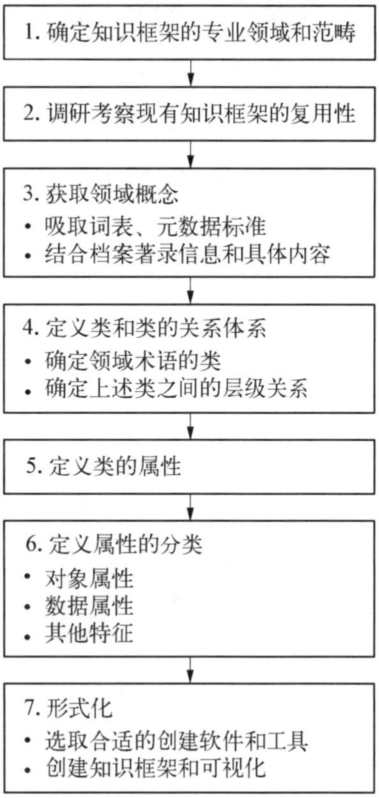

步骤1:通过用户需求调研,全面分析多媒体档案数据、相关知识资源等,最终确定领域知识框架涉及的知识域范畴。

步骤2:考察现有本体模型,思考现有本体模型能否复用、融合改造等,具体可把握:一是若本体模型成熟且适用,可考虑直接复用,非必要不必新增实体;二是实体类别融合原则,若两类实体类别实例一致,可考虑融合对应实体类别;三是实体类别拆分原则,若某实体类别互斥属性较多,可考虑拆分多个细分实体类别。

步骤3:充分吸收词表、国家和档案行业标准、多媒体内容描述标准、相关知识资源、档案元数据等知识资源,结合多媒体档案的著录信息和具体内容抽取相关概念,抽取领域知识框架构建所需的领域术语,包括实体类型名、属性名、关系名等关键要素。具体流程为:首先,利用自然语言处理工具对相关标准、资源中的文本进行分析,抽取候选术语;其次,利用术语的统计特征,对其中质量较低的术语进行过滤和删除;最后,对筛选后的术语进行合并,将表达概念相同的术语聚合转换为概念。

图5-13 领域知识框架设计的主要步骤

步骤4:主要包括确定领域术语的类,同时明确实体类别之间的层级关系。实践中,分类体系构建可利用叙词表等辅助工具获取不同概念之间的上下位关系。对于多媒体档案内容可以参考MPEG-7、MPEG-21等标准,针对档案内容信息增加面向多媒体特征的知识框架。

步骤5:主要为属性定义与关系抽取,指对上述概念的属性和关系进行抽取,抽取方式类似于领域概念抽取。具体方法为:首先,获取候选属性和关系集合;其次,评估过滤掉低质量的属性和关系;最后,对表达同含义的属性和关系进行聚合转换为领域概念的属性和关系。

---

① Noy N F, McGuinness D L. Ontology development 101: a guide to creating your first ontology[J/OL]. Stanford Knowledge Systems Laboratory, 2001: 1-25. http://o2k.stanford.edu/people/dlm/papers/ontology-tutorial-noy-mcguinness.pdf.

步骤6：定义属性的分类，具体包括对象属性、数据属性、其他特征等。

步骤7：选择合适的领域知识框架构建工具，并将创建后的本体形式化、图式化。

（四）概念建模方法

概念建模是领域知识框架构建的核心和主体，主要指"简约知识工程七步法"的前六个步骤。下面结合领域知识框架构建的需求和特点，对其中的关键问题作进一步阐释。

1. 梳理概念建模的来源基础

领域知识框架的构建，无论是采取自底向上还是自顶向下的构建方式，都需要充分调研和吸收多维来源的权威知识资源、可复用本体等，以便在现有理论成果和实践经验的基础上构建概念层级模型，促进其融入建设实践的紧迫需求，接轨国际档案领域的最佳实践，同时兼顾其他文化遗产领域的信息共享和交换需求，为多媒体档案领域知识图谱的推广奠定良好的规范和基础。概念建模可借鉴的知识资源主要包括以下几个方面，如图5-14所示。

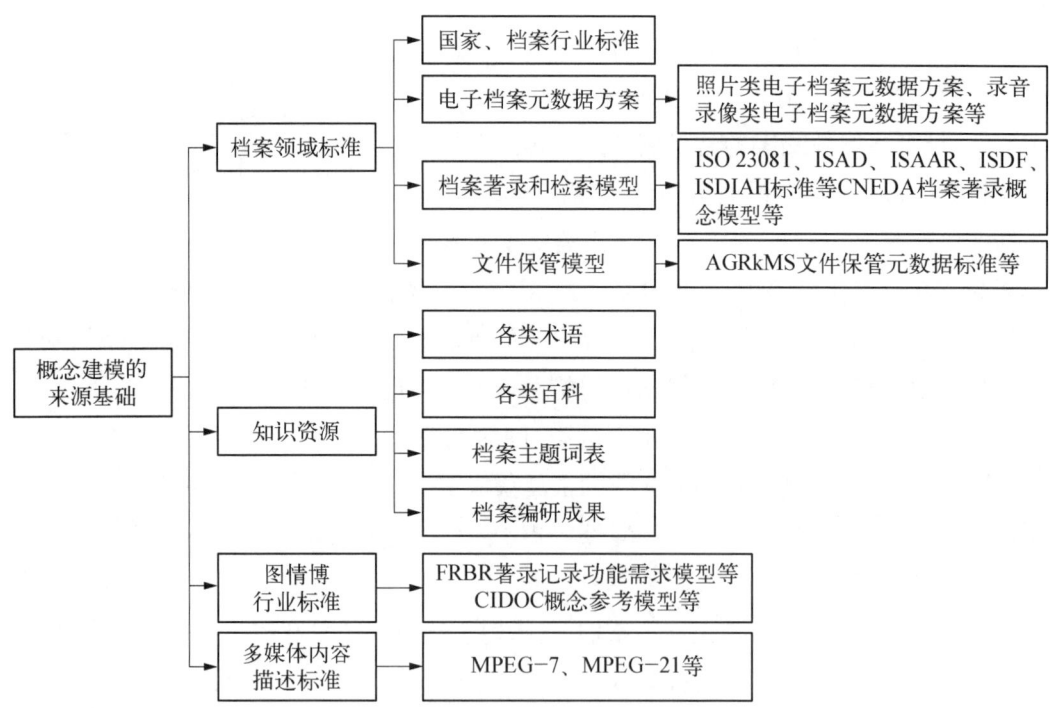

图5-14 概念建模的来源基础

值得一提的是，在"信息资源管理"一级学科更名的大背景之下，图书馆、档案馆、博物馆、艺术馆等机构呈现出信息资源融合、协同、拓展的趋势。国际学界也出现了LAM、GLAM等新理念，相关的信息资源组织描述模型、本体、实践等成果也愈发丰富。表 5-1 罗列了具有代表性的参考模型,这些模型都属于"实体—关系"模型,已广泛应用于 GLAM 领域,成为促进信息资源语义化、本体化、关联化的重要基石[①]。特别是近年来的数字人文研究加速了学科边界的拓展和"大资源观"的共识。有学者指出,数字人文研究的数据通常来自图书馆、档案馆、博物馆及其他信息机构,并指出语义网和大数据时代"智慧数据"将是数字人文研究的发展方向,图档博信息机构将是"智慧数据"的提供者和受益者[②]。智慧数据的实现,需要底层模型和本体的助力,目前已有利用 RiC-CM、RiC-O、CIDOC-CRM 等模型从数字人文研究的视角开发历史档案文献,以及运用 CDWA 来描述实物档案等相关探索。

表 5-1　GLAM 代表性本体/参考模型

名　　称	说　　明
IFLA Library Reference Model (IFLA LAM)	由国际图联(IFLA)2017 年发布,共 11 个类目(9 个核心类目)、3 个层级、37 个属性,以作品为中心,可描述称谓关系、责任关系、表达关系、主题关系等,适用于图书馆
Records in Contexts Conceptual Model(RiC-CM)	ICA 于 2016 年发布,2021 年新修订,共 22 个类目(8 个核心类目)、4 个层级、40 个属性,以人物为中心,可描述主题关系、次序关系、层级关系、种源关系等,适用于档案馆
Records in Contexts-Ontology (RiC-O)	ICA 于 2019 年发布,RiC-CM 的机读版、OWL 语义本体实现,创建 RDF 档案数据集的通用词表,助力实现数据的集成共享
Conceptual Reference Model (CIDOC-CRM)	2022 年已更新至 7.2.2 版本,目前共 81 个类目(11 个核心类目)、9 个层级、161 个属性,以事件为中心,可描述时空关系、事件关系等,适用于博物馆、文化遗产领域等
Information and documentation-A reference ontology for the interchange of cultural heritage information(ISO/DIS 21127)	《文化遗产信息交流参考本体》(2022 年发布的第三版),由国际博物馆理事会(ICOM)和国际文献委员会(CIDOC)共同制定,与 CIDOC-CRM 一脉相承,共 81 个类、160 个属性,目的是为图书馆、档案馆、博物馆等文化遗产组织间的信息交流和集成提供概念基础
Europeana Data Model(EDM)	基于 ESE 和 DC 元数据设计,共 19 个类目(复用 7 个类目、自建 12 个类目)、3 个层级、79 个属性,以对象为中心,可描述资源关系、事件情境关系等,适用于文化遗产领域
Categories for the Description of Works of Art(CDWA)	2022 年新修订,共 31 个类目、6 个层级、501 个属性,以细节描述为中心,主要描述作品对象关系,适用于艺术馆、展览馆等馆藏品的描述

[①] 陈人语. GLAM 领域资源描述参考模型及应用场景研究[J].数字图书馆论坛,2023(1):1-9.
[②] 曾蕾,王晓光,范炜.图档博领域的智慧数据及其在数字人文研究中的角色[J].中国图书馆学报,2018(1):17-34.

2. 设计概念层级模型

按照前文提及的"七步法"构建流程,在明晰领域知识框架的领域范畴和知识资源、可复用本体、抽取领域概念等步骤之后,可进一步设计领域知识框架的概念层级"实体—关系"模型,如图5-15所示。该模型基于档案工作的最佳实践,具有普遍指导性;同时能囊括用户贡献描述,还可转化为领域知识框架的实例,具有可扩展性、灵活实用性等优点,可作为多媒体档案领域知识图谱的概念层级模型。

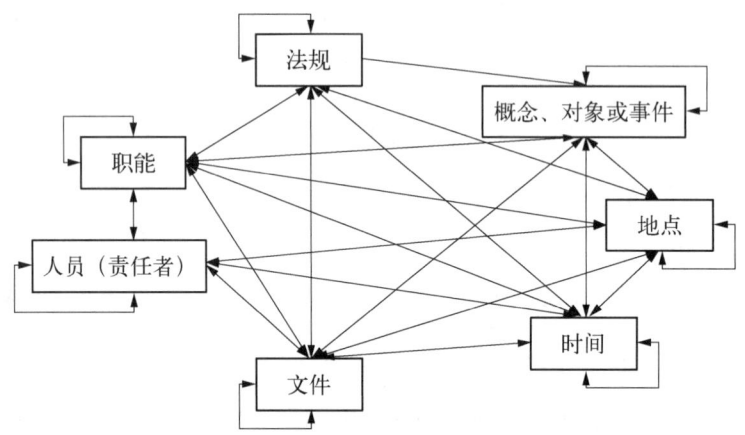

图5-15 领域知识框架的实体—关系模型

首先,概念层级模型的实体可划分为档案专用关键实体与其他领域资源通用实体两大类型。其中,档案专用关键实体包括文件、人员、业务、法规等,同其他领域共享共用的相关背景实体包括地点、日期、概念/事物等,如图5-16所示。

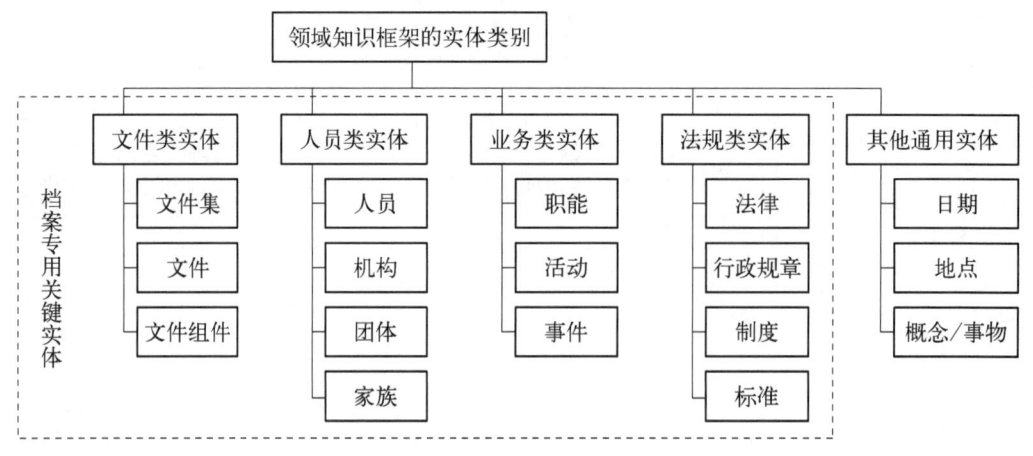

图5-16 领域知识框架的实体类别

以文件类实体为例,该类实体反映了概念层级模型的主体(文件、文件组件及文件集)之间的逻辑关联、文件集与文件之间逻辑关系的具体化如图5-17所示。文件集不仅能对应全宗、类别、案卷,且能够囊括机构、团体馆藏,增强了灵活实用性。同时,文件类实体及其关系体现出数字时代文件描述知识智能控制的新特征,即整体集合控制同具体件级控制的有机结合。其中,集合控制侧重结构与背景控制,件级控制则是具体的内容控制。通过侧重结构与背景信息描述的集合控制,确保档案的凭证价值,便于用户实现全宗体系浏览检索及其研究;通过件级内容控制,确保档案的情报价值,也便于用户实现细粒度的发现与检索。

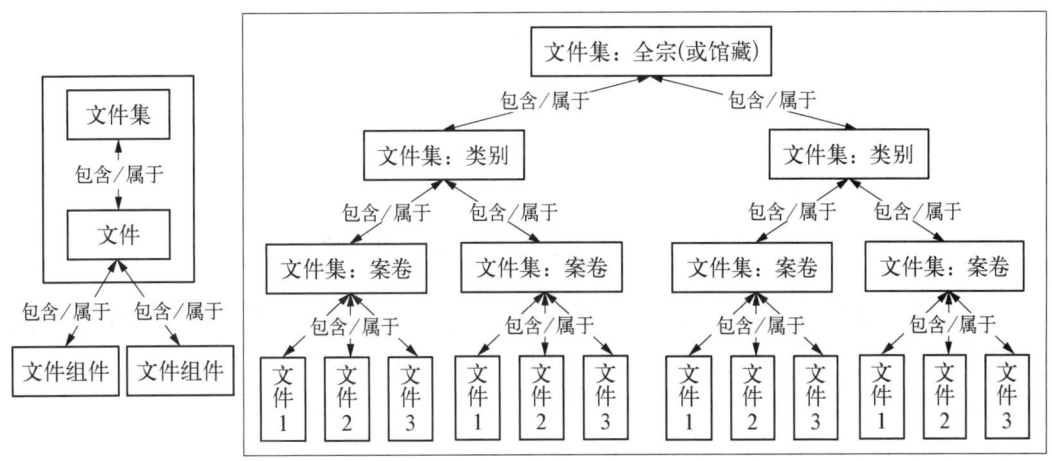

图 5-17 文件类实体及其关系示意图

其次,概念层级模型中实体的属性,对应其形式化所用的网络本体语言(Web Ontology Language,OWL)的数据属性,主要包括所有实体的共用属性、各实体的专用属性两大类,如图 5-18 所示。其中,所有实体的共用属性包括标识符、名称、一般注解等,各实体的专用属性是该实体所特有的属性描述。例如,以责任者实体为例,其属性及其 UML 类如图 5-19 所示。

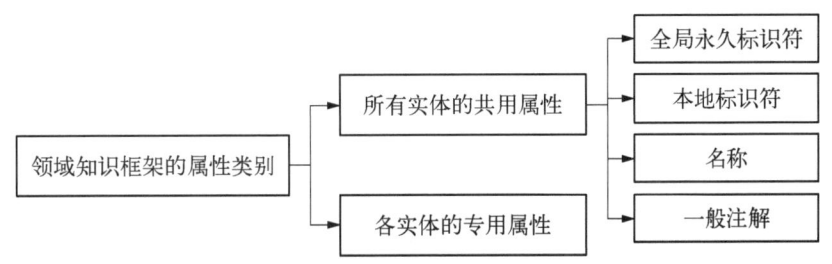

图 5-18 领域知识框架的实体属性

最后,概念层级模型的关系具有如图 5-15 所示的特点,即每一实体都同所有(含自身)实体互为关联,构成关系的语义丰富性;所有实体间均具有共性关系,如"现在同……相关"与"过去同……相关";所有关系均具有共用属性,如日期与地点等。

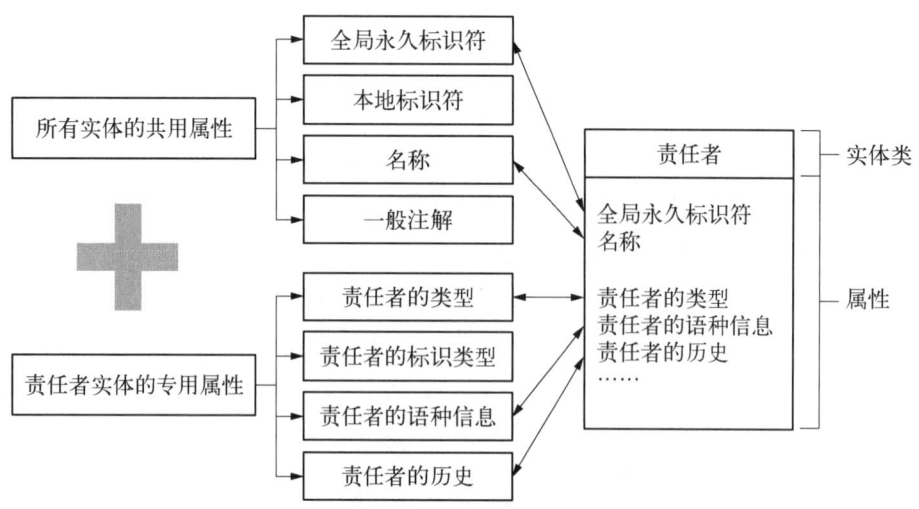

图 5-19 责任者实体类的属性及其 UML 类图示例

在概念层级模型的形式化方面,结合 OWL 的描述结构,将概念层级模型中定义的实体、属性及关系进行形式化,主要包括实体类声明、属性声明及其结构化语义定义,如图 5-20 所示。

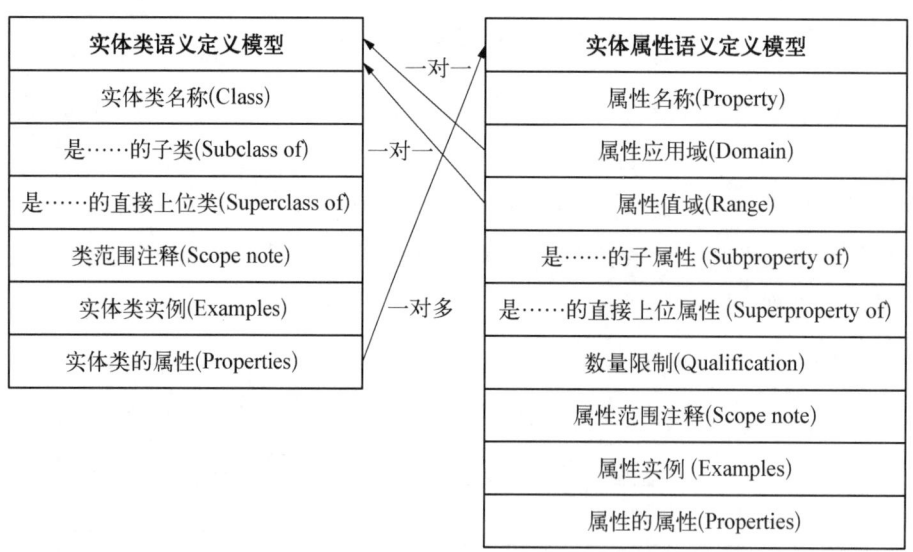

图 5-20 实体类与属性声明语义定义及其对应的逻辑模型

上述逻辑模型结构完整地包含了本体形式化定义的所有要素,并且能够根据 ISO 21127 制定实体类与属性的命名规则、规定属性的数量词等。概念层级模型的形式化还需确定适用于领域知识框架创建的软件,通过结合档案工作实际进行选择。选择软件时应考虑软件的自主知识产权、主流性与扩展性、语种支持性、用户友好性等因素。

综上所述，多媒体档案领域知识图谱实现路径中的"知识建模"就是构建领域知识框架。在具体实践中，应充分参考特定领域、档案领域、信息资源管理领域的知识资源，采用自顶向下与自底向上相结合的思路，系统梳理相关概念、概念层级、属性等，同时应遵循完整性、精准性、灵活性、扩展性、简便性、协同性、可复用等原则。在目前尚无自主知识产权且成熟、稳定、易用软件的情况下，信息资源管理领域常用的 Protégé 本体构建工具和"简约知识工程七步法"不失为一种可行的方案。值得注意的是，伴随人工智能技术的发展，知识框架自动化构建、知识框架与多模态数据提炼、规则可视化等已成为新的发展趋势。

四、设计领域知识获取模型

领域知识获取是指通过实体识别、关系识别、属性识别、事件识别等知识获取技术，对数据资源中的文本数据进行语义抽取，采用图像识别、语音识别、视频摘要等技术对数据资源中的其他媒体形式数据进行特征抽取，最终输出实体、属性以及实体间的相互关系，形成规范化的网状语义结构。

因此，多媒体档案领域知识图谱的知识获取模型应按照数据类型进行划分，分为结构化数据知识获取模型、半结构化数据知识获取模型和非结构化数据知识获取模型，具体设计步骤如图 5-21 所示。

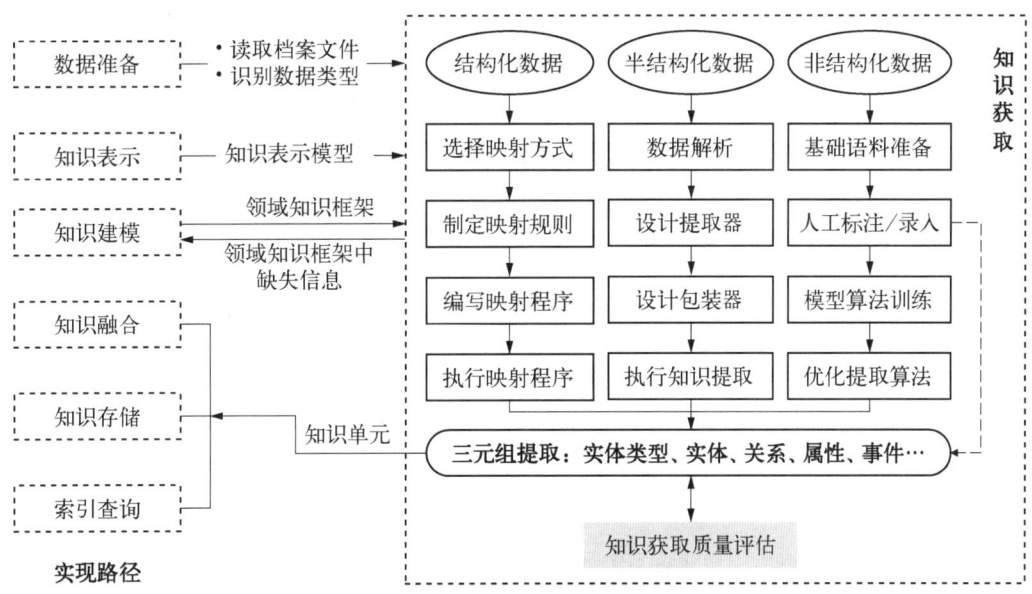

图 5-21 领域知识获取模型设计的主要步骤

首先，读取相应数据源，判断数据类型为结构化数据、半结构化数据，还是非结构化数据。

其次，根据数据类型执行相应的知识获取流程。若为结构化数据，则分析数据情况，结合专家知识制定映射规则，根据映射规则编制映射匹配程序，通过执行映射程序抽取档案事件知识；若为半结构化数据，则根据数据组成进行解析，利用手工生成法、包装器生成法、自动抽取法等半结构化知识提取方法进行知识获取。若为非结构化数据，则从数据资源中取出一部分作为训练数据，对这部分数据进行人工标注，再选择隐马尔可夫模型、条件马尔可夫模型等统计模型进行模型训练，在模型满足准确率和召回率要求的条件下，将该模型用于剩余数据资源的知识获取任务。

最后，对获取得到的知识进行存储。

（一）实体识别

实体识别，也称实体抽取、命名实体识别（Named Entity Recognition），指从多媒体档案数据中识别出专有名词①，形成知识图谱的"节点"。

从技术层面看，实体抽取大多属于自然语言处理范畴，通常包括两个部分：一是实体边界识别，即识别和判断一个字符串是否为一个完整的实体；二是实体分类，即抽取识别后的实体并将其分类至领域知识框架预定的类别。

实体抽取的方法包括基于规则的方法、基于特征的统计机器学方法、基于深度神经网络的方法等，其中基于深度神经网络的实体抽取方法已成为学界和业界的主流，常见的算法包括卷积神经网络（CNN）、循环神经网络（RNN）等，它具有深度学习、无须人工干预等优点，但面临开放类别、实体结构复杂、标注资源匮乏等挑战。

实体抽取的主要工具包括斯坦福大学研发的 DeepDive、哈尔滨工业大学研发的 LTP、Jieba 开源分词工具等。从序列标注完成生成模型架构、从粗粒度有监督学习到细粒度小样本学习、从单语种单模态到多语种跨模态融合②将是未来的发展方向。

（二）关系抽取

关系抽取指从多媒体档案数据中发现实体之间的语义关系，并将该关系映射到实体关系的三元组"实体，关系，实体"中并以结构化形式存储。简言之，关系抽取就是将实体与实体关联起来，同时也将实体与领域知识框架中的概念关联起来，得到知识图谱节点相连的"边"。

关系抽取也是自然语言处理和信息抽取领域的经典问题，但它比实体抽取更为复

---

① Chinchor N, Marsch E. MUC-7 information extraction task definition[C]//Proceedings of a Seventh Message Understanding Conference (MUC-7), 1998: 357-359.
② 中国中文信息学会,语言与知识计算专委会.知识图谱发展报告（2022）[R/OL]. (2022-08)[2023-03-06]. http://cips-upload.bj.bcebos.com/KGDevReport2022.pdf.

杂,常见的方法包括基于模板关系抽取、基于特征工程关系抽取、基于核函数关系抽取、基于深度学习模型关系抽取、开放关系抽取[1]等。从技术层面看,主要包括以下三个方面。

一是语义关系表征。探索如何用特征来描述实体间的语义关系。早期以流水线模式为主,即利用基于规则和统计方法,先进行实体抽取,后进行关系抽取。目前,神经网络自动学习方法已成为主流,并开始探索实体关系的联合抽取,主要模式包括序列标注[2]、表填充[3]、序列生成[4]等。

二是抽取数据处理。探索如何处理不同类型的关系抽取数据,其中远程监督是主流方法,具体包括数据噪声处理、小样本关系抽取、语言分析模型、数据隐私保护等。

三是复杂关系建模。探索如何处理实际应用场景中的复杂关系,包括跨文档和多轮对话场景中关系抽取[5]、多元关系抽取、多模态关系抽取[6]等。相关的工具包括斯坦福大学开发的 DeepDive、华盛顿大学研发的 Reverb 和 OLLIE、浙江大学研发的 DeepKE 等。

关系抽取领域的探索已超过 20 年,近年来兴起的深度神经网络训练模型(如 BERT[7]、GPT[8]等为其发展带来了新的突破,未来将进一步探索开放类别小样本关系抽取、多模态关系抽取、隐私保护下关系的可信赖抽取等。

(三)属性抽取

因为可以将实体属性视为实体和属性值之间的名词性关系,所以属性抽取与关系抽取相类似[9],属性抽取的三元组数据形式化为"实体,属性,属性值"。

从技术层面看,一方面,属性抽取虽与关系抽取十分类似,但更加复杂。其除了需识别实体的属性名称,还需识别实体的属性值,但属性值结构具有不确定性,因此实践中多数非结构化属性抽取常基于规则的方法进行;另一方面,实体属性抽取的主要任

---

[1] 陈华钧.知识图谱导论[M].北京:电子工业出版社,2021:75.
[2] Miwa M, Bansal M. End-to-end relation extraction using LSTMs on sequences and tree structures[C]//The 54th Annual Meeting of the Association for Computational Linguistics, 2016: 1105-1116.
[3] Miwa M, Sasaki Y. Modeling joint entity and relation extraction with table representation[C]//Conference on Empirical Methods in Natural Language Processing (EMNLP), 2014: 1858-1869.
[4] Zeng X R, Zeng D J, He S Z, et al. Extracting relational facts by an end-to-end neural model with copy mechanism [C]//The 56th Annual Meeting of the Association for Computational Linguistics, 2018: 506-514.
[5] Yaa Y, Du J J, Lin Y K, et al. CodRED: A cross-document relation extraction dataset for acquiring knowledge in the wild[C]//Conference on Empirical Methods in Natural Language Processing, 2021: 4452-4472.
[6] Wan H, Zhang M R, Du J F, et al. Fl-msre: A few-shot learning based approach to multimodal social relation extraction[C]//AAAI Conference on Artificial Intelligence, 2021: 13916-13923.
[7] Devlin J, Cheng M W, Lee K, et al. Bert: pretraining of deep bidirectional transformers for language understanding [C]//NAACLHLT, 2019: 4171-4186.
[8] Roberts A, Raffel C, Shazeer N. How much knowledge can you pack into the parameters of a language model[C]// Conference on Empirical Methods in Natural Language Processing (EMNLP), 2020: 5418-5426.
[9] 刘峤,李杨,杨段宏,等.知识图谱构建技术综述[J].计算机研究与发展,2016(3):582-600.

务是将数据导入后对其进行分类、映射、清洗等规范整理,并形成三元组。其中文本的属性抽取可采用序列标注方法,目前,BERT、LSTM+CRF等算法比较常用。此外,也常从形式质量、内容质量、效用质量、召回率、准确率、F1值等指标对属性抽取进行评估[①]。

（四）事件抽取

事件是指特定时间、地点、人物参与的动作组成的事件和状态。事件抽取包含两个步骤:一是事件类型识别,即识别描述事件文本的触发词(Trigger),并将其对应到指定事件类型;二是事件元素抽取,识别描述事件结构的要素(Argument),并将其对应到相应的类型中[②]。

事件抽取的方法主要分为:一是基于模式匹配的事件抽取方法,即利用模板进行模式获取和模式匹配[③],在特定领域应用性能好,但对语言、领域和文档具有依赖性,可扩展性和移植性较差;二是基于机器学习的事件抽取方法,即基于统计模型,将事件抽取建模成多分类问题,主要包括基于特征、基于结构和基于神经网络三种主要方法。

从技术层面看,主要包括:一是事件模式归纳,常见的方法包括基于概率图模型的事件归纳和基于表示学习的事件归纳;二是事件识别和抽取,主要分为句子级事件抽取和篇章级事件抽取,其中模式匹配、机器学习、跨文档方法、开放事件抽取是常用的几种方法;三是事件关系抽取,包括事件因果关系抽取、事件时序关系抽取、子事件关系抽取等;四是事件表示学习,常见的方法包括离散模型、分布式表示学习等。事件结构远比实体关系三元组复杂,目前相关研究和实践多针对英文文本,中文文本的事件抽取仍面临诸多挑战,目前百度发布的大规模中文事件抽取数据集DuEE是中文领域的一个重大突破[④]。

综上所述,多媒体档案领域知识图谱实现路径中的"知识获取"就是需要完成多媒体档案数据的实体抽取、关系抽取、属性抽取和事件抽取,并最终形成RDF三元组数据。针对不同结构类型的多媒体档案数据应采取不同的处理模式,但人机协作已成为主流的方案,"人"指专家/人工介入样本数据的训练、算法模型的优化、复杂关系的映射等,有利于提高知识获取的质量;"机"指利用机器学习、人工智能相关的自动化处理算法和模型。多媒体档案领域知识图谱的构建中应充分遵循"人机协同原则",加强最新算法模型和技术工具的跟踪,提高机器智能化处理能力,同时提高用户的参与和互动,探索"众包模式"的应用。

---

① 吴睿.知识图谱与认知智能:基本原理、关键技术、应用场景与解决方案[M].北京:电子工业出版社,2022:103.
② Doddington D, Mitchell A, Przybocki M, et al. The automatic content extraction (ACE) program—tasks, data, and evaluation[C]//International Conference on Language Resources and Evaluation, 2004: 837-840.
③ 张聪聪,都云程,张仰森.事件抽取研究综述[J].计算机技术与发展,2023(1):7-13.
④ 陈华钧.知识图谱导论[M].北京:电子工业出版社,2021:91-93.

五、设计领域知识加工模型

领域知识框架虽然能解决特定的知识共享问题,但由于知识的无限性和动态性,实际上无法构建覆盖所有知识的统一知识框架,而且过于复杂和庞大的知识框架也难以维护和使用,因此同一领域可能存在多个轻量级知识框架。同时,知识图谱的应用存在语言层的异构问题,如语法不匹配、逻辑表示不匹配、原句语义不匹配、语言表达能力不匹配等;模型层的异构问题,如规则不统一,概念范围不匹配,模型覆盖不匹配,解释范例不匹配,概念描述不匹配,同义词、同形异义词汇,编码格式等①。

因此,需要通过知识加工来消除知识图谱应用的负面影响,比如利用知识融合来解决异构问题,利用知识推理来进行知识补全、知识纠错、质量提升等。

(一)设计知识融合模型

在获得新知识之后,需要对其进行整合,以消除矛盾和歧义,主要包括框架层和数据层两个层面的融合。框架层融合采用本体演化管理工具集实现框架对齐,弥合不同框架间的词汇异构性和语义歧义;数据层融合按照实体对齐、属性对齐、属性值融合的步骤完成不同图谱之间元组(实体、关系、属性)的消歧、去重和纠错。

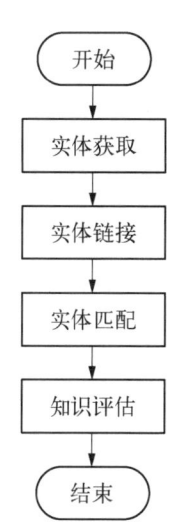

图 5-22 知识融合模型设计的主要步骤

因此,知识融合模型的设计应包括实体获取、实体链接、实体融合匹配、知识评估等具体步骤,如图 5-22 所示。

实体获取是通过不同途径获得尽可能全面的知识实体。实体链接是针对不同知识框架下概念表达所使用的词汇可能不同,对概念表达方式进行统一化处理;实体匹配是针对图谱中含义相同但标识符不同的实体,对这些实体进行合并处理;知识评估是对新增知识进行验证和评估,以确保图谱的内容一致性和准确性,通常采用的方法是在评估过程中为新加入的知识赋予可信度值,据此进行知识的过滤和融合。

(二)设计知识推理模型

知识推理主要包括图谱中缺失知识的补全、错误知识的纠正、过期知识的更新。其中,缺失知识的补全包括实体类型补全、实体间关系补全和实体缺失属性值补全;错误知识的纠正包括错误实体类型检测、错误实体关系检测、错误属性值检测;过期知识的更新主要针对图谱中与时间标签、热点事件相关的信息。

因此,知识推理模型的设计应包括训练模型设计、训练数据集准备、图推理算法选

---

① 王昊奋,漆桂林,陈华钧.知识图谱:方法、实践与应用[M].北京:电子工业出版社,2019:185-189.

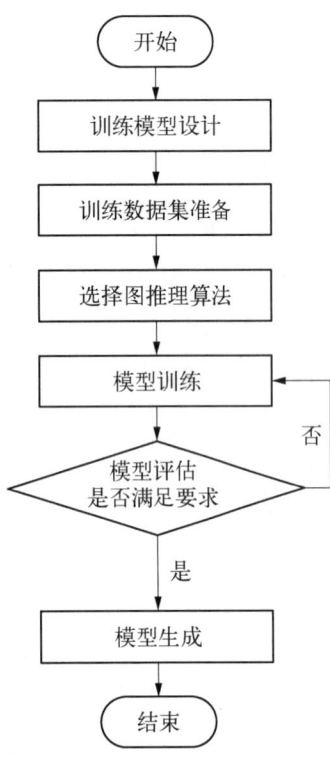

图 5-23 知识推理模型设计的主要步骤

择、模型训练、模型评估、模型生成等具体步骤,如图5-23所示。

首先,应开展训练模型设计工作,主要包括模型算法选择设计、模型训练方式选择设计、模型训练数据集选择设计以及模型评估设计等;其次,选择图推理算法,包括图推理算法和深度学习算法;再次,设定模型参数,采用相应数据集开展模型训练;最后,对训练完成的模型进行评估,如满足要求则模型训练结束,若不满足要求则重新配置模型参数,直至生成知识推理模型。

六、选择领域知识存储方式

知识图谱以"图"的形式来展现实体、属性和关系,从逻辑层面的数据模型看,主要包括两种:一是三元组模型,即知识图谱常用的"主、谓、宾"RDF三元组模型;二是图模型,一般情况下为简单图,实际应用中常扩展为概率图、无环图等。这两种数据模型带来不同的知识图谱存储思路,具体如图5-24所示。

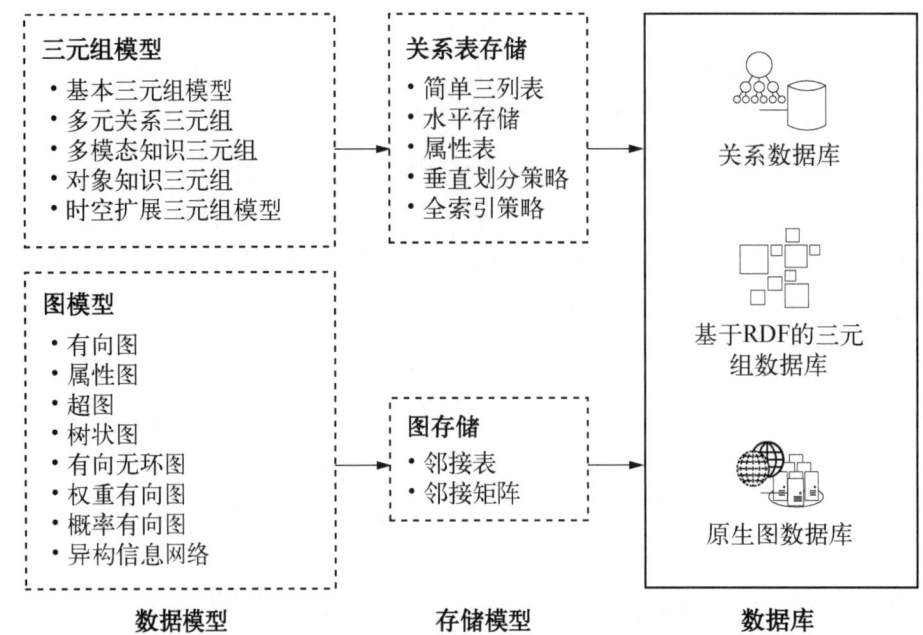

图 5-24 多媒体档案领域知识图谱存储模型

（一）存储模型

一是知识图谱的关系表存储，即将 RDF 数据的三元组模型映射到关系模型之中，经典的方法包括简单三列表、水平存储、属性表、垂直划分策略、全索引策略、六重索引方法等。

二是知识图谱的图存储，即将 RDF 三元组视为带标签的边，RDF 数据自然可视为图模型结构。目前图存储模式主要包括邻接表和邻接矩阵，其中邻接表就是将图谱中每个节点对应一个列表，表中存储该实体的相关信息；邻接矩阵指在计算机中存储多个 $n \times n$ 维的矩阵，n 代表节点数量[1]。

（二）存储方案

不同的存储思路形成了不同的存储方案。

一是关系数据库。这是目前知识图谱常用的一种存储方法，最具代表的工具是 IBM 提出的 DB2RDF[2] 方案，它融合了三元组表、属性表、垂直划分等方法的优势，行业应用覆盖面较广。关系数据库的优点是技术成熟且稳定，可充分利用其本身的存储和优化功能，而且 RDF 数据映射到关系模型也不复杂；缺点是关系数据库对语义关系的表达不充分，带来关联查询和计算的复杂性，特别是其范式要求限制了图谱的动态性，给知识图谱的管理和应用造成低效、不便的问题。

二是面向 RDF 的三元组数据库。这是专门为存储大规模 RDF 数据而开发的数据库方案，主流的产品包括 Apache 研制的 Jena、Eclipse 开发的 RDF4J、开源数据库 gStore、德国马克斯·普朗克计算机科学研究所研发的 RDF-3X、Franz 公司开发的 AllegroGraph、德国 SONES 公司旗下的 GraphDB、SYSTAP 公司研发的 BlazeGraph 等。

三是原生图数据库。这是基于图模型而建立的数据库，可充分利用图的结构特征来构建索引，具有表达自然、容易扩展、复杂关系表达顺畅、多条优化等性能优势，是目前知识图谱的优选存储方案。代表性的产品包括 Neo4j、OrientDB、JanusGraph、Cayley 等，其中基于 Java 开发的 Neo4j[3] 是目前最受欢迎的图数据库，具有开源、高性能、轻量级等优势。此外，基于云平台的分布式存储、基于数据划分的分布式存储、基于 GPU 等新硬件的存储、联邦型分布式存储等方案目前正在研究探索和试验中，未来值得关注。

（三）存储技术要求

知识存储将多媒体档案领域知识图谱的知识框架和知识实例以机器可识别的格

---

[1] 肖仰华，徐波，林欣等.知识图谱概念与技术[M].北京：电子工业出版社，2020：302－305.
[2] Weiss C, Karras P, Bernstein A. Hexastore: sextuple indexing for semantic web data management[C]//Very Large Data Bases (VLDB) Endowment，2008(1)：1008－1019.
[3] Neo4j Inc. Neo4j graph database [EB/OL].https://neo4j.com/product/neo4j-graph-database/.

式进行物理保存,主要涉及的组件及其技术要求为以下几点。

一是结构设计,应支持基本的图数据存储需求,设计伸缩性、灵活性、扩展性均良好的存储结构[①],能满足多种图数据模型的存储,如属性图、RDF等,还能基于数据的增长实现有弹性的拓展。

二是访问支持,应支持查询、读取、计算、应用等需求,实现不同存储、组件的交互功能,以满足上层应用的功能和性能要求。

三是管理维护,应支持安全可靠的管理维护,实现角色访问控制、加密、备份还原等安全需求。

综上所述,多媒体档案领域知识图谱可采用图数据库管理系统作为存储和管理方式,将属性图中的节点、边和属性以固定长度记录的形式表示为存储在磁盘上的数据格式,节点记录维护指向其相邻边和属性的指针,边记录维护指向其相邻节点和属性的指针,属性记录维护指向其所对应的具体属性值。

七、研发图谱服务平台

构建多媒体档案领域知识图谱的目标是基于图谱实现智慧型的档案信息服务,因此设计构建一个图谱服务平台,不仅能够为各类应用提供服务接口,还便于用户构建、维护图谱,形成图谱构建、管理、应用于一体的支撑服务能力。

(一)总体架构

多媒体档案领域知识图谱服务平台从图谱构建、管理、应用的实际需求出发,采用组件化、标准化、服务化等实现方法,基于面向服务的B/S技术架构,按照基础层、数据层、服务层、应用层四层的总体架构进行设计,如图5-25所示。

1. 基础层

基础层由平台支撑和数据支撑两部分组成。

(1)平台支撑主要包括硬件资源支撑和大数据平台软件支撑。其中,硬件资源包括实现底层计算资源、存储资源、网络资源等的管理和调度服务,大数据平台提供底层分布式数据存储和计算能力支撑,以此来达到在用户指定的环境上实现系统部署和运行的目标。

(2)数据支撑包括满足要求的规范化多媒体档案数据资源,主要涉及档案业务相关数据库表、档案业务文本、报文类数据、图片及音视频数据。

2. 数据层

数据层主要实现领域知识框架、知识素材和图谱的存储。

---

① 中华人民共和国工业和信息化部.基于人工智能的知识图谱构建技术要求:YD/T 4044—2022[S].2022.

图 5-25　图谱服务平台的总体架构

领域知识框架的存储形式为图数据库,主要支撑相关知识资源、国家和档案行业标准、开源知识资源等知识资源的存储、查询和推理。知识素材的存储形式为文件系统及相应的数据库,主要支撑海量文本、图片类、音频类、视频类素材等的存储以及检索业务。图谱以原生图数据库的形式进行存储,支撑十亿级点、百亿级边规模的海量图存储。

3. 服务层

服务层由知识采集服务、知识构建服务、知识计算服务等组成。

(1) 知识采集服务。提供结构化数据、半结构化数据、非结构化数据的知识采集服务,包括结构化数据映射规则、半结构化数据解析以及文本知识提取服务。

(2) 知识构建服务。实现知识实体提取、关系提取,同时提供可视化交互式图谱构建环境,以此来满足知识构建的需求。

(3) 知识计算服务。指提供图谱模型计算服务,包括多种图计算算法和深度学习算法,为图谱挖掘分析提供算法基础。

4. 应用层

应用层由知识管理和知识服务组成。

（1）知识管理。提供可视化操作界面以实现图谱的管理（包括图谱的增、删、改、查等维护操作）、图谱版本管理以及图谱的导入导出操作。

（2）知识图谱服务。基于构建完成的图谱，对外提供智能检索、智能推荐、交互式问答、决策支持与知识可视化等服务。

（二）流程设计

多媒体档案领域知识图谱服务平台的主要目标就是综合利用多种信息处理技术，将蕴藏在非结构化文本数据、半结构化网页、表格数据及结构化数据中具有价值的知识抽取出来，以三元组的形式存储在计算机中形成知识体系，便于人与计算机的进一步学习与分析利用。

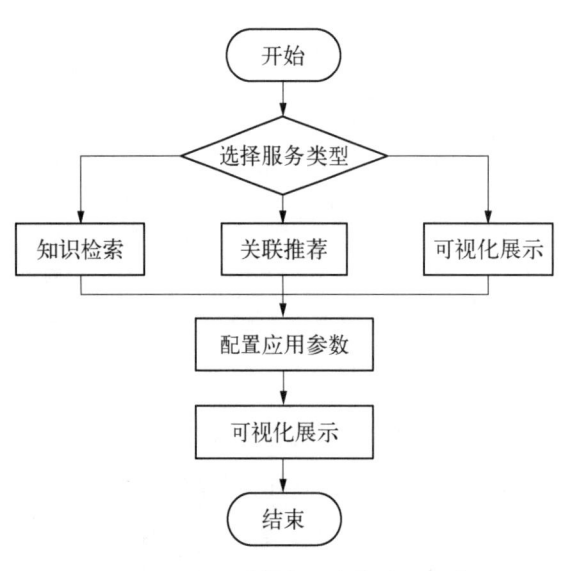

图 5-26　图谱服务平台的流程设计

结合智慧型档案信息服务的需求，平台主要完成智能检索、关联知识推荐、交互式知识问答、图谱可视化等功能，其主要流程如图 5-26 所示。首先，用户打开已生成的图谱，并根据业务需要来选择所需的应用模块；其次，可视化配置应用参数，例如使用智能检索服务时输入需检索的关键字及选择相应的搜索类型，使用关联知识推荐时配置用户感兴趣的主题等信息，选择可视化服务时配置图谱展示布局等。最后，根据用户的配置生成可视化展示页面，便于用户可视化使用图谱。

（三）功能组成

多媒体档案领域知识图谱服务平台主要由图谱管理、图谱构建、图谱服务三个功能模块组成，如图 5-27 所示。

1. 图谱管理

图谱管理功能主要处理海量异构多媒体档案数据的输入，经过实体抽取、关系抽取、属性抽取等步骤生成领域知识的三元组结构，提供图谱的增、删、改、查等基本操作功能，为图谱提供基本存储功能，同时提供图谱承载、择优、修正、标注、干预等能力，实现图谱的高效管理。

（1）图谱编辑。提供对图谱的编辑和可视化展现功能，支持用户对图谱信息进行

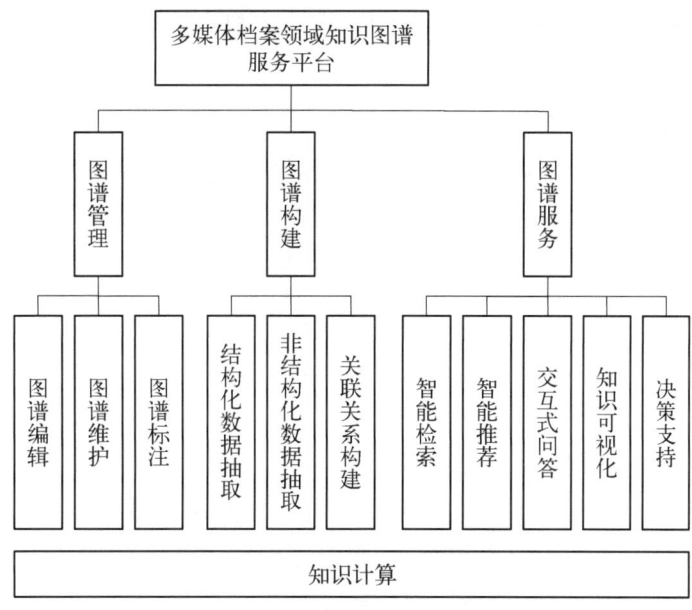

图 5-27 图谱服务平台的功能组成

增、删、改、查,能够修正图谱中的实体和关系。可视化展现,能够使用户直观地配置知识框架、实体与事件的映射关系等。在数据源表数目庞大、图谱结构复杂的情况下,便于用户理解数据的来源,便于将数据重新组织并转换成标准的图谱格式。

(2) 图谱维护。提供图谱的承载、择优、存储、修正等功能,支持对源数据的库、表、字段及实体、关系、事件的属性管理,支持对图谱进行更新、导入导出等维护操作,保障系统输出图谱数据的质量和时效性,支持图谱数据的实时更新和知识推荐。

(3) 图谱标注。提供对图谱的标注和干预功能,支持图谱修正和维护管理。

2. 图谱构建

图谱构建功能提供数据规则管理能力,并能够基于已构建的规则完成海量异构多媒体档案数据中实体、关系、属性等知识单元的提取,提供可视化的图谱构建功能,允许用户通过编译器等工具自主定义概念和关系,实现图谱的快速准确构建。

(1) 结构化数据抽取。基于规则和机器学习技术,提供结构化数据大规模、自动化、智能化的清洗、归类和数据关联,形成统一的数据视图,为后续的智能化应用提供服务。针对 RDB、Streaming、Crawler、CSV/Excel/TXT 等数据源,能够提供传统数据转换和机器学习数据转换功能。

(2) 非结构化数据抽取。针对海量的文本、音视频数据,通过自然语言处理、图像识别、音频识别等技术将纸质文本、图片、音视频等非结构化数据,按照图谱的数据模式转成结构化数据。

(3) 关联关系构建。基于时空信息、人物关系、情感因素对某一专题数据建立关联,建立起相关事件中人物、组织机构、事件本体、主题内容等管理对象之间的关联关系。

3. 图谱服务

图谱服务功能是基于构建完成的多媒体档案领域知识图谱,对外提供智能检索、智能推荐、知识问答、决策支持与知识可视化等功能,提供可视化数据关联分析操作界面,为各类事件关系挖掘、事件推演、事件比对、时空分析提供服务支撑。

(1) 智能检索。提供基于图谱的搜索反馈,根据用户查询需求精准理解用户搜索意图,准确、快速返回最新相关信息,实现多粒度、跨媒体协同搜索。支持全文检索、关联检索、关键词检索、语义检索等功能,支持基于全域数据的全文比对和基于语义理解的内容相似度分析,实现人物信息、事件主题信息、关联信息、组织机构信息的快速精准搜索,向用户返回最符合需求的搜索结果。

(2) 智能推荐。提供基于知识图谱完成用户画像式、场景式、跨领域式的档案知识产品的主动推荐。基于知识推荐算法,实现以用户搜索主题为核心,以数据关联关系查询为基础,运用实体、实体属性、实体关系路径查询,基于相似主题与关联主题推荐相关知识内容,为用户提供主题相似、业务相关的数据资源与知识服务。

(3) 交互式知识问答。提供基于图谱的自动问答交互,以对话式交互、问答式交互逐步替代关键词搜索式交互,直接响应用户自然语言的信息需求。

(4) 决策支持。支持基于图谱实现档案知识的深层关系发现和可视化呈现,为研究和决策提供准确、可追踪、可解释、可推理的依据。根据用户注册信息、知识背景、知识检索记录、知识浏览记录等,结合以往此类问题的解决方案,为用户形成若干个性化、似然真实的决策方案并进行优劣排序。同时,具有决策方案评估功能,用户可以对本次选用的决策方案从完整性、可行性、效用性等方面进行评价,系统根据评价结果对方案进行相应调整和修改。

(5) 知识可视化。基于可视化展示框架,根据实际需求,借助图形化手段,为搜索主题、推荐主题提供更多与搜索内容相关的信息,返回查询中包含更为详细的结构化摘要与关联图谱。知识可视化的主要表现形式包括图谱可视化、时空地图、关联关系挖掘、时光机等应用。

其中,图谱可视化能够聚合多模态(语音、图像、视频、传感器等)、多维度(结构化、半结构化、非结构化)多媒体档案数据,展现档案事件、人物、文档等实体之间的关联关系,通过展现关系紧密度,打通信息孤岛之间连接桥梁。支持二维、三维的知识图展现形式和展示布局,能够下钻显示用户画像、知识卡片等实体属性集及多维属性特征,实现多层信息的深度探索;上卷呈现聚类统计、人物社交关系、事件发展轨迹和内在逻辑等。

时空地图支持以主题河流、历史流等方式,结合时间轴和地图数据,从时序和空间维度可视化呈现出专题档案涉及的人物生平、事件热点、故事情节、主题变化等演化特点,辅助用户观察相关实体的产生、变化和消失的时空演化过程,揭示态势演变规律。

关联关系挖掘在多重关联关系挖掘的基础上,提供基于时空的关联分析功能,通过分析各实体、事件在时间、空间上的关联关系,提供可视化关系挖掘界面、实现路径推演、事件比对等功能。支持以图形化形式,可视化呈现自定义实体之间的关系路径,引导用户探寻各类实体之间的关联关系、挖掘实体间潜在的隐性联系,帮助用户理清主题内容逻辑。

时光机针对特定事件档案展示与研判分析需求,提供基于时间和空间维度的事件演变情况,使展示、研判分析等更为直观、高效。支持对实体/事件的时间、空间、位置、区域、轨迹关联碰撞分析;基于可视化地图,能够按照时间维度、空间维度对某区域、某时间段内所关注的实体进行溯源,并以图形化的方式进行展现;通过提供时间对比分析功能以及按照时间动态更新档案事件知识图谱功能,展示每个实体/关系的属性变更详情。

4. 知识计算

知识计算功能是上述三个功能模块共用的功能组件,通过提供基于图论的知识计算算法和深度学习算法、提供多个事件或实体间隐含关系及最短路径查找功能、提供关系挖掘或知识推理模型管理功能,从而支持多媒体档案数据分析模型的构建、评估与发布。同时,通过提供多计算任务调度功能,实现多知识计算任务的高效调度。

(1)隐含关系计算。通过特征建设、关系挖掘、知识推理等方法,支持多媒体档案中蕴含的多个实体之间的隐含关系计算,从而优化图谱中的实体关系。

(2)模型计算。通过在线信息计算的方式,挖掘出与某事件有关的人员,实现关系网络的动态扩展,支持多媒体档案数据分析模型的保存固化和内部共享,以此来达到知识的积累与传递的目标,便于用户之间互相学习,提升业务水平。

(3)任务调度。通过DAG可视化方式,对所有初次治理任务和定期的增量任务进行有序的计算顺序安排,实现无须人工值守的自动调度功能,并且在完成全部计算任务后能够对计算失败的任务进行局部重新计算。

第四节 多媒体档案领域知识图谱构建的质量评估

一、评估指标设计

知识图谱的质量评估通常从准确性、完整性和时效性等维度[1]进行考量,评估对象

---

[1] 肖仰华,徐波,林欣,等.知识图谱:概念与技术[M].北京:电子工业出版社,2020:251.

包括领域知识框架和领域知识实例两大类。

领域知识框架中的评估对象包括概念、属性类型等个体对象,以及概念之间的关系(分类体系)、属性值约束等关系对象。领域知识实例中的评估对象包括实体、实体类型、属性值等个体对象,以及关系、属性等关系对象。具体评价指标如表5-2所示。

表5-2 图谱质量评估指标

评估项目	一级评价指标	二级评价指标
准确性	知识框架的准确性	领域概念(术语)是否准确
		领域概念分类体系是否准确、是否存在矛盾
		领域概念属性类型是否准确
		领域概念属性值类型约束是否准确
	知识实例的准确性	实体是否准确
		实体类型是否准确、是否存在矛盾
		实体关系(属性)是否准确、是否存在矛盾
		实体属性值是否准确、是否存在矛盾
完整性	知识框架的完整性	领域概念规模能否覆盖知识实例类型
		领域概念粒度能否满足知识应用需求
	知识实例的完整性	三元组实体是否存在缺失
		三元组关系(属性)是否存在缺失
		三元组属性值是否存在缺失
时效性	知识框架的时效性	领域概念(术语)是否过时
		领域概念分类体系是否过时
		领域概念属性类型是否过时
		领域概念属性值类型约束是否过时
	知识实例的时效性	实体类型是否过时
		实体关系(属性)是否过时
		实体属性值是否过时

（一）准确性

对领域知识框架的准确性评估主要考察框架内的领域概念或术语是否准确，概念之间的等同、属分、相关等关系是否准确、概念层级体系是否存在相互矛盾的表达，每个概念的属性列表是否准确，与属性相对应的值域约束是否正确等。

对领域知识实例的准确性评估主要考察获取的知识实例三元组(实体1,关系,实体2)或(实体,属性,属性值)中，实体、关系(属性)、属性值是否准确，实体与概念的关联是否正确，是否存在相互矛盾的关系或属性值，是否有实体归入相互矛盾概念中的情况出现等。

（二）完整性

对领域知识框架的完整性评估主要考察框架对领域概念或术语的覆盖程度，概念覆盖的范围应能囊括知识实例中知识单元的类型，且概念层级的深度应能满足领域复杂应用的知识粒度需求。

对领域知识实例的完整性评估主要考察获取的知识实例三元组中，是否存在实体、关系(属性)、属性值的缺失问题，出现(实体1,关系,?)、(实体1,?,实体2)、(实体,属性,?)等情况。

如前文所述，大多数领域并非完全封闭的，构建绝对完整的图谱是不现实的，因此对于完整性评估来说，图谱中包含的现有知识，再加上通过其能推理得到的知识，应能覆盖绝大部分领域知识。

（三）时效性

对领域知识框架的时效性评估主要考察框架内是否存在过期、失效的领域概念或术语，概念之间的各种关系是否发生变化，每个概念的属性列表是否出现增加或删减，与属性相对应的值域约束是否需要调整等。

对领域知识实例的时效性评估主要考察获取的知识实例三元组中，实体之间的关系是否仍然有效，实体的属性值、实体与概念的关联是否需要更新等。

二、评估方法流程

图谱的质量评估就是采用人机协作的方式，根据相应评估指标对图谱中的知识质量进行量化，量化分数高的知识作为可信度高的知识继续保留，量化分数低的知识作为错误或过期知识进行删除，最终形成高质量的图谱。其中，人工评估方式包括领域专家评估、众包检测等，机器评估方式包括自动排序、对比、预测、推理等。

（一）典型评估方法

典型的评估方法包括人工抽样检测法、一致性检测法、基于外部知识的对比检测法等①。

人工抽样检测法是指由领域专家对图谱知识进行抽样检测与评估,其优点是评估准确率高,但消耗的人力、时间成本较大,因此适用于领域知识框架的质量评估。相对而言,知识框架的知识规模较为固定,且更新频率较低,经过人工检测后能够保持较长时间的稳定。另外,可以针对档案信息服务频率较高的热门应用或服务项目,将其涉及的知识实例进行优先级划分,对优先级高的知识采用人工方式进行检测,保证档案信息服务质量。

一致性检测法是指通过领域专家提前制定的规则对图谱知识进行冲突检测,其优点是自动化程度较高,但仍需依赖专家知识,且检测对象范围限定在规则定义的类型之内。另外,该方法的检测效果还与规则的质量、图谱知识冲突的具体情况息息相关。

基于外部知识的对比检测法是指使用与本图谱有较高重合度的高质量外部知识资源作为基准进行质量检测,其优点是外部知识资源已经过人工核验,可供直接用于进行对比检测,但需要提前做好外部知识资源与图谱之间的知识框架匹配工作,在匹配完成的基础上才能进行对比评估。

(二)具体评估流程

根据评估指标的设计,对图谱进行质量评估时,应首先对领域知识框架进行评估,再对领域知识实例进行评估,每一步中又包括准确性评估、完整性评估、时效性评估,如图5-28所示。

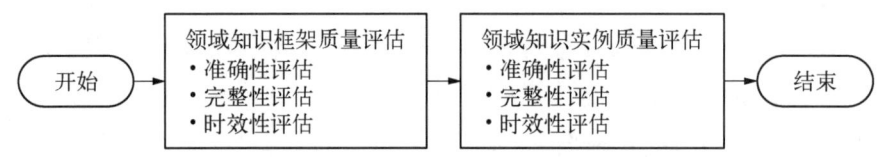

图5-28 图谱质量评估具体流程

由于图谱中知识实例的规模、更新频率等远超知识框架,因此下面以领域知识实例质量评估为例介绍具体评估流程。

1. 准确性评估流程

准确性评估的核心是发现图谱中的错误知识,具体流程包括检测实体类型、实体关系(属性)、实体属性值的准确度等,如图5-29所示。

检测实体类型准确度,可以使用自然语言处理工具进行归类,得到的实体类型与当前实体所属概念进行对比,若两者之间存在矛盾,则推断当前实体所属概念有误,因

---

① 肖仰华,徐波,林欣,等.知识图谱:概念与技术[M].北京:电子工业出版社,2020:251.

图 5‑29　准确性评估主要流程

为同一个实体不应属于互斥的两个概念或类别①。

检测实体关系(属性)准确度,可以采用图谱数据的分布特征来进行判断,对于某一给定关系,从图谱中找出所有满足该关系的三元组,并统计这些三元组的头、尾实体的实体类型分布情况,那么若一个满足关系的三元组的头、尾实体类型落在低频分布区域,则错误的概率较大②。

检测实体属性值准确度,可以采用离群值检测方法,将与相关数据分布不相符的离群值作为可能的错误。③

2. 完整性评估流程

完整性评估的核心是发现图谱中缺失的知识,具体流程包括检测实体类型、实体关系(属性)、实体属性值的缺失情况等,如图 5‑30 所示。

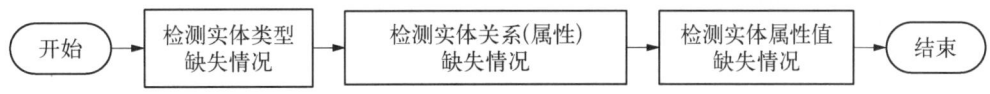

图 5‑30　完整性评估主要流程

实体类型缺失是指知识框架中缺乏当前实体对应的领域概念,检测实体类型缺失本质上是知识实例充实知识框架的一种具体表现,是在知识框架中添加新概念的过程。可以采用基于深度神经网络的方式判断实体类型,若得到的实体分类在知识框架中不存在,则判断实体类型缺失。

实体关系(属性)缺失是指三元组关系或尾实体缺失的情况。属性值缺失与传统关系型数据库不同,后者结构严谨,属性值缺失情况一目了然,即关系表中空缺的属性值,而图谱的属性值缺失是伴随属性缺失的,因此必须先检测实体属性的缺失情况,才能搞清楚属性值的缺失情况。因此,检测属性和属性值缺失情况通常以知识框架中概念的属性列表为基准,若已知某一概念的必有属性,那么如果该概念下的实体没有缺

---

① Marius P, Lin D, Bigham J, et. al. Names and similarities on the web: fact extraction in the fast lane[C]// The 21st International Conference on Computational Linguistics and the 44th Annual Meeting of the Association for Computational Linguistics. Association for Computational Linguistics,2006:809-816.
② Paulheim H, Bizer C. Improving the quality of linked data using statistical distributions[J]. International Journal on Semantic Web & Information Systems,2014,10(2):63-86.
③ Wienand D, Paulheim H. Detecting incorrect numerical data in dbpedia[C]// European Semantic Web Conference, Springer,2014:504-518.

少这些属性或属性值,就说明这些信息缺失。

3. 时效性评估流程

时效性评估的核心是发现图谱中过期的知识,具体流程包括检测高频率变化知识、带时间标签知识、热门事件知识的更新情况,如图 5-31 所示。

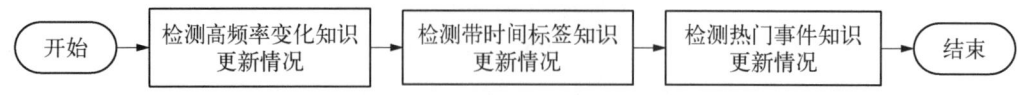

图 5-31 时效性评估主要流程

高频率变化知识可以通过抽样观测的方式来确定,在一段时间内对某知识的更新频率进行计算[①],知识更新频率高于某一阈值的列为高频率变化知识,需要定期检测其更新情况。

带时间标签的知识可以利用与时间相关的语义约束作为检测是否更新的依据,例如时间分离约束,即具有相同头实体(尾实体)、相同关系的知识实例,在时间上不能重合;时间顺序约束,即对于某个事件必定发生在另一个事件之前;时间跨度约束,即某个事实只在特定时间范围内有效。

热门事件知识可以通过采集档案网站、档案信息服务平台、APP、公众号等服务过程中出现的热词,将其作为知识更新的重点对象进行监控,实时检测其更新情况。

---

① Cho J, Garcia-Mdina H. Estimating frequency of change[J]. ACM Transactions on Internet Technology,2003(3): 256-290.

第六章

多媒体档案知识发现应用的推进策略

多媒体档案知识发现需要在应用与实践中证明其价值,方能实现可持续发展。知识发现不仅仅是单一的信息技术,更是一种典型的大规模知识工程,其建设实施是一个典型的系统工程。因此,如何设计、推进、优化形成科学合理的落地应用策略,与多媒体档案知识资源建设和应用相关的关键要素点串成线,进而形成支撑面上的能力体系,这已成为保障多媒体档案知识发现顺利实施的重要前提和基础。

一、合理定位,做好落地应用的顶层设计规划

在落地应用推进过程中,为多媒体档案知识资源建设和应用设定合理的目标极为重要。多媒体档案领域知识图谱相关理论研究和技术开发,必须紧扣档案工作"为党管档、为国守史、为民服务"的职责使命,推进以档案数据治理、档案信息可视化、档案知识决策支持为核心的档案信息资源深度开发,实现档案服务智能化、个性化、精细化,全面提升档案工作在资政服务、公共服务、文化教育等方面的能力水平。

在顶层设计方面,应将多媒体档案知识发现落地应用与档案工作数字转型和智能升级紧密结合,与认知智能研究深度融合,与数据治理业务协同发展。在"互联网+"背景下,面向异构、自治、多源、海量的档案大数据,以典型项目、典型场景为切入点,围绕档案知识加工、档案知识管理、档案知识服务等方面开展规划和论证,由点及面逐步拓展知识图谱相关的数据服务、系统软件、服务平台、解决方案等,打造多媒体档案领域知识图谱的产业生态环境,形成多媒体档案知识资源建设和应用迭代式发展的基本模式。

在理论研究方面,应围绕多媒体档案知识发现的基本内涵、基本原则、关键要素、体系架构、流程规范、策略选择、演进路径、技术选型等方面展开体系性研究,探索形成以档案数据知识化为核心的多媒体档案领域知识图谱建构理论框架,为多媒体档案知识资源建设和应用提供理论指引和方法论指导。

在技术开发方面,应将多媒体档案知识发现作为破解多媒体档案大数据价值变现复杂难题的智能化手段,利用知识图谱技术打通从档案数据资源到档案知识产品之间的壁垒,实现融合、智能、开放的档案知识全生命周期管理,加速多媒体档案信息资源由数字化向知识化、档案服务模式由信息查询向知识服务的转变。同时,应聚焦精准服务中心大局、主动融入国家战略、提高人民群众满意度等需求,构建面向重大活动、突发事件、红色档案资源的专题档案知识图谱,积极探索实现新型专题档案知识服务平台和专家系统,为档案机构盘活档案知识价值、活态重现党史军史、支持党委政府决策提供系统支撑。

二、应用牵引,建立落地应用的推进保障机制

知识图谱作为人工智能的研究范畴,必须遵循人工智能技术落地应用的发展思路。与平台化思维支撑的落地应用不同,以知识图谱为核心的认知智能应用尚未发展到可简单、通用、一键式"复制粘贴"的阶段,不同需求、不同应用、不同场景所面对的数据资源禀赋、知识表示形式、知识获取手段、知识应用复杂度等均有较大差异。这些情况决定了目前多媒体档案领域知识图谱建设暂时只能采取项目定制开发的方式实现。虽然项目定制开发能够满足个性化需求,但是项目开发的管理要在需求调研、分析论证、设计测试、实施建设、适配验证、应用转化、优化完善等一系列过程中确保项目质量、进度、成本、风险等要素与业务需求、技术实现之间的一致性,因此必须建立健全完善配套的保障机制,充分激发多媒体档案领域知识图谱的应用效能。

所谓保障机制,是指落地应用推进过程中,保障其工作高效有序运转的各类机构等要素构成、相互关系、工作方式等。建立保障机制,就是要明确多媒体档案领域知识图谱建设和应用工作中各层级的组织实体构成及其职能定位、基本任务等。荀子云:"故法不能独立,类不能自行,得其人则存,失其人则亡。"机构是"存人之地",是管理工作的具体组织形式,是"有形的框架体系",也是保障机制落地的组织载体。建立健全组织机构是搞好落地应用工作的重要保证,是其保障机制得以落实的核心内容。在新时代档案工作体制机制的原则和整体框架下,各级档案主管部门、各类档案馆、档案室、档案教研机构等都需要在落地应用过程中发挥各自的职能作用。

国家档案主管部门作为全国档案事业管理的执行机构,具有行政管理的性质,作为领导指挥全国档案事业建设和发展的"大脑"和"中枢神经",应当落实统一领导原则,对多媒体档案知识发现落地应用工作进行统筹规划、组织协调和监督指导。建立由国家档案局牵头,项目论证总体单位、项目技术总体单位、项目资源依托单位、项目承研单位、项目试点应用单位等参与的工作协调机制,制定实施计划,成立项目领导小组,明确建设任务、职责分工、实施步骤,部署建设任务,共同推进项目实施。

各级档案主管部门作为负责和执行档案工作各项管理活动的"血液"和"神经节点",应当落实分级负责原则,对本级或下级单位参与的相关建设和应用工作进行统筹规划、组织协调和监督指导。各级档案主管部门既要"管好自己",又要"管好下级",确保相关工作重视到位、措施到位、监督到位、追责到位。

档案馆作为"历史的粮仓",存储着与材料、能源同等重要的现代战略资源,是国家的宝贵财富和重要资产。作为系统集中管理永久档案和提供档案服务的专门机构,是资源依托单位和试点应用单位的不二人选。一是档案馆应当依据国家或各级档案主管部门的要求,组织档案馆信息基础设施建设和改造,购置设施设备搭建实证分析与

测试验证软硬件环境,满足多媒体档案领域知识图谱建设和应用的业务功能和安全需求;二是档案馆应当根据国家档案数字资源规划管理要求,加快档案资源数字转型,做好存量纸质、声像档案数据化转化工作,并对数据化档案资源进行关联组织,递进生成领域数据、对象数据、主题数据等专题档案数据库,为多媒体档案领域知识图谱建设提供高质量的资源基础;三是在项目推进过程中,档案馆应当承担试点应用任务,负责系统试用、功能需求完善、发现反馈问题、配合系统改进优化,参与拟制、编制有关标准规范、管理制度和工作规程,为项目推广应用提供示范模板。

档案室作为各单位内部设置的集中管理本单位文件档案和提供档案服务的专门机构,是档案机构体系的基础,也是档案资源的源头所在。一是档案室应当在上级档案主管部门的组织指导下,完成本单位档案数据化加工的具体工作,形成本单位的档案数字资源,确保"四性",在向档案馆移交档案时将档案数字信息纳入归档文件一并移交;二是档案室同样也应当按照国家档案数字资源规划管理要求和技术标准,常态化地对档案数字信息进行格式转换、分析提取、元数据标注以及分类、编目等结构化、标准化处理;三是档案室应当结合重大活动、突发事件等情况,负责相应活动中档案资料的收集归档,丰富档案信息资源构成,为多媒体档案领域知识图谱的建设和应用提供多源数据来源和多类型应用场景。

档案教研机构作为培养档案人才的摇篮和服务档案工作的智库,应当为多媒体档案知识发现落地应用提供智力支撑。一是档案教研机构可以在各级档案主管部门的统一领导下,担负起项目论证总体单位、技术总体单位和承研单位的重要角色,牵头对项目开展需求和技术论证,从顶层设计、流程构建、规则制定、评估验证、质量把控等方面组织深化研究,明确功能和性能指标,提出项目建设总体方案,筹划具体研究内容和建设周期,对项目总体经费需求进行测算,论证项目的风险和可行性,为项目研究建设立项提供支撑;二是档案教研机构在项目建设过程中应当与其他承研承建单位协作,参与完成技术方案设计、关键技术攻关,以及相关系统平台研制建设、适配改造、集成联试和应用部署等工作,确保业务需求与技术不脱节;三是档案教研机构应当结合项目建设应用情况,组织编写相关使用手册和培训教材,分批组织档案机构工作人员开展业务培训,培养一批能熟练掌握知识图谱建设应用相关理论知识和技术运维的专业人才队伍。

三、由粗到细,深化档案数字资源体系的转型

档案数字资源是多媒体档案知识发现的立身之本,离开了资源,知识发现就成了无源之水、无本之木,落地应用工作更成了空中楼阁。档案数字资源的规模、质量是制约落地应用推进工作的重要因素,也是衡量落地应用可行性的重要评价指标。目前,

档案馆(室)藏档案数字资源以数字化副本为主,数据资源粒度、可用性等有待进一步提升,但由于档案数据化及其数据质量验证的人力物力成本较高,因此应当遵循由粗到细、逐步求精的基本原则,从亟须分析的专题档案数据库入手开展档案数字资源体系建设。

一是各立档单位应当理顺档案收集机制,理顺从"档案形成单位－档案室－档案馆"的档案资源收集链条,在实体档案收集的基础之上,建立健全电子档案归档管理机制。依托数字档案馆(室)信息系统与办公系统、业务系统紧密耦合,确保档案资源"应收必收、应收尽收",实现实体档案和电子档案一体化管理。各单位尤其应当拓展档案收集范围,抓好国家重大发展战略和地方中心工作等重点领域档案的收集管理工作,健全重点行业、重大活动、突发事件档案收集工作,开展口述材料、新媒体信息采集工作。

二是各立档单位应当全方位收集反映党史、新中国史、改革开放史、社会主义发展史方面的档案材料,积极开展史料征集和编研工作,开展口述史料的采集工作,丰富红色家谱和党史军史战史档案资料。在此基础上,利用多媒体档案领域知识图谱从多模态(语音、图像、视频、传感器等)、类人化(情感、美感、伦理、道德、价值观等)角度构建历史档案时光机,实现新时代新成就国家记忆的多维立体"活态"呈现,促进档案在红色基因传承中的作用发挥。

三是各立档单位应当强化档案资源统管,在制定文件材料归档范围时,应当加强责任凭证材料和涉及人员信息的记录与归档,做好重大科技攻关、重大产品研制、重大建设项目建档工作。同时,加强重大历史事件、重大活动、突发事件档案集中管理,将各单位保存的党和国家领导人题词手迹,高级将领、英模人物档案资料,史馆和史志编研部门展陈、保管的历史档案原件,一律交档案馆永久保存。对于散存档案材料,应当归档的文件材料、照片、声像及实物应当及时清理归档,统一交档案部门管理。

四是继续实施"存量数字化、增量电子化"战略,加快档案资源数字转型步伐。在各级档案主管部门的统一领导下,组织对海量档案资源进行数据化处理,加快推进对重要档案数字化成果的OCR文字识别,并探索利用人工智能、机器学习等新兴技术,逐步实现语音识别、视频摘要等,形成海量细粒度档案信息资源库,为大数据分析、人工智能应用奠定数据资源基础。

五是加强各类档案资源的融合,利用现代信息资源管理的理论、方法和手段,加强各单位各类档案资源的体系融合,形成内容广博、分类清楚、查询便利的档案数字资源池,建成覆盖范围广泛、内容丰富、形式多样、结构优化的档案资源体系,使之成为全面记录经济社会发展进程的"数据库、资源库、谋略库",为深层次、多元化档案信息资源利用服务提供资源保障。

四、先易后难，探索智能化利用服务演进路径

进入新时代，档案工作将趋向治理、开放、现代化，形成与新时代中国特色社会主义事业相适应的档案事业发展新局面。档案治理效能和管理现代化程度已成为检验档案工作成效的核心标准，只有将档案资源优势转化为服务优势，才能有效彰显档案的价值和作用。目前，随着扩大档案利用、提供优质高效服务的需求日益增长，各级部门在管理与决策过程中面临着缺少智库支撑、缺少决策创新等问题，迫切需要结合档案机构的资源优势和专家知识优势，构建与不同决策层级、决策类型和决策流程相适应的档案知识服务匹配机制，提供多元化的档案知识服务模式。

在多媒体档案领域知识图谱建设和应用过程中，知识粒度越细，应用效果越好，但付出的时间、人力、物力成本越高。因此，在实践过程中应当结合具体场景、具体应用需求，不要过度盲目拘泥于过细粒度的知识表示形式，遵循先易后难的原则，按照"结构化数据—半结构化数据—非结构化数据"的顺序实现档案知识粒度由"语言知识—业务知识—决策知识"的逐步求精，渐进式探索档案信息资源利用服务由信息查询向知识服务转型升级。

一是应当加强各类档案资源融合共享，提供专业型利用服务。基于档案知识图谱提供智能检索，实现多粒度、跨媒体协同搜索，支撑人物、事件、主题、关联信息等的快速精准反馈，从而便于用户提取和总结重大历史事件档案中的经验和教训，形成案例库和知识库，保障在相似事件发生时的快速理性应对，在重大历史问题上发挥扶正祛邪、扬清激浊作用。此外，还可以根据相关业务领域档案资源，形成专业领域知识库，运用档案权威凭证，发现问题线索，支持巡视、纪检、政法、审计等工作。

二是应当加大档案资源开发力度，服务理想信念教育。习近平总书记指出：要将红色资源作为坚定理想信念、加强党性修养的生动教材，讲好党的故事、革命故事、根据地故事、英雄和烈士的故事，把红色基因传承好，确保红色江山永不变色。因此，需统筹档案馆（室）资源，围绕主题教育、中国人民抗日战争暨世界反法西斯战争胜利80周年、中国人民志愿军抗美援朝出国作战75周年、中国人民解放军建军100周年等重要时间节点、重大纪念活动以及英模英烈档案，构建专题档案知识图谱，在此基础上以智能推荐、交互式问答、可视化等人机交互形式加强档案信息的传播与共享，为开展红色档案资源宣传教育、重现党和国家光辉历程、真实还原经典场景等提供知识产权保障，充分发挥档案在理想信念教育中的重要作用。

三是应当聚焦打通档案信息精准服务链路，定制智库型决策参考。根据具体任务需求和专题数据库资源，建立面向任务/专题档案的知识图谱，针对决策问题提供咨询参考和解决方案，及时、精准地为各级党委和政府决策提供档案信息参考，以多种形式

提供决策依据、管控决策风险、降低决策成本、提高档案利用的水平和层次,扩展档案在资政服务领域的应用,以满足新时代决策者高层次、高精度、高效率的需求,推动档案管理模式向知识管理模式转变,发挥档案机构在党和国家各项事业中的积极作用,真正把档案机构建成"思想库"。

五、多维探索,融入数字人文新领域开发应用

在"互联网+"浪潮下,社交媒体、短视频、虚拟现实、元宇宙、虚拟数字人等新兴数字技术和平台助推了人们交流方式的变革,特别是疫情影响下,"互联网+"医疗、远程办公、线上教育、网络会议等系列新模式如雨后春笋不断涌现,进一步加速了社会互动场域由"实"向"虚"转变的进程。在此背景下,数字人文作为人文社会科学与计算机技术、数字技术、多媒体技术、网络技术等相互融合的新型跨学科领域,受到学界和业界的广泛关注,并迅速成为信息资源管理学科研究和应用的热点。在中国图情档学界十大学术热点评选中,"数字人文"连续5年(2018—2022年)被评为学术热点,《"十四五"全国档案事业发展规划》也提出探索数字人文技术在档案信息深层次加工利用中的应用。数字人文本质上是方法论和研究范式的创新,与知识发现技术有密不可分的关系,可为档案资源的开发利用、宣传推广等提供新的机遇。

数字人文(Digital Humanities,DH)起源于"人文计算(Humanities Computing)",美国知名的数字人文学者、弗吉尼亚大学图书馆馆长 John Unsworth 与 Susan Schreibman、Ray Siemens 合作编写的《数字人文指南(A Companion to Digital Humanities)》[①]是最早系统探讨数字人文议题的专著;武汉大学王晓光教授刊发的《"数字人文"的产生、发展与前沿》[②]是最早将数字人文概念引入国内研究领域的成果。关于数字人文的定义,John Unsworth 等人在其著作《数字人文指南(A Companion to Digital Humanities)》提出:数字人文是一种实践和一种模型化的方法,将数字计算和人文领域相结合,从而对实体进行模拟和呈现;王晓光教授认为,数字人文是人文社会科学与计算机技术、数字技术相互融合的新型跨学科研究领域;英国伦敦学院教授苏珊·霍基(Susan Hockey)也认为,数字人文将自然科学研究中严谨、系统、精确、标准等特点融入人文学科领域[③]。总之,数字人文是一种跨学科的新方法,具有技术性、数据性、跨域性、协作性等特点,它不仅保留了人文研究者的感性和批判思维[④],同时也反思了研究量化不足、数据驾驭不了等问题,通过借助数字化、数据分析、智慧检索、多媒体加工、知识图

---

① Schreibman S,Siemens R,Unsworth J. A companion to digital humanities [M]. Wiley-Blackwell,2004.
② 王晓光."数字人文"的产生、发展与前沿[M] // 全国高校社会科学科研管理研究会.方法创新与哲学社会科学发展.武汉:武汉大学出版社,2010.
③ 苏珊·霍基,葛剑钢.人文计算的历史[J]. 文化研究,2013(4):173-193.
④ 朱兴涛,宋梓萱.数字人文方法推进社会学研究创新[N]. 中国社会科学报,2022-01-19(005).

谱等数字方法、技术和工具实现人文学科研究的跨越和突破。有关文献调研档案领域数字人文的研究热点发现,国内主要包括基础理论研究、档案资源建设和开发利用、数字人文技术、数字人文项目等;国外主要包括数字人文项目、数字人文技术方法、档案资源保存与保护等;在学界,目前数字人文与信息资源管理学科已开启了融合之路,如中国人民大学信息资源管理学院2022年成功获批新增设数字人文二级学科博士学位授权点,2023年数字人文也进入教育部最新本科目录;在业界,数字人文的相关实践项目涉及城市记忆、社会记忆、非物质文化遗产、红色档案开发、历史文献研究等诸多领域。对档案资源开发而言,数字人文革新了档案资源组织方式、资源开发利用技术、档案利用服务模式、成果产品交流平台等,值得探索。

习近平总书记指出:"推动档案事业创新发展,特别是要把蕴含党的初心使命的红色档案保管好、利用好。"[1]档案作为红色档案的核心组成部分,利用数字人文技术进行开发,能更好地发挥传承红色基因和赓续红色血脉的作用。因此,立足图书馆、档案馆、博物馆、展览馆、艺术馆等大资源观视角,深度融入数字人文多维开发视角,丰富拓展多媒体档案领域知识图谱的应用场景,为用户提供更加生动活泼、走心贴心、新奇有趣的档案服务。

一是围绕"人物"开发赋能。一个有希望的民族不能没有英雄,"人"是历史的创造者,档案中的将领、英雄、模范等都是最为鲜活的开发素材。可把握以下几点:首先,应聚焦"人物"链接档案资源,如围绕雷锋整合生平档案、日记文献、实体档案、影像档案、电视节目、艺术作品等,全方位展示雷锋的生活、工作、学习、战斗等,勾勒出更加真实、立体的人物形象。其次,应构建英模人物专题数据库,搜集并数字化加工和整理英模人物的先进事迹,建立英模人物专题数据库,并共享发布在网络上,为各级部门提供思政教育资源和应用场景。目前中国人民解放军档案馆正探索建立革命战争年代英模档案专题数据库[2]。最后,应可视化呈现人物关系,目前重视对个人事迹的宣传,而忽视从整体视角和历史背景去解剖英模人物。可利用知识图谱、社会网络分析等数字人文技术展示"英模人物"与其他战友、部队、人民、敌军之间的相互关系,让英模人物"活"起来。

二是围绕"地点"开发赋能。从石库门到天安门,在党中央的坚强领导下,人民军队在风雨征程中留下许多具有历史意义的战斗地点和红色旧址,并形成一系列以"地"为中心线索的红色档案资源。一方面,应创新开发技术,利用数字人文技术打造强烈视听冲击、优质互动体验、沉浸角色代入的虚实相融空间,抓住用户的猎奇心。如延安

---

[1] 朱彤,曾祥明.论红色档案传承红色基因的生成机理、价值意蕴及实践路径[J].档案学通讯,2022(1):23-28.
[2] 孙瑾,姬泽宇,赵珮君.革命战争年代英模档案专题数据库建设构想:基于中国人民解放军档案馆馆藏革命历史档案数据分析[J].中国档案,2022(8):34-35.

革命纪念馆整理历史影像档案,利用CG技术、多通道投影技术制作180度环巨幕影片《记忆延安城》,展示了1937年一名红军小战士跟随党中央进驻延安古城的经历,再现了1938年延安古城在遭到日军飞机轰炸之前的历史风貌,让用户身临其境地代入"红军小战士"的角色,在视听震撼中感悟延安精神。另一方面,应构建线上展厅,利用全景摄像、元宇宙、智能路线规划、语音讲解、虚拟数智人等数字人文技术,在网络虚拟空间中构建红色地点的实体场景。用户可通过微信、网页、短视频等方式实现自主云游,如中国人民革命军事博物馆的抗美援朝、建党百年等数字云展馆广受参观者喜爱。

三是围绕"时间"开发赋能。时间是历史的灵魂,串联起党在革命战争、社会主义建设、改革开放、新时代等各个阶段走过的光辉历程。"时"是档案资源组织管理和开发利用的重要维度,一方面,可以尝试利用数字人文技术进一步打造可视化"大事记",传统的大事记多以文字形式从纵向视角帮助用户了解历史脉络,档案馆(室)现存大量的大事记编研成果,可考虑利用时光机、知识图谱演进脉络等可视化技术进一步将大事记"文字版"升级为"视听版"。另一方面,丰富"时间"的横向比较。单纯的纵向维度过于狭隘,可利用知识图谱、关联呈现、投影沙盘、全息成像等数字人文技术呈现同一时间节点的其他重要情况,帮助用户从战略视野概览全局。

四是围绕"事件"开发赋能。以"事"为主题引领,是目前红色档案开发的重要途径。人民军队历经近百年的辉煌历史,用鲜血与生命铸就无数经典战例,是开展理想信念教育最生动、最有说服力的教科书。首先,应注重模型仿真化搭建,可利用3D建模、仿真推演、HGIS等数字人文技术在虚拟空间重构战场环境,如将某次战役的作战地图转换为三维数字模型,施教者可以利用兵棋推演、投影沙盘、全息成像等形式开展战备思想教育、战例研究等,带领参观者鸟瞰战场、排兵布阵。其次,应注重沉浸交互式体验。在虚拟空间的基础上,进一步利用VR/AR等设备帮助用户身临其境体验战斗过程。如驻贵州某单位与"四渡赤水红色文化VR战争体验中心"建立长期红色教育合作机制,用户可利用VR技术体验"四渡赤水"的血战赤水桥、渡江掩护战和生死救援三个战役环节,并有角色互动,广受好评。最后,应注重场景游戏化设计。军事战争题材类游戏一直是网游领域的热门主题。可以引入游戏化思路,让用户在剧本杀、虚拟盲盒、游戏娱乐中接受红色教育。如某公司利用人机交互、游戏化学习、计算机竞技等数字人文技术开发虚拟游戏"重走长征路",参与者可借助VR设备,以游戏角色身份参与飞夺泸定桥、爬雪山、过草地等场景。

五是围绕"实物"开发赋能。习近平总书记曾针对抗战档案做出指示:面向全球征集影像资料、图书报刊、日记信件、实物等。睹"物"思人,实物档案是档案中最有温度的佐证。开发思路包括:一方面,应重视实物档案的数字化,即利用全景拍摄、三维成像、立体投影等数字人文技术让实物档案数字化。如某公司利用3D建模、VR等数字人文技术开发还原遵义会议情景,体验者通过佩戴 VR 设备,以某参会人物角色身份的第一视角参与会议,通过导览和提醒代表自身角色还原历史发言,可以手写记录和查看会议记录。其中会场布局、会议资料、水杯灯具等陈设都是原始实物的真实模型,让用户在珍贵的笔迹中、闪烁的火烛里、温热的茶缸口体会红军当时遭遇的围追堵截和艰辛不易。另一方面,应重视实物档案的文创化,即通过智能修复、仿真复制、数字创作等技术和思路,修复濒危的珍贵历史档案。此外,可在虚拟空间中设计红色元素的卡通形象、人物头像、表情包等数字化产品,在现实世界中制作书签、笔记本、衣帽、武器模型等红色文创纪念品,让未来档案开放服务更加润"物"无声、贴心走心。

六、优化升级,推进知识图谱应用系统的建设

多媒体档案领域知识图谱是一项融合技术、研发和管理的综合性系统工程。从产品的视角看,知识图谱应用系统是整个项目活动中最为重要的成果,是实现数据治理、知识建模、图谱构建、认知服务、决策支撑的基础。因此,对现有档案业务系统进行整合、优化和升级,深度推进知识图谱应用系统的建设,进而实现多媒体档案领域知识图谱更广泛地应用落地。

一是加强方案设计咨询协作。鉴于档案领域的人才储备和工作职能,协作模式是知识图谱应用系统建设落地最为有效且可行的方案。目前,市场可提供的服务类别包括战略咨询、技术咨询、方案咨询、测评认证、人员培训、项目监理、系统研发、本体构建、知识获取、数据处理、可视化方案、图算法设计、数据标注、元数据管理、数据集成、系统集成、环境部署、运维服务、安全监测等,档案部门作为甲方,需结合自身需求,细致梳理实现知识图谱构建所需要的外援支撑,全面考察并精准选择合适的服务方。

二是加强系统的全生命周期管理。知识图谱应用系统的生命周期可从知识图谱实现路径和知识图谱系统建设两个维度进行考察[①],全面把握知识图谱系统建设的生命周期。其一是需求分析,主要包括需求整理、需求分析、交互设计等步骤,最终输出的交付物清单应包括服务方市场考察报告、可行性报告、预算文档、标准规范文档、业务需求说明书、系统功能清单、数据样例、风险管理计划、可复用知识图谱和本体模型报告等。其二是方案设计,主要包括知识建模方案设计、系统架构设计、数据存储方案设计、算法设计、集成方案设计、质量管理等活动,最终输出的交付物清单应包括语料库、本体设计文档、术语表、系统概要设计文档、系统设计原型、系统集成方案等。其三是图谱构建,主要包括数据准备、知识表示、知识建模、知识获取、知识加工、知识管理、应用服务等环节,输出的交付物清单应包括本体模型、知识图谱、知识图谱接口设计文

---

① 中国电子技术标准化研究院,全国信标委人工智能分委会知识图谱工作组.知识图谱产业推进方阵.知识图谱选型与实施指南(2021 年版)[R]. 2021.

档、版本控制文档、知识图谱使用说明书等。其四是系统研发，主要包括应用模型及系统开发、系统测试及验证、系统部署、系统监测等活动，输出的交付物清单应包括知识图谱应用系统、系统使用相关文档、系统开发相关文档、系统部署方案文档、系统监测日志文档等。其五是系统验收，主要包括定义评估准则、制定评估技术、执行评估活动、系统验收等活动，输出的交付物清单应包括系统评估方案、验收文档清单、系统质量评估报告、系统内部验收报告等。其六是运营推广，主要包括系统监控、系统运营、系统推广、用户意见反馈、文档沉淀等活动，输出的交付物清单应包括推广效果统计报告、运营推广文档、数据对接文档、运营管理手册等。最后是管理维护，主要活动包括系统运维管理、知识运维管理、技术优化、使用培训、授权管理等。

三是加强知识图谱应用系统选型。知识图谱应用系统的选型准则可把握以下几点：首先是数据处理模块，应注重数据类型的多样性、数据接入的统一性、数据处理的规范性、数据组织的适用性、数据服务的就绪性、数据安全的稳定性，可重点考察多源多类型数据接入能力、模块化数据接引模式、数据融汇工具、多模态数据处理、噪声数据处理和补全、数据多样化展现方式等性能指标；其次是图谱构建和图谱计算模块，应围绕知识图谱构建的实现路径来进行综合考察，如知识获取能实现已有数据和本体模型的接引和融合、知识存储能支撑国产化运行、知识计算能支撑并行分布式拓展等，可重点考察是否支持三元组知识表示、图形化知识呈现、可视化便捷本体构建、手动添加实体和属性、图式管理、外部数据抽取、增删改查维护、语义分析、知识推理计算等性能指标。最后是应用服务和图谱管理模块，应确保数据和系统的安全性、可靠性、响应性、可移植性、易用性等，可重点考察系统是否支持用户权限控制和隐私管理、数据合规性检查、数据密级和权限控制、场景推理计算、响应时间小于行业要求、良好人机交互界面、可视化便捷交互、多语言查询、国产化软硬件等性能指标。

四是加强系统建设基础能力评估。知识图谱应用系统建设基础能力评估的准则包括必要性、适用性、就绪性、安全性和可持续性[①]。具体可从以下五个层面进行评估：首先是业务层面，主要考察知识图谱应用系统与档案业务的匹配程度，指标选择可包括档案事业规划、业务需求、资源布局等；其次是数据层面，主要考察档案资源能否支撑知识图谱应用系统的应用服务，指标选择可包括档案领域专业数据基础、外部档案数据储备、数据治理水平、数据处理分析能力等；再次是基础保障层面，主要考察档案工作体制机制能否保障知识图谱系统的建设和管理，指标选择可包括人才储备、硬件资源储备、专业知识储备、信息化建设基础、外包服务方资格资质等；此外是实施层面，主要考察档案机构是否具有支撑知识图谱应用系统建设和实施的能力，指标选择可包

---

① 中国电子技术标准化研究院，全国信标委人工智能分委会知识图谱工作组.知识图谱产业推进方阵.知识图谱选型与实施指南(2021年版)[R]. 2021.

括验证评估能力、实施能力、系统集成能力、运维能力等;最后是管理层面,主要考察档案机构能否承担知识图谱系统运行管理的职责,指标选择可包括质量管理、组织保障、项目管控、过程管理、法律风险等。

七、主动求变,培育高水平新型档案人才队伍

人才队伍对档案工作具有"动力"作用,一支符合档案事业发展需求的档案从业人员能快速推动档案工作的航船劈波斩浪、奋勇向前。《美国国防部档案战略》就特别提到了"建立一支多维的21世纪档案管理队伍",并指出档案人才应具备项目管理、业务风险管理、档案管理、行政支撑等方面的能力。值得指出的是,档案事业管理系统是一个功能多样、层次丰富的综合性系统,需要各种经验、知识、性格、技能的人才,方可形成一个梯队合理、产出高效的人才群体,才能完成系统赋予的使命。

在多媒体档案知识发现落地应用推进过程中,同样需要遵循人机协同的基本原则,人才队伍建设是不容忽略的重要任务。尽管知识图谱建设和应用的目标是探索将先进的知识工程理念、最新的认知智能信息技术与档案工作深度融合,实现档案建设水平由弱人工智能向认知智能转型升级,但是从现有成功实践经验和案例来看,当前及未来一段时间的档案智能化管理本质上还是属于"人工"的智能化管理,仍遵循档案领域专家指导下的智能系统发展模式。"人有人用、机有机用"的特征十分明显,档案管理人员将转变为档案数据工程师、档案知识工程师、档案业务架构设计师等角色,承担数据标准把控、经验知识提炼、业务框架设计、质量评估干预、辅助决策分析等工作,形成人机交互系统闭环管理的新模式。针对档案机构编制少、专业人才缺口较大的问题,如何将档案工作人员从繁重的简单重复工作中解放出来,培养一批以档案数据工程师、档案知识工程师、档案领域专家为目标的档案专业人才队伍,是推动多媒体档案知识发现落地、知识应用顺利发展的重要保障。

首先,机器信任问题是人工智能领域研究面对的挑战之一,谷歌图片识别系统、微软等商业人工智能系统等都曾经出现过肤色、人种、性别歧视问题,若档案管理者同时将思想、技能等方面的差距嵌入其中,则会带来非中立或带偏见的管理行为和处置方式,从而对未来的档案信任、利用价值、文化意识等构成风险。因此,档案专业人才队伍建设应强化政治能力和政治品格,锤炼"为党管档"的忠诚和担当。针对档案工作的性质特点,始终强调档案工作人员的职业操守,恪守"对党忠诚、秉正守史、热忱服务、严守秘密"的职业精神,弘扬"坚守平凡、创造非凡"的奋斗精神,培塑档案工作人员的优良传统和作风,为档案专业队伍建设提供道德和行为准则。

其次,进一步健全完善档案专业人员选调、培训、考核、使用机制,形成高水平新型档案人才选拔培养渠道和档案人才评价机制,建设以首席专家、领军人才、青年英才为

梯队的高素质档案工作队伍。定期开展档案部门专兼职人员轮训,完善教育培训体系,利用地方高校、科研院所档案专业教学科研优势资源,形成委托培养或者专业培训档案专业人才的联合人才培养工作机制,支持档案学者、专家参加前沿学术交流,解决档案专业人才缺口较大的矛盾问题;围绕档案知识发现、图谱建设和应用等理论与实践工作,编写专业教材和典型教案,制作配套考核题库,新增有关内容的档案训练慕课,补充完善档案专业训练系统。

最后,档案专业人员应当积极提升信息素养、充实业务知识,迎接档案知识资源建设和应用过程中的新问题、新挑战。与现有档案管理信息系统相比,档案知识图谱建设从开发思路、体系框架、实现路径、部署方式、功能设计、系统实现等方面发生了极大变化,目的是全面加强档案资源治理、创新档案服务方式、提供决策智库支持,这对档案专业人员的信息素养提出了很高的要求,各个单位需根据本单位档案管理的对象、门类和类型、业务系统数据格式、业务流程、用户需求、安全保密要求等进行自定义需求分析、参与设计系统应用框架、配合平台研制建设、实施系统功能调试优化等。此外,除了传统档案管理业务知识外,档案专业人员还必须对图谱建设和应用相关工作要求、流程、规范、标准做到心中有数,熟悉电子档案数据信息体系、基本格式和处理流程,特别是深化对知识图谱构建体系框架的认识,明确本体构建、知识获取、知识加工、知识管理、质量评估的通用要求,能从业务角度或依据个性需求梳理本领域档案信息资源加工处理流程,对本领域本体的结构、定义、属性及逻辑关系进行描述,为系统改进完善提供帮助。

参考文献

[1] 毕娟.智慧城市环境下智慧型档案馆建设初探[J].北京档案,2013(2),13-16.

[2] 郭鹏.国际图博档三馆融合研究的可视化分析[J].山西档案,2017(5):24-29.

[3] 郭琪.大数据背景下明清档案数据库应用模式的选择:以中国第一历史档案馆明清档案为例[J].档案,2020(8):47-52.

[4] 贺奕静,杨智勇.智慧档案馆的智慧服务功能及其实现[J].档案与建设,2019(11):28-32.

[5] 胡瑛.大数据处理技术在地理信息档案管理中的应用[J].测绘通报,2016(9):112-114.

[6] 雷洁,李思经,赵瑞雪,等.科研档案管理知识图谱构建研究科技管理研究[J].科技管理研究,2020(11):162-169.

[7] 雷洁,李思经,赵瑞雪,等.面向科研档案管理的知识图谱构建与应用研究[J].数字图书馆论坛,2020(5):8-15

[8] 李菁,黄仁彦,徐鸿飞.基于知识图谱的高校数字档案资源数据知识化实现[J].兰台内外,2019(35):3-5.

[9] 罗心语.基于智慧平台的社保档案服务研究[J].山西档案,2018(06):26-28.

[10] 莫家莉,胥刚.智与慧的融合:智慧档案馆发展愿景[J].西南民族大学学报(人文社科版),2019(4):227-231.

[11] 倪丽娟,李洋.智慧城市与档案工作智慧服务探究[J].档案与建设,2017(10):4-7.

[12] 牛力,裴佳勇.面向服务的我国智慧档案馆建设探析[J].档案学研究,2018(2):89-96.

[13] 乔硕功.档案馆智慧化水平评价指标体系的构建[J].山西档案,2020(2):113-117+124.

[14] 孙鸣蕾,房小可,陈忻.数字人文视角下名人档案知识图谱构建研究:以作家档案为例[J].山西档案,2020(6):79-88.

[15] 王昊奋,漆桂林,陈华钧.知识图谱:方法、实践与应用[M].北京:电子工业出版社,2019.

[16] 王平,李沐妍.基于TOGAF架构的智慧档案馆信息服务研究[J].图书与情报,2018(2):24-32.

[17] 王思婕.协同式智慧档案信息服务模式研究:以丽水市智慧档案建设为例[J].浙江档案,2019(11):29-31.

[18] 吴薇.面向智慧时代的档案信息公共服务方式研究[J].兰台世界,2014(S5):19-22.

[19] 夏翠娟,刘炜,陈涛,等.家谱关联数据服务平台的开发实践[J].中国图书馆学报,2016(3):27-38.

[20] 肖仰华,徐波,林欣,等.知识图谱:概念与技术[M].北京:电子工业出版社,2020.

[21] 熊回香,李建玲.基于CSSCI的近十年我国档案学研究知识图谱分析[J].档案学研究,2020(3):16-24.

[22] 薛金玲.智慧城市视野中的档案信息服务新探[J].山西档案,2015(4):81-84.

[23] 杨茜雅.中国联通电子档案数据挖掘与智能利用的研究[J].档案学研究,2018(6):105-109.

[24] 杨茜雅.中国联通电子档案知识图谱的可视化分析[J].中国档案,2018(4):38-39.

[25] 杨智勇,周枫.试析智慧档案馆的兴起与未来发展[J].档案学通讯,2015(4):45-50.

[26] 云南省档案局课题组.国家档案局档案科技项目:智慧档案馆构建研究[J].云南档案,2018(9),49-57.

[27] 张荣亮.企业智慧档案服务模式研究[J].兰台内外,2019(11):71-72.

[28] 赵军,刘康,何世柱,等.知识图谱[M].北京:高等教育出版社,2019.

[29] 赵雪芹,邢慧.家谱知识服务平台用户持续使用意愿研究:以上海图书馆家谱知识服务平台为例[J].图书馆,2019(3):106-111.

[30] 钟伟金,李佳.共词分析法研究(二):类团分析[J].情报杂志,2008(6):141-143.

[31] 宗乾进,袁勤俭.回顾与展望:近十年我国档案学研究全景透视[J].档案学通讯,2012(2):12-16.

[32] Albertin F, Astolfo A, Stampanoni M, et al. Ancient administrative handwritten documents: X-ray analysis and imaging[J]. Journal of Synchrotron Radiation, 2015 (22): 446-451.

[33] Albertin F, Astolfo A, Stampanoni M, et al. X-ray spectrometry and imaging for ancient administrative handwritten documents[J]. X-ray Spectrometry 2015 (3): 93-98.

[34] Anke J. Design-integrated financial assessment of smart services[J]. Electronic Markets, 2019(1): 19-35.

[35] Bell M. From tree to network: reordering an archival catalogue[J]. Records Management Journal, 2020(3): 379-394.

[36] Beverungen D, Müller O, Matzner M, et al. Conceptualizing smart service systems[J]. Electronic Markets, 2019(1): 7-18.

[37] Chai X Q. Diagnosis method of thyroid disease combining knowledge graph and deep learning[J]. IEEE Access, 2020(8): 149787-149795.

[38] Chen L, Li X, Sheng Q Z, et. al. Mining health examination records: a graph-based approach[J]. IEEE Transactions on Knowledge and Data Engineering, 28(9): 2423-2437.

[39] Chung M W, Liu J Y, Tissot H. Clinical knowledge graph embedding representation bridging the gap between electronic health records and prediction models [C]//18th International Conference on Machine Learning and Applications, IEEE, 2019, 1448-1453.

[40] Clough P, Tang J Y, M M Hall, et al. Linking archival data to location: a case study at the UK National Archives[J]. Aslib Proceedings: New Information Perspectives, 2011, 63(2): 127-147.

[41] Dreyer S, Olivotti D, Lebek B, et al. Focusing the customer through smart services: a literature review[J]. Electronic Markets, 2019(1): 55-78.

[42] Giovanni C, Maud E, Fabio B. Index-driven digitization and indexation of historical archives[J]. Frontiers in Digital Hmanities, 2019(4): 1-16.

[43] Goodwin T, Harabagiu S M. Automatic generation of a qualified medical knowledge graph and its usage for retrieving patient cohort from electronic medical records[C]//7th International Conference on Semantic Computing, IEEE, 2013, 363-370.

[44] Gracy K F. Archival description and linked data: a preliminary study of opportunities and implementation challenges[J]. Archival Science, 2015(15): 239-294.

[45] Gueguen G, Fonseca V M, Pitti D V, et. al. Toward an international conceptual model for archival description: a preliminary report from the international council on archives' experts group on archival description[J]. The American Archivist, 2013(2): 567-584.

[46] Jia X H, Song W A, Li W Y, et. al. Semi-automatic construction method of chronic obstructive pulmonary disease knowledge graph[C]//43rd Annual

Computer Software and Applications Conference,IEEE,2019,391-396.

[47] Kejriwal M. Domain-specific knowledge graph construction[M]. Switzerland: Springer,2019.

[48] Laubis K,Konstantinov M,Simko V,et al. Enabling crowdsensing-based road condition monitoring service by intermediary[J]. Electronic Markets,2019(1):125-140.

[49] Lemieux V L. Toward a "third order" archival interface: research notes on some theoretical and practical implications of visual explorations in the Canadian context of financial electronic records[J]. Archivaria,2014(78):53-93.

[50] Lenardo I,Seguin B,Kaplan F. Visual patterns discovery in large databases of paintings[C]//Digital Humanities Conference. New Delhi: Springer,2016:1-8.

[51] Niu J F. Linked data for archives[J]. Archivaria,2016(82):83-110.

[52] Oliveira S A,Lenardo I,Tourenc B,et al. A deep learning approach to cadastral computing[C]//Digital Humanities Conference. New Delhi: Springer,2019:1-7.

[53] Oliveira,S A,Seguin B,Kaplan F. dhSegment: a generic deep-learning approach for document segmentation[C]//16th International Conference on Frontiers in Handwriting Recognition. New York: IEEE,2018(16):7-12.

[54] Oliveria S A,Kaplan F. Comparing human and machine performances in transcribing 18th century handwritten Venetian script[C]//Digital Humanities Conference. New Delhi: Springer,2018:1-8.

[55] Quan W,Mao Z,Wang B,et al. Knowledge graph embedding: a survey of approaches and applications[J]. IEEE Transactions on Knowledge and Data Engineering,2017(12):2724-2743.

[56] Shi B,Bai X,Yao C. An end-to-end trainable neural network for image-based sequence recognition and its application to scene text recognition[J]. IEEE transactions on pattern analysis and machine intelligence,2017(11):2298-2304.

[57] Wang H Q,Miao X Y,Yang P. Design and implementation of personal health record systems based on knowledge graph[C]//9th International Conference on Information Technology in Medicine and Education,IEEE,2018(9),133-136.

[58] Wiegard B,Breitner H. Smart services in healthcare: a risk-benefit-analysis of pay-as-you-live services from customer perspective in Germany[J]. Electronic

Markets, 2019(1): 107-123.

[59] Zheng Z Q, Liu Y G, Zhang Y, et al. TCMKG: A deep learning based traditional chinese medicine knowledge graph platform [C]//International Conference on Knowledge Graph, IEEE, 2020, 560-564.